A Guide of the House Planning

住宅の計画学入門

住まい設計の基本を知る

岡田光正
藤本尚久
曽根陽子
〈共著〉

鹿島出版会

まえがき

　建築の設計は住宅に始まって住宅に終わるという。設計教育では，初期の段階で住宅が出題されることが多いが，その段階では当然，まともな設計はできない。生活体験を重ね，社会的な経験も積んで，はじめて住宅らしい住宅が設計できるようになる。

　やさしいようで難しいのが住宅の設計である。しかし筋を通して住宅の設計方法をまとめた本は意外に少ない。

　本書は，計画学的なアプローチによる住宅設計の手法を体系的にまとめたもので，設計をすすめるための具体的な手順を解説することにウェイトをおいた。とくに，高齢化社会の進展，ユニバーサルデザイン，省資源・省エネルギーの問題からインテリアデザインなど，最近の社会的要請に対応するテーマを積極的に取り上げた。

　なお，大学のカリキュラムでは，ほぼ13回程度で講義が終わることが多いようだから，本書も13章で構成するようにした。

　本書をまとめるにあたり，多くの先輩諸先生方の業績を参考にし，また資料を引用させて戴いたことについて，心から感謝の意を捧げたいと思う。また出版にあたっては，鹿島出版会の小田切史夫氏ほかの方々に格別の御尽力をいただいた。ここに厚く御礼を申し上げる次第である。

2006年7月

岡田　光正

目　次

まえがき

第1章　風土と住居 …… 1
1-1　自然条件に対応する住居の形態 …… 1
1-2　気候条件によって異なる建築材料と住宅の形態 …… 2
1-3　住宅の形態を変化させる要因 …… 3
1-4　風土的な建築から学ぶこと …… 6

第2章　住宅の歴史 …… 9
2-1　住居の原型 …… 9
2-2　住宅生産における三段階の変化 …… 10
2-3　生活様式と住宅の平面 …… 11
2-4　住宅における各室の系譜 …… 14
2-5　現代住宅の類型 …… 17

第3章　住宅の機能と計画 …… 21
3-1　住宅の機能 …… 21
3-2　住宅の安全性 …… 21
3-3　住宅の利便性 …… 27
3-4　住宅の表現性 …… 29

第4章　各室の計画 …… 33
4-1　内部空間の構成 …… 33
4-2　住宅と家族 …… 34
4-3　居間（リビング） …… 35
4-4　客間・応接間 …… 37
4-5　食事室（ダイニング） …… 39
4-6　主寝室 …… 40
4-7　子供室 …… 42

4-8　高齢者室 …………………………………………………… 42
　4-9　台所（キッチン） ………………………………………… 43
　4-10　家事室（サニタリー含む） …………………………… 44
　4-11　浴室（バスルーム） …………………………………… 44
　4-12　便所（トイレ），洗面所 ……………………………… 45
　4-13　廊下，階段 ……………………………………………… 45
　4-14　玄関，出入口 …………………………………………… 46
　4-15　収納空間（クローゼット） …………………………… 46

第5章　住宅のインテリアデザイン ……………………………… 49
　5-1　インテリアデザインとは ………………………………… 49
　5-2　インテリアデザインのスタート ………………………… 49
　5-3　インテリアデザインのポイント ………………………… 50
　5-4　住み手がつくるインテリアデザイン …………………… 57

第6章　バリアフリーとユニバーサルデザイン ………………… 59
　6-1　住宅におけるバリアフリーの潮流 ……………………… 59
　6-2　バリアフリーとユニバーサルデザイン ………………… 59
　6-3　住宅と宅地のバリアフリー ……………………………… 62
　6-4　介護による住宅改修のバリアフリー …………………… 67
　6-5　ショップモビリティとタウンモビリティ ……………… 67
　6-6　集合住宅における福祉的な居住形式 …………………… 67

第7章　住宅の設計プロセス ……………………………………… 69
　7-1　誰が設計するか―設計のタイプ― ……………………… 69
　7-2　設計のプロセス …………………………………………… 71
　7-3　プランの作成 ……………………………………………… 76
　7-4　プランタイプ ……………………………………………… 81

第8章　住宅の設計方法 …………………………………………… 85
　8-1　基本設計のプロセス ……………………………………… 85
　8-2　寸法計画の考え方 ………………………………………… 86
　8-3　開口部の設計 ……………………………………………… 99
　8-4　ディテールの計画 ………………………………………… 103
　8-5　コストプランニング ……………………………………… 105

8-6　チェックリスト ………………………………………………… 105

第9章　住宅の構造技術 …………………………………… 107
　　　9-1　住宅の構造 …………………………………………………… 107
　　　9-2　架構のしくみと構法の種類 ………………………………… 109
　　　9-3　屋根の架構 …………………………………………………… 112
　　　9-4　構造体の安全性 ……………………………………………… 114

第10章　住宅の設備と環境技術 …………………………… 117
　　　10-1　住宅の快適性 ………………………………………………… 117
　　　10-2　住宅の設備 …………………………………………………… 121
　　　10-3　省資源・省エネルギーの技術 ……………………………… 123

第11章　集合住宅の計画 …………………………………… 127
　　　11-1　住宅問題の発生と団地計画の手法 ………………………… 127
　　　11-2　わが国における集合住宅の歴史 …………………………… 128
　　　11-3　集合住宅における新しい試み ……………………………… 130
　　　11-4　集合住宅の今後の問題 ……………………………………… 132
　　　11-5　団地設計のプロセス ………………………………………… 133
　　　11-6　住宅団地の企画 ……………………………………………… 134
　　　11-7　住宅団地の計画 ……………………………………………… 135
　　　11-8　住宅団地の基本設計 ………………………………………… 137

第12章　集合住宅の設計 …………………………………… 141
　　　12-1　設計のプロセス ……………………………………………… 141
　　　12-2　基本設計の考え方 …………………………………………… 142
　　　12-3　設計上の基本的な注意事項 ………………………………… 148

第13章　住宅の維持管理と再生 …………………………… 151
　　　13-1　維持管理とは ………………………………………………… 151
　　　13-2　住宅の耐用年数 ……………………………………………… 151
　　　13-3　物的維持管理とは …………………………………………… 152
　　　13-4　住要求の変化に対応する方法 ……………………………… 154
　　　13-5　住宅建築の保存と再生 ……………………………………… 156

第1章
風土と住居

1-1　自然条件に対応する住居の形態

　ほとんどの高等動物が巣をつくるように，人類の祖先にとっても拠点としての住居が必要であった。拠点としての住居に求められる機能は，自然環境である気候や外敵から生活を保護し，家具や道具，食料などを入れるシェルターとしての役割である。

　地球上にはさまざまな気候帯があり，地域や場所によって対応すべき気候条件や防ぐべき外敵が違うので当然，それに応じて住居の形態も違ったものとなる。たとえば，暑い地方では強い日射を遮り，熱が逃げやすい住宅でなければならない。寒い地方では逆に，室内で火を焚き，その熱を逃がさないようにする必要がある。雨の多いところは傾斜屋根にして雨水を流さなければならないが，乾燥地帯では水平な屋根（陸屋根）が可能である。

　図1.1は，気候地帯別に植物の形態と住居の形態を比較したものである。気候条件に対応するための植物のかたちと住居の形態に，共通性があるところがおもしろい。

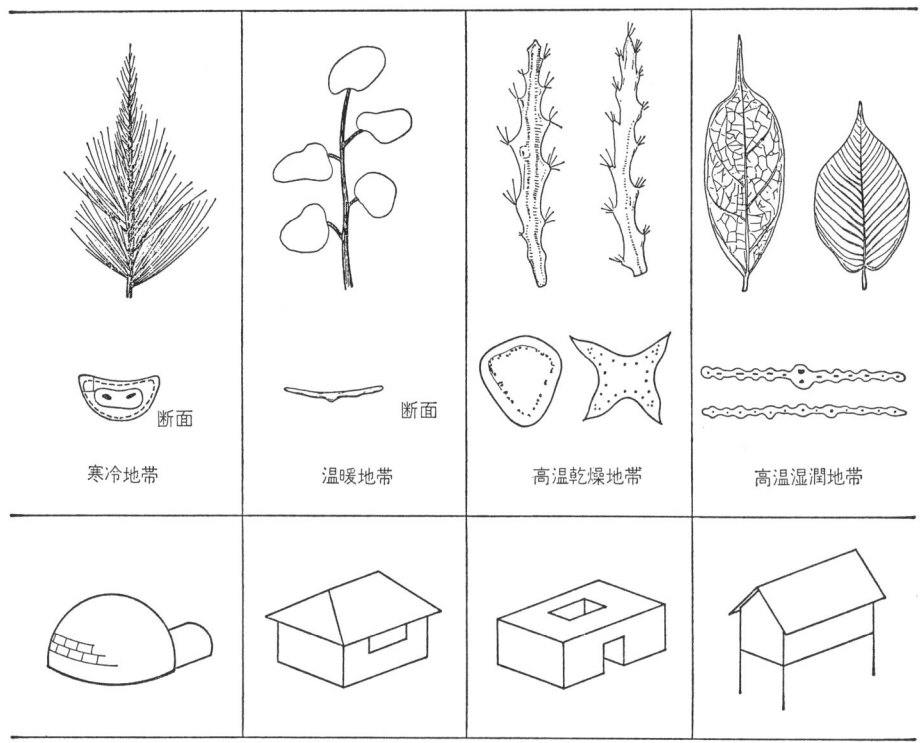

図1.1　植物の形態と住宅の対応

1-2 気候条件によって異なる建築材料と住宅の形態

人類の祖先の住宅は一般に横穴式の穴居であるといわれている。しかし，原始人類の骨の発見地点は風土的に天然の洞穴がないところや，洞窟をうがつのに容易でないところも多く，身近な材料を使ったシェルターもあったと考えられる。

人類の進歩とともにシェルターは住宅としてのかたちを整えてくるが，建築材料が商品として広く流通するようになるまで，住宅はずっと身近な材料でつくられてきた。気候条件が違えば身近にある自然素材も違ってくる。石，土，草，木材などのほか，人間が二次的に加工してつくる動物の毛皮や布，煉瓦，紙など，手近にあるものは何でも，住宅の材料として使われたので，その種類も量も内容も極めてバラエティに富むものとなった。

住宅をつくる材料が違えば，構築する方法が違ってくるのは当然である。ところが気候条件が似通っていても，また材料が同じであったとしても，住宅の形態や住まい方が同じになるとは限らない。

たとえば，図1.2～1.4は，いずれも温帯地域の同じ木造の住宅の例だが，図1.2は軸組架構式，図1.3は半木軸組造，図1.4は組積造に分類される構造方式で，それぞれ形態の異なる住宅となっている。なぜそのような差が生じたのであろうか。

その差が形成された道筋をたどることは，その地方のモノと生活の歴史をたどることである。これは生まれつきの気質や能力が同じ人間でも，その後の生育過程が違えば，全く違った人間に育ってしまうのと似ている。

歴史については，第2章で述べることとして，どのような要因が住宅の形態を変化させるのか，日本の住宅の成り立ちについて考えて見よう。

図1.2 木造小屋組のはっきりとした韓国の伝統的な住宅

図1.3 ハーフティンバー（半木軸組造）の家

図1.4 木の組積造の住宅（ハンガリー）

1-3 住宅の形態を変化させる要因

住宅の形態を変化させる要因としては次のようなものが考えられる（図1.5）。

① 生産活動と経済活動

原始のころ，人間の生産活動の中心は食料生産であった。わが国には縄文時代末期から弥生時代に稲が伝来したといわれるが，水田で耕作するためには集団で水をコントロールする必要があり，水の豊かな平地河川の近くや河岸段丘などの水害に安全とされる場所に集落が形成された。

農業は定住を前提とする。そして住宅と敷地は，労働力を再生産する家族生活の場であると同時に，生産のための拠点として種籾や農作物の保存と乾燥，道具の手入れや準備などを行う場所であった。定住が進んだ弥生時代の遺跡からは，稲を貯蔵するための高床の倉庫跡も発見されているが，これは当時としては最高レベルの建築であった。

生産力の向上とともに，支配階層と被支配階層が発生し，都市が誕生して職人や商人が出現する。生産力が大きくなるにつれて階層が分化し，職業の多様化と細分化が進む。職業や階層によって住宅の形態が違ってくるのは当然である。

強大な権力を持つ支配層は，力を誇示するために巨大で美しい建物をつくろうとし，そのために建築技術が向上した。その後，時代の経過とともに住宅の形態は変わってくる。近世から第二次世界大戦にかけてわが国の民家は，農業や養蚕など生産の場あるいは商業の場としての機能を持つように発展し，さまざまなバリエーションを生み出した。

狩猟，採集，焼畑農業，遊牧などの移動を前提とする生産形態は，わが国ではなじみが薄いが，現在でもモンゴルや中近東など，一部の地域に見られる。そのような住宅は移動しやすいように，簡単に組み立て，撤去することができるしくみを持っている（図1.6，図1.7，図1.8，図1.9）。

② 社会組織や信仰・習慣

住宅は，たとえ原始的なものであっても，複数の人間が協力しなければつくれない。複数の人間の協働には効率的な手順や分業など建て方の技術が必要となり，繰り返されることによって洗練され，受け継がれ，地域独自の構法が成立する。住宅建設のための共同作業は，集落など生産や生活の組織をベースに行われるので，地域の社会組織や信仰，習慣などが取り入れられ，しだいにその地方に特有の住宅の規範が形成されてくる（図1.10，図1.11）。

規範は，道路への家の取りつき方，敷地に対する配置，家の方位，本家や分家などの格づけの方法，来客に対応するための場所など，集団としての住宅のあり方に関するものばかりでなく，内部の間取りや部屋の仕上げにまで及ぶ。江戸時代の集落では，上座と下座の分け方や，季節ごとの年中行事における「室礼」などの住まい方も共通していた。

伝統的な集落に見られる統一のとれた家並みは，そのようにして形成された地域社会の規範の集積ともいえるであろう。

③ 外来文化の影響

わが国のあらゆる文化は古来，中国・朝鮮をモデルとしてきた。西欧の影響は鉄砲伝来以降

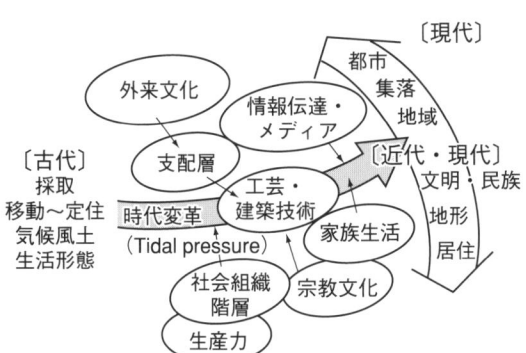

図1.5 住宅のかたちを決める要因

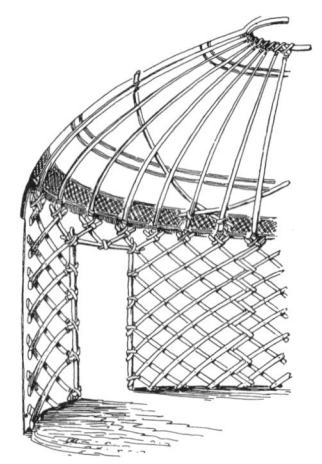

図1.6 モンゴルのゲル（移動式住宅）
近隣の地域にもパオ，ヨールト，オエイなど同様なものがある。現在，定住化が進み急速に減少している。

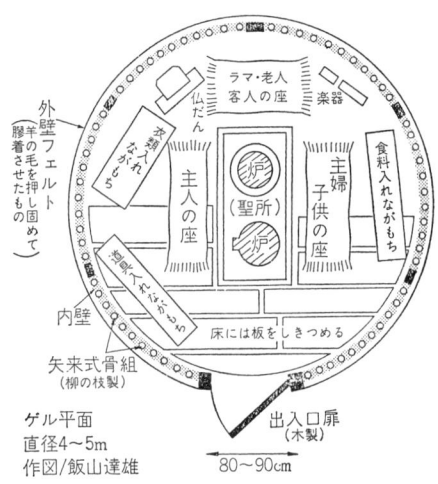

図1.7 モンゴルのゲルの生活
中央アジアなどで高冷地の遊牧生活のための住居。矢来型でアコーディオン式にたためる壁の骨組と傘の骨組の屋根材で構成され，その上をフェルトでカバー。一室空間であるが意外に広い。

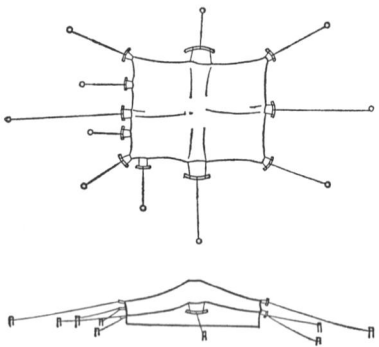

図1.8 高温乾燥地帯における移動式の住居
砂漠地帯の遊牧に使われるテント式住宅。遠距離の移動のさいの運搬や設営に最も便利である。1枚のテントながら，内部空間には機能分化が見られる。

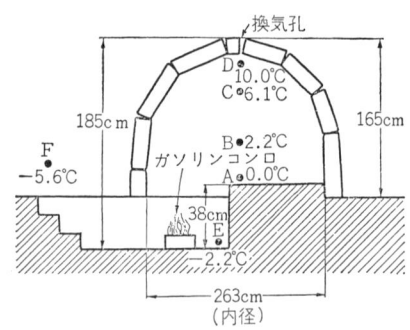

図1.9 カナダの先住民族の冬の家
極北では冬場の食料や燃料（油）を入手するために，氷上を移動しながら狩猟を続ける。氷のブロックをらせん状に積み上げたドームで，小さなくぐり穴から出入りする。

のことだが，明治時代には西欧化政策がとられ，戦後はアメリカの影響が大きい。住宅も，弥生時代の高床建築から戦後のリビングルームに至るまで，外来の建築技術や建築様式を手本として発展してきた。

しかし外来文化の強い影響を受けたとしても，わが国独自の風土や過去の歴史の中で形成されてきた住まい方がベースにあるから，外国と全く同じになってしまうわけではない。わが国と同じように中国やアメリカの影響を受けているい韓国でさえ，建物も住まい方も，日本と同じにはなっていないのもひとつの例である。

④ 情報に対するポジションの違い

外来文化をはじめとする最新の住宅情報を受けるのは支配階層であった。情報は上位の支配層から下層へと伝わる。近代になって，権力構造が武力によるものから資本力によるものへと変わってくると，情報の流れる方向も，富者から貧者へと変わっていった。現代は全国一律で

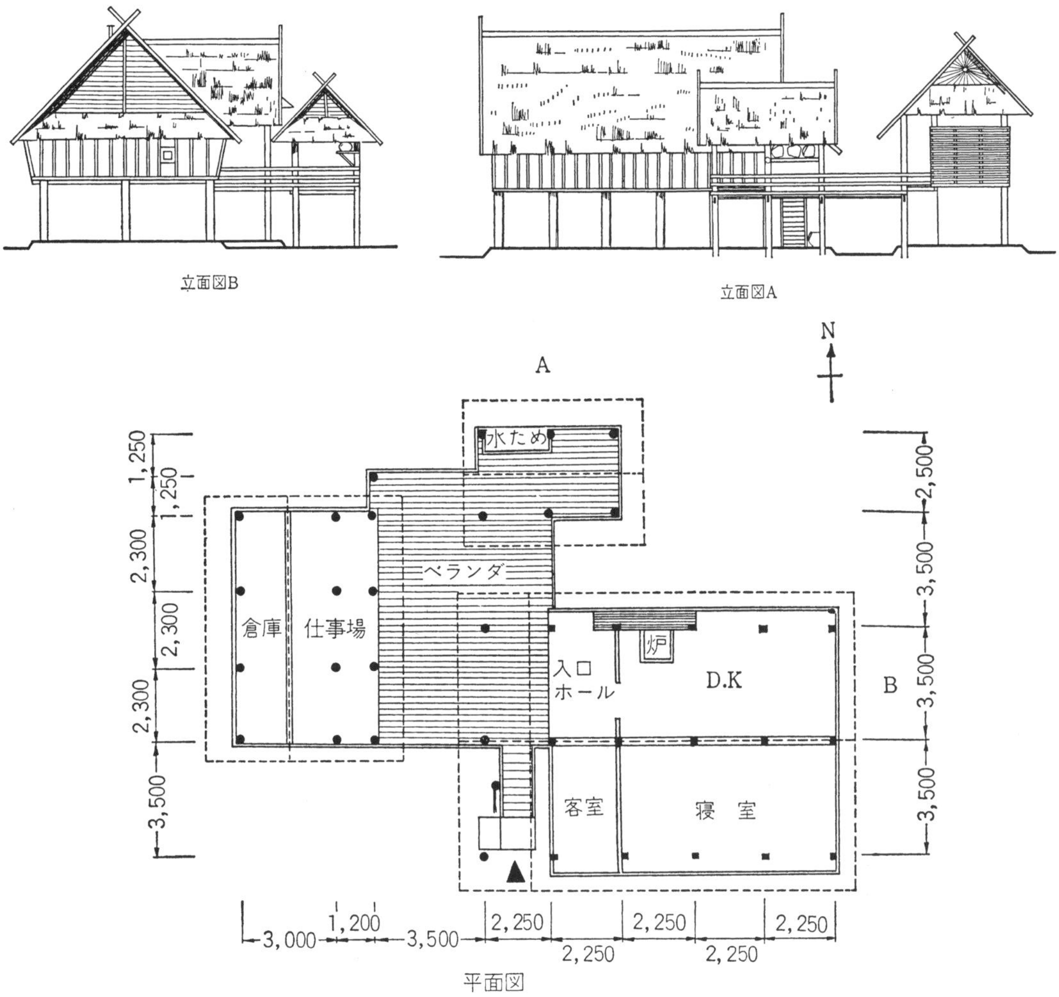

1-3 住宅の形態を変化させる要因

図1.10 高温湿潤地帯の住居
　　　（タイの高床式住居）
　　　湿気や暑熱，さらには洪水を逃れるために相当な高床や急傾斜の屋根が必要となる。竹や板を床に敷きこの例では三つの棟を高床のデッキでつないでいる。

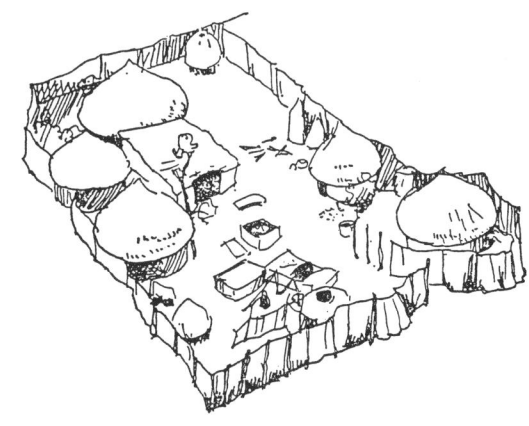

図1.11 高温乾燥地帯における定住型の住居
　　　（ナイジェリアにおける村の住居）
　　　屋敷内を構成する定住型の住居である。1室1室が分離して1棟1棟になったような型である。外周は軽微な塀で囲まれている。

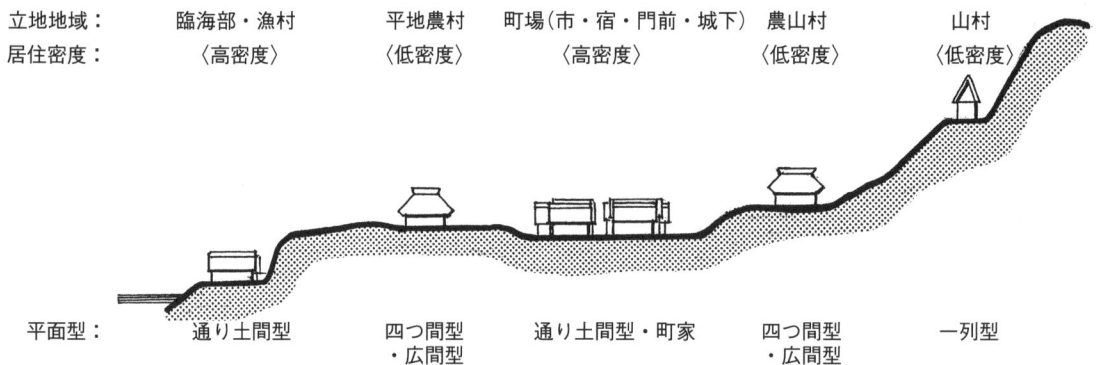

図1.12 住宅の立地条件による平面型の対応

同時感覚の情報化時代でもある。大衆の嗜好や情報をキャッチする感度の違いが文化の伝達方向に影響を与え,都市から地方へ,若者から高齢者へ,女性から男性へという情報の流れが生じている。住宅のデザインが全国的に画一化しつつあることも情報化時代の表れである。

⑤ 集住形態と立地条件の差

山地や海岸の傾斜地に密集して住む集落と平野の集落では,住宅をつくる規範そのものが違う（図1.12）。これは都市と農村の違いについても同じである。

たとえば,伝統的な都市住宅といわれる「通り土間型＝通り庭型」の住宅は,狭い間口と長い奥行きを持つ「うなぎの寝床」とよばれる敷地の形状からきたものである。近隣も同じような敷地だから,互いに同じルールに従って建てることによって,相互の生活が守られている（p.16,図2.9参照）。

1-4　風土的な建築から学ぶこと

地域の気候風土から生まれた風土的な住宅をバナキュラースタイルの住宅とよばれる。そのような住宅は自然と共存する人びとの知恵の積み重ねであり,その地域の風土的特徴を最も顕著に示すものである。

風土的な住宅は,テレビや雑誌などのマスコミ情報から隔絶されているほど,その状態が純粋に保たれる。ユニークな形態の住宅は,現代文明の洗礼を受けない発展途上国のものが多い。

各地の風土的住宅は美しいが,冷暖房を備えた快適な現代住宅に住む現代人は,美しいからといってそこに住むことはできないであろう。また,風土的な住宅を構成する材料やつくり手もいなくなったし,そのような形態を成立させた社会組織や生活も変わってしまった。たとえば,茅葺屋根がどんなに美しくても,材料の茅も少なくなり,茅を葺く人も少なくなった。どうにか茅が葺けたとしても,炉端で火を焚いて煙をだす暮らしがなくなれば,茅葺きの屋根は腐朽が進む。こうした民家がなくなることで,風土的な住宅の成立基盤はしだいに失われてしまった。

だが,実用的な意味は少なくても,各地の風土的な住宅を学ぶことには意味がある。そのひとつは,エコロジカルな視点である。

現代の住宅は人工的な材料を使い,電気やガスのエネルギーを消費して環境を整えている。このような住宅は省エネルギーや省資源とは逆方向にあり,取りこわすときにも大量の廃棄物を残すことになる。風土的な住宅はエネルギーを消費しないで厳しい気候条件に耐え,寿命がつきると自然に帰るものであった（図1.14）。

地球環境の保全がわれわれの義務となった現在,風土的な住宅はわれわれに,住宅の原点に

1-4 風土的な建築から学ぶこと　　7

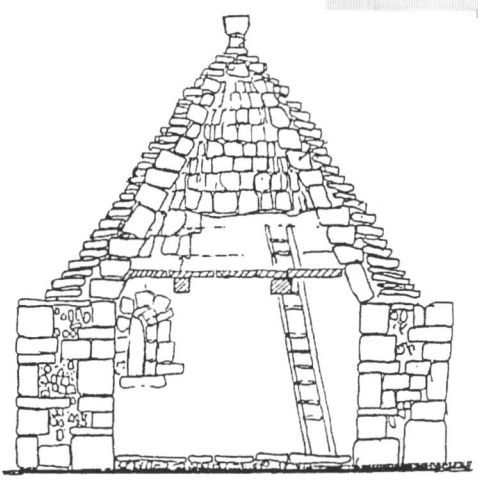

図1.13　アル・ベロ・ベッロ（南イタリア）の民家
壁と屋根は現地の畑などから出た石を積み上げたものである。

戻って自然と共生することの大切さを教えてくれる存在である。

　もうひとつの意味は，風土的住宅がわれわれに受け継がれた住文化が持つ豊かさや意味を考えさせる点であろう。たとえば，われわれは和食だけでなくフランスや中国などさまざまな国の料理を食べている。これらの料理をミックスして，ひとつの器で食べるほうが合理的かもしれないが，それぞれに器を変えて別々に味わうほうが豊かな食事であるといえよう。住宅も同じことである。

　現代の情報化社会は世界的な均質化現象を起こし，欧米風の住宅スタイルも全国各地に建てられている。このように変化する時代にこそ，風土的住宅から日本の住宅の伝統や特徴を学び，われわれの好みや感覚を大切にすることが生活の豊かさにつながるのではないだろうか。

　住宅を学ぶにさきだち，風土的な住宅を知って，楽しい，美しい，知恵があると感心することが大切である。本多勝一氏の「カナダ・エスキモー」には，アメリカの消費文化が，厳しい環境の中で独自の文化を持って暮らしていた誇り高い先住民を，みじめに変えてしまった様子が描かれている。

　住宅は寒いよりも暖かいほうがよいに決まっている。しかし，価値の基準が現代生活の合理性だけにかたよると，住宅の善し悪しは，おうおうにして金額に置き換えられてしまう。住宅を設計するということは，「立派な家」を設計することではないのである。

図1.14　モロッコ，アイトベンハドゥの住居
土でつくった住居は風化して土に帰る

第2章
住宅の歴史

2-1 住居の原型

(1) 遺跡に残る住居の形式

縄文初期以降の遺跡から推定される住居の原型には，次のような形式がある。

① 横穴式の住居

自然の地形を利用した横穴式は世界各国に共通する形式であるが，わが国には少ない。動物の巣にも多いので，単純に考えると住宅の最も古いかたちのように見えるが，人類学によれば，それは疑問だという。人類の発祥地とされるところが，必ずしも横穴をつくりやすい場所ではないからだ。

② 竪穴式の住居

静岡県の登呂遺跡，佐賀県の吉野ヶ里遺跡その他によく見られる典型的な住居形態である。地面を掘り込んで床とし，掘立て柱の上に組んだ小屋に萱などを葺いたもので，中央に炉をつくるか，奥に竃をしつらえている。竪穴という言葉は，掘り込んだ床からきている（図2.1）。掘り込むまわりに土堤状の盛土がある。

内部は円錐状の空間で，今でいうワンルーム型の平面である。入口や炉などの位置関係による場所の格づけや空間分化があったものと推測されている。外観は，ほとんど大屋根だけだが，復元されたものは大地になじんだ姿で，素朴な中にも典雅な雰囲気がある。

③ 平地式の住居

地面を掘り込まないで床をつくったものが平

図2.1 竪穴式住居の復元例（佐賀県吉野ケ里遺跡）

図2.2　高床式家屋の復元例
（佐賀県吉野ケ里遺跡）

地式である。床材として石などを敷きつめたものもあったらしい。

④　高床式の住居

弥生時代に現れてきたとされる高床式は、もともと倉としてつくられたものであろう。穀物を収納するため、鼠返しを取り付けたものが多く、出入りには木材を切り込んだ階段が用いられたと考えられる（図2.2）。

このように高床式の構造は高温多湿の気候によく適合し、わが国では今もなお独立住宅の主流をなしている。しかし、多くの木材が必要で、架構の技術も手が込んでいるため、竪穴式や平地式の集落の中に高床式の倉が混在するという状況だったと推測される。

(2)　北方型と南方型

高床式は湿気を避け通風をはかるのに適当な構造であり、今でも東南アジアに多い。当然のことながら、南方から伝来した可能性が強い。

だが高床でも、いわゆる「校倉」は、今でいうログハウスである。木材を積み上げて壁をつくる方式は南方系ではなく、北方森林地域の流れをくむものであろう。日本で最近つくられているログハウスは、森林の豊かな北欧や北米などから輸入されたものが多い。古代においても正倉院や東大寺三月堂経蔵とか唐招提寺経蔵などのように限られた存在であった。やはり、木材量の限界によるためと考えられる。

竪穴式も寒さに適応するための形式である。旧樺太つまり現在のサハリンの原住民も竪穴式の住居であった。アラスカ先住民の家も原理的には、この方式に近い。

2-2　住宅生産における三段階の変化

住宅の生産技術は、平面やデザインに大きく影響する。ラポポート*によれば、生産技術の変化には三つの段階があるという。

第一は「自前の生産」によるもので、住民みずから自分の家をつくる段階である。この段階では生活パターンと建築材料は同一素材による住宅の原型であり、集落全体が色彩、形態とも共通の秩序で統一されるので、必然的に落ち着いた景観が形成される。

第二は「専門職の技術」による段階である。大工、左官、瓦屋といった専門の職人が生まれるが、その地域で発達した技術だから、時代による多少の変化はあるものの、基本的には集落や街並みの統一性は継承され、調和が失われることはない。いわゆるバナキュラーなデザインである。

第三は「工業化された住宅生産」で、量産化された工業製品を大量に使う段階である。いわゆるプレハブだけではなく、住宅の多くの部分に、工場で生産された部品が組みこまれている場合、この段階に相当すると考えてよいであろう。現在、わが国の都市住宅は、ほぼこれに当たるが、メーカー主導型のデザインが多くなっ

---

* A. ラポポート著、山本正三ほか訳：住まいと文化、大明堂、1987による

て地域的な特色は失われ，街並みや集落の景観も落ち着いた秩序だったものにはなりにくい。法令や協定がないと街並みや集落の景観は混乱する。設計者（建築家）の職能が成り立つのもこの段階である。

2-3　生活様式と住宅の平面

(1)　床座と椅子座

わが国では玄関で下足を脱いで家にあがる。このことを「履きかえ」というが，このような生活様式は，隣の韓国以外には世界的にほとんど例がない。

竪穴式の住居では床は土間である。寝る場所には何か敷いたのであろうが，住居の内と外での上下足の区別はない。地面から床を持ち上げる様式は，当初は貴族や武家などの上層階級の住宅にのみ用いられ，履きかえが行われるようになった。

畳の床などに直接，座ったり横になったりする起居様式を「床座」または「床座式」とよび，椅子を用いるものを「椅子座」または「椅子式」などという。平安時代の寝殿造りは全面にわたって板床であり，必要なところだけに畳を置いた。これを「置き畳」という。また円座などの敷物も使われた。

椅子座が発達しなかった原因のひとつは，畳という優れた材料があったからであろう。西洋家具のベッドやいすやソファーのクッションと同じように，畳は身体に優しいのである。本格的に椅子座の生活が普及したのは明治維新以降であり，とくに進展したのは第二次大戦後のことである。

(2)　田の字型と広間型

農家住宅に広く見られる「四つ間型」は，当初のワンルームが，まず土間の部分と，板を張るか筵を敷いたスペースとの二つの部分に分化し，それがさらに空間分化を重ねて出来上がったものであろう。

「四つ間型」にも，きれいな「田の字型」と「食違い四つ間型」とか「広間型」とよばれるタイプがある。寒い地方には，「取巻き広間型」という囲炉裏のある広間型を取り巻くように部屋を並べたタイプもあった。ほかに暖房の手だてはなかったので，囲炉裏を取り巻くようにして寒さを防ごうとしたのであろう（図2.3）。

四つ間型では，地域によって，いくらか違いがあるが入口に近くて頻繁に使う部屋を「でい」，その裏側で食事や家族のたまり場となる空間を「だいどころ」，表の奥は格式のある「ざしき」，寝室になる奥の部屋を「なんど」などとよぶ。また，庄屋のような裕福な階層の住宅には，さらに部屋数の多い「六つ間型」とか「九つ間型」などの例もあった。

このような農家住宅の平面は，第二次大戦後も基本的には変わることはなかったが，その後の農業と農家の生活に応じて変化した。以前は農作業に使われた土間があり，北日本では屋内の厩が多かったが，その機能は失われて，床を張ったダイニングキッチンや応接間などになり，畳の部屋との間に廊下をとった平面になって，屋根が茅葺きから瓦葺きになるとともに，2階には子供室などを設けるようになった。

(3)　住宅における和洋折衷

明治初期における上流社会の邸宅の中には，和風の母屋に洋館を連結したものがあった。洋館は接客を目的とするもので，玄関，ホール，食堂，配膳室，クローク，便所などはあるが，台所や浴室はないのが普通であった。まさに，「木に竹を継いだ」ようなものだが，建築における「和洋折衷」の例である（図2.4）。

和洋折衷型は，中流の住宅にも普及し，大正時代には和風住宅の玄関脇に，洋風の書斎兼応接室を連続させたスタイルが流行した。

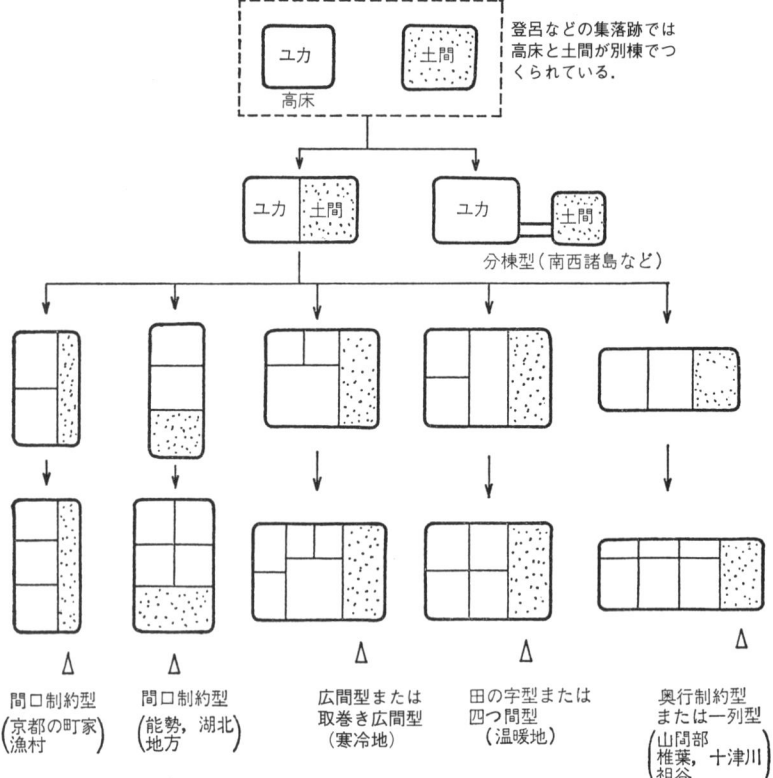

図2.3 地理的条件による民家平面の変化

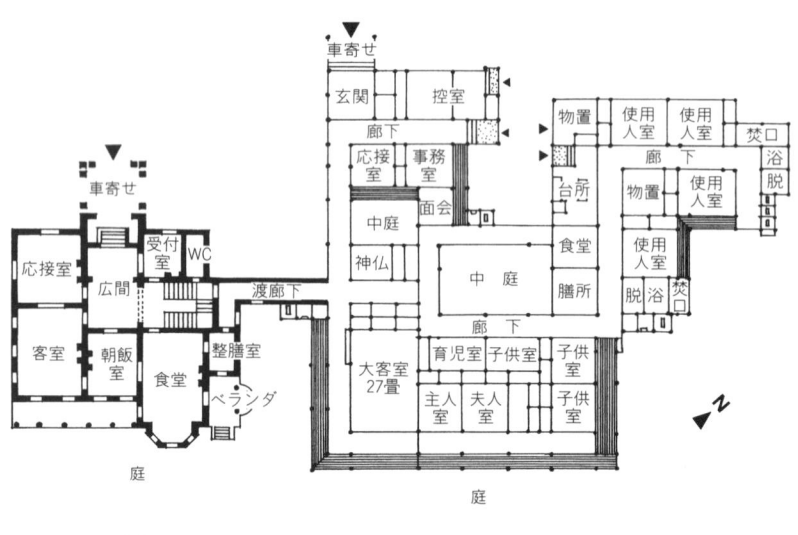

図2.4 明治時代の大邸宅における和洋折衷の過程で、和館と洋館が単純に接続されていた段階

第二次大戦後には住宅が不足して「最小限住宅」がテーマになり，全面的に洋風化するのが合理的だという提案もあった。しかし，洋間は家具で機能が固定されるので，限られた面積で完全に洋風の生活をするのは難しく，抜群の転用性を持つ和室の使い勝手のよさに対抗するのは無理であった。

その後，生活の合理化が進んだ結果，居間を中心として洋風化された間取りとなった。しかしどんな住宅にも，少なくともひとつは和室があるという状況である。また逆に純和風の住宅に見えても，居間，食事室，個室などは洋間というのが常識になっている。

(4) 庭付き一戸建の歴史

サラリーマンの理想の住宅は「庭付き一戸建」であるといわれてきた。しかし，歴史的に見ると，都市住宅の大半が庭付き一戸建だった時代はない。

「一戸建」は明治の終わり頃，私鉄沿線に郊外住宅地が開発されたときに強調された新しいイメージであった。相対的に地価が安く，都市が郊外へスプロール的に発展した時期に成立した住宅の形態といえよう。

あえて「一戸建」のルーツを求めると，それは近世の城下町にあった武家屋敷である。それも中級クラスのものが，その実例ということになるであろう。門構えと塀があり，格式に応じた玄関があって庭があるというものだ。それ以外の多くの人びとは，長屋または，それに近い町家に住んでいたと思われる（図2.5）。

この武家住宅の門構えや玄関を受け継いだものが，明治後半から大正，昭和にかけて普及した「中廊下住宅」といわれている。中廊下住宅の中廊下は，各室を独立して使用できるようにすると同時に，サービス部分と居住部分とを分割するものであった（図2.6）。

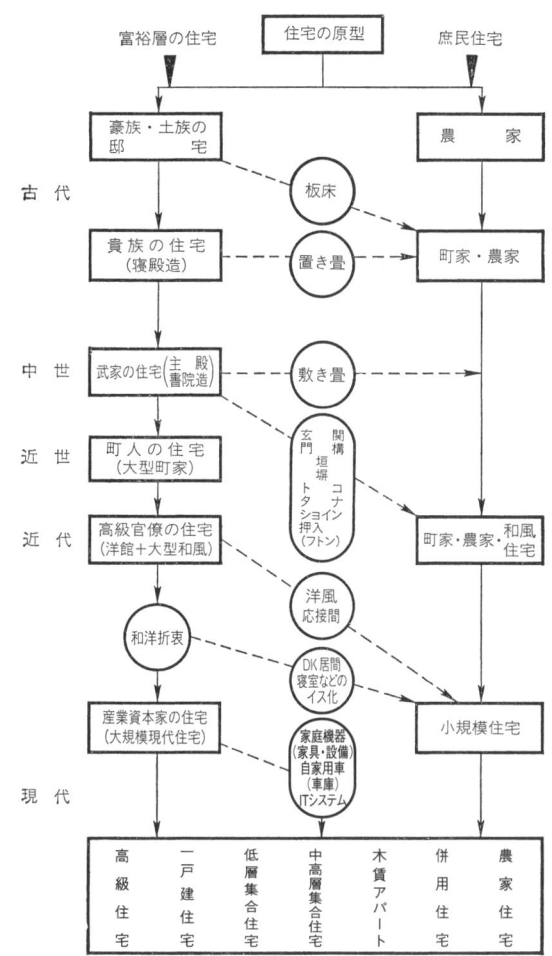

図2.5 住宅の歴史的な系譜

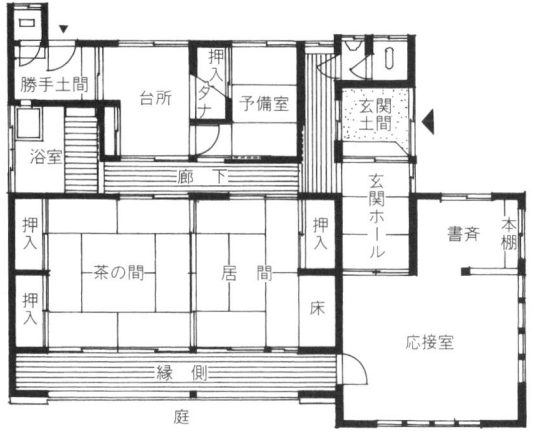

図2.6 中廊下式住宅の平面

2-4 住宅における各室の系譜

(1) 床の間と書院

書院造りを特徴づける様式として生まれた床の間と書院は，ある部屋が正式の日本間として認められるための基本装備で，少なくとも床の間がなければ，正式の座敷とは見なされなかったのである（図2.7）。

しかし，第二次大戦後，床の間は日本住宅の封建制を象徴するものと見なされ，また生活が窮乏して床面積の余裕もなかったので，公営住宅はもちろん，戸建住宅でも床の間のない家が多かった。その後，経済的なゆとりが回復するとともに床の間は復活し，一戸建の和風住宅や集合住宅の和室にも，簡易な床の間に代わる和の空間として「室礼（しつらえ）」る場合も多い。

(2) 台所の変化

復元修理された民家では，広い土間に立派な「かまど」がすわっている。長いあいだ「かまど」は台所の中心であった。囲炉裏があっても，主たる調理のためには「かまど」がなければならず，その場合，囲炉裏は副食の調理に使われたという。

「かまど」や囲炉裏は薪や柴を使う関係から広い土間を必要としたが，LPガスや電気釜が普及した結果，煮炊きをする場所の必要面積は大幅に縮小した。

流しも昔は，土間にあり，それも下流しで，しゃがんで使うタイプであった。その後，立ち流しになり，次いでこれが床の上に置かれることが多くなってきた。だが，その場合でも板張りの床に座って調理したので，俎板（まないた）も脚（あし）付きのものが使われた。

水道が引かれて水ガメも要らなくなり，土間に置くべきものは何もなくなってしまった。いわゆる土間の消滅である。

シンクの材料としては，人造石研出しやタイル貼りのものが使われたが，ステンレスの流し台が普及して，タイル貼りなどはほとんど見られなくなった。

台所のユニットは，地袋や天袋の戸棚とセットになった製品の中から寸法に合うものを選ぶのがふつうである。ガスや電磁調理器をセットにしたビルトインタイプも多くなり，台所は使い勝手から，閉鎖型と開放型，さらに食堂と対面するタイプなどに多様化している。

図2.7 床の間のある日本間　左が床（とこ），右が床脇（とこわき）（違い棚）

（3） 風呂から浴室へ

高度経済成長期までの農村では薪などを燃やして風呂を沸かした。火災防止などのための浴室は別棟になっていて，浴槽の形式は焚き口の上に鋳物の釜を据えた長州風呂や五右衛門風呂が多かった。この風呂釜は，当時としては何でも燃やすことができたので，エネルギー効率という面から評価されたが，水を汲んで風呂を沸かすのは，かなりの労働であった。

なお「風呂」という言葉は浴室の別称として使われているが，歴史的には「風呂」は蒸気浴のことで，現在のような浴室は「湯」といったらしい。

市街地では風呂のない家が多く，ほとんどの人は銭湯を利用した。町に住む以上は銭湯に行くのは当然で，自宅に内湯を持つのはいくらか贅沢なことであった。これは，1950年代後半に建てられた公営住宅には浴室がなく，そのかわり団地に当初から共同浴場を設けるのが普通だったことからもわかるであろう。

その後，住宅には浴室があるのが当然になり，熱源も薪からガスや電気に替わり，平面の中での浴室の配置は自由になった。集合住宅では，工場生産によるユニット式の浴室が多くなっている。省力化と工期短縮という施工上の利点のほか，漏水を発見しやすく，部品交換などの維持管理も容易なためである。

わが国では入浴は，単に清潔，衛生のためだけではなく，くつろぎや楽しみの意味が大きい。そのため浅い洋風の浴槽は人気がなく，深く肩まで浸かれる和風か和洋折衷型の浴槽が一般的である。また，便所，洗面設備と一体化した洋式のバスルームも，同じ理由からホテルとワンルーム・マンションに限られていた。最近では，建売住宅や住宅メーカーによるユニット式浴室のセットは多様化して，中央給湯式の浴槽を備えたものもある。

（4） 便所の形式と平面の変化

原始的な便所としては，川などの水に流す川便所（カワヤの語源），素掘りの穴を使い次つぎに埋めていく穴便所，砂を用いる砂便所（砂雪隠），豚小屋と組み合わせた豚便所などがある（図2.8）。いずれも住宅から離れた場所で，水や土壌や家畜などによる有機的な自然浄化のシステムを利用したものである。かつては敷地の外や母屋と離れた場所に，このような便所を置くことができたのであろう。

寝殿造りは広壮な邸宅だが，便所はなかったようで，樋箱などとよばれる運搬処理の可能な便器が使われたらしい。今でいうオマルだが，これも一時的なもので，二次的には上記のいずれかによることになる。

わが国では排泄物を肥料として活用したので，汲取りの形式が一般化した。この方式は保健衛生などの面から問題はあるにしても，自然のリサイクル，エコロジーのシステムとして評価される。第二次大戦後しばらくすると，汲み取ったものを肥料として使うことはなくなり，廃棄物として処理されるようになった。

汲取り便所における最大の問題は臭気である。平面計画においても，便所の位置を決める最大の条件は，いかにして臭気を防ぐかということであった。そのため，農家の場合は別棟とするのが多く，町家では外気に開放された濡れ縁を通って裏庭側の便所に行くようになっていた。そうすれば居室では臭いを感ずることは，ほとんどないからである。さらにまた市街地で

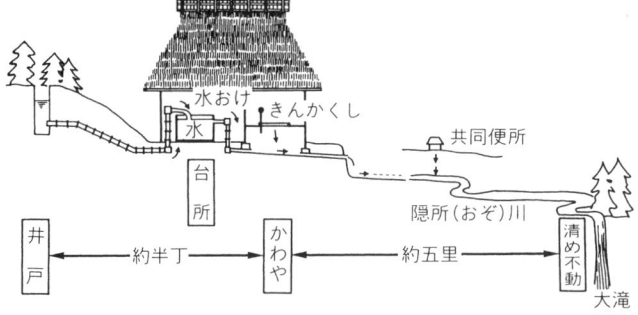

図2.8 高野山の水洗便所の図（市川正徳「図解で見る民俗史」より）

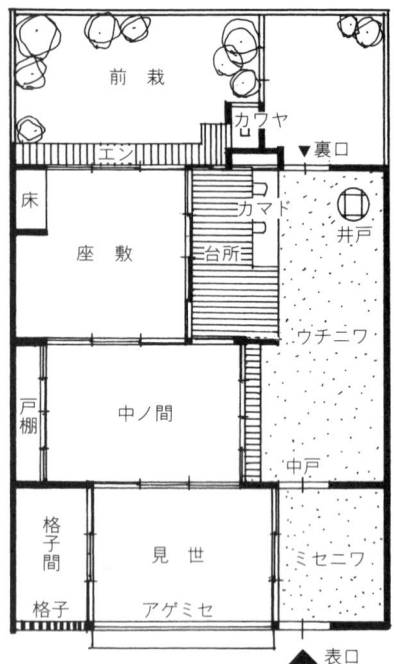

図2.9　京都の通り庭型の町家の例

は，汲取りのための通路土間を確保することが問題で，プランを左右する重要な条件であった。たとえば，京都などの「通り庭型」の町家は，汲取りの通路を確保することも考慮して成立した平面である（図2.9）。

下水道の整備が一段と進み，都市部でのバキューム車による汲取りの光景は，ほとんど見られなくなった。

水洗トイレも洋式になると場所の制約は少ないので，換気口の設置を含めて浴室と同様，配置は自由になった。しかし，通風・換気のためにも外気に接する小窓があればさらに快適であり，これは浴室についても同様である。

（5）収納空間の発達

寝殿造りの「塗り籠」は収納空間の原型である。これは建物の中ほどにあり，壁で囲まれている。寝室であったという見方も有力だが，塗り籠はひとつではないので，その中には収納空間として使われたものもあったと考えられる。

わが国の家具の歴史を見ると，大型の家具を特定の位置に据えつけるというよりも，持ち運びできるものを，季節や行事などの必要に合わせて出し入れするという伝統があった。したがって，几張，燭台，文机，御簾，鏡台など，こまごましたものを収納しておくところが，どうしても必要であった。

寝殿造の時代には，今の押入れのような奥行きの深い戸棚のような収納空間はなかった。というのは，夜具としての布団がなかったからである。当時は「衾」とよばれる薄い夜具に，着ていた衣類などを掛け布団のように掛けて寝たという。今のような布団をつくるには綿の栽培が前提となるが，棉花が伝来したのは室町時代で，布団ができたのはその後のことだろう。布団を用いるようになると，それを収納するために，現在のような奥行き90 cm程度の中棚つきの押入れがつくられるようになった。

一方，「校倉造」を起源とする別棟の収納空間がある。これはその後，発達して蔵になった。収納すべきものが増えるとともに蔵の数も増える。したがって，蔵の数が資産力を示すことになった。

だが，現代住宅には一般に蔵はない。これは洋風の収納家具を固定して置くようになり，さらに狭くなった敷地に蔵を建てる余裕がなくなったからであろう。そのため，家の中にはあらゆる家具家財道具があふれ，人のいる場所がないほどである。収納空間の確保は今や最も大きな課題でもある。

日本間は何も置かないのが最も美しい。機能を限定しないで，季節に応じ，目的に応じて，必要な家具を出し入れする「室礼」の生活文化が発達し，そのため家具は軽くて持ち運びできるようになってきた。こうした「古きよき時代の優雅な暮らし」を，あらためて見直すべきではなかろうか。

2-5 現代住宅の類型

すでにわが国の住宅の戸数は世帯数を上回り，10％近い空き家率がある。戦後と高度経済成長時の建設ラッシュでつくられた住宅も更新時期を迎えているが，その一方で新規建設も続いている。この過程で欠点のあるものは徐々に見放されてきて，それまでの多様な住宅の類型は単純化する傾向にある。大きくは「戸建住宅」と「集合住宅」に分かれるが，さらに居住のためだけの空間で構成された「専用住宅」と，店舗やオフィス，医院，事業所などと複合した「併用住宅」があり，戸建と集合，専用と併用を含めて，表2.1に示すような9種の類型で説明することができる。このような類型化は，設計上の特徴と留意点を考えるために意味がある。

集合住宅は所有と居住の面から2種類に分かれる。賃貸料で契約をして居住し，出来合いの平面や設備を使う「賃貸」と，住戸単位で住棟を区分所有する不動産として販売され，主に購入者が居住し，内部の改修や改造が容易な「分譲」である。

表2.1 現代日本の住宅類型の一覧

	類型名	特徴
戸建住宅	1. 庭付き一戸建住宅	単体としてはゆとりのある敷地につくられ，門・塀（垣）で囲まれ，前庭，主庭，勝手まわり（サービスヤード），ガレージまたはカーポートがとれ，植栽が可能で，日照や通風が無理なく確保されているもの。旧来では住宅取得の望ましい目標とされてきた。その大規模なものを「豪邸」と称することもある。
	2. 狭小宅地戸建住宅	建物の周囲に庭的な空間がほとんどない戸建とするため，前面にアプローチとカーポートがとれる程度で，裏手や外部のメンテナンスに回る空き幅も苦しいもの。地価高騰時代の宅地の細分化，狭小化が生んだ型である。内部空間の充実のためと，カーポートスペースの不足ため，1階に車庫，2・3階に居住部分を乗せ3階建となっているのも大都市周辺では多くなっている。
	3. 店舗付き住宅	店舗やオフィスなど仕事の空間を1階に持ち，上階に居住部分をおいた型である。市街地や周辺部でも沿道の住宅に多い。昔の京都や江戸の町家や街道沿いの店はこの原型である。1階の仕事の空間と上階の居住者が別ということもあり，上階への出入口を別に設けることもある。
	4. 農家住宅	農業を主な生業とする世帯の住宅。昔は家屋の内部の土間などに屋内農作業空間や格納庫があり，前庭も屋外農作業空間であったが，現在，共同化・施設化・兼業化の進行で，内部土間は上床化して非農家住宅と相異がなくなりつつある。宅地は大きめであり，農機具庫など付属屋は欠かせないうえ，複数化した車両用スペースが拡大して，前庭・主庭が縮小傾向にある。
	5. 漁家住宅	漁業を主な生業とする世帯の住宅。昔の漁村は沿海の狭い集落内に住宅が密集していたため，間口が狭く，通り土間があり，表通りと浜・水辺への連絡をよくするなどの特徴があった。現今，漁港整備・施設の共同化などの事業により，漁業生産にかかわる設備などが外部で集約され，一般の専用住宅と差異がなくなりつつある。
集合住宅	6. 大・中規模住戸型高層集合住宅	室数，住戸規模の大きな集合住宅。「マンション」という呼び方が一般的である。いわゆる"うなぎの寝床型"から，複数のサニタリーやポーチ，勝手口，ゆとりのあるバルコニーなどの付くタイプも出てきている。住戸内部に中廊下や外気に面しない部屋が生じやすい。
	7. 小規模住戸型高層集合住宅	ワンルームマンションなどとよばれ，駅周辺や大学近隣など，立地条件が重視された単身世帯向けの集合住宅である。既成市街地ではあまり歓迎されない。10階を越えるものもある。
	8. 低層集合住宅	2～4階建で，市街地や住宅地の小規模な敷地に，立地地域のさまざまな需要に応えて建設されているものである。旧来の2階建中心の「木賃アパート」，「文化アパート」とよばれた木造アパートもこの部類である。地面との近さ，接地性をメリットとして，2～3階建ていどのメゾネット型連続住宅で「テラスハウス」というのがあり，その40～50戸単位で，配置に変化をつけ，共通空間（コモン）を中心にまとめられた連棟集合住宅で「タウンハウス」とよばれたものも，現存している。
	9. 複合型集合住宅	かつては「ゲタ履きアパート」という呼び方もあった，1階を含む下層部を店舗や事業所として，上階を集合住宅にしたもの。中層も高層もあり，公共のものでは，下階に，保育所，集会所，高齢者施設などを持ったものも出現している。

図 2.10(a) 都市部の鉄道沿線に林立する高層集合住宅群

図 2.10(b) 母屋，付属屋，蔵，塀などをもつ近郊農家住宅

　土地価格の高騰は過去のものとなったが，いわゆるクルマ社会が成熟しており，1戸が複数の車を所有する傾向が進んでいる。宅地内にクルマ用のスペースが必須となったことと，床面積の要求は拡大し続けていることから，戸建住宅の宅地規模の相対的な狭小化は止まっていない。そのため，第二次大戦直後の戸建住宅は平屋中心であったのが2階建が主流となり，法令の規制が緩和されるとともに，3階建が増加しつつある。

　これまではエレベーターがなかった3～5階建の集合住宅でも，高齢化とバリアフリー対応のためエレベーターが必要になり，設備的な効率も求められる結果，新しく建てられるものは高層化して，20階，30階建から，それ以上のものも多く建設されている。

　一方，新しい傾向として，すでに50年たった住宅でも部分的な再生技術で，長寿命化，リニューアルしようという動きも出てきている。

　屋内の廊下や設備を共用する「木賃アパート」や，長屋が2層化したような「文化アパート」とよばれたものは過去のモデルとなった。また，季節に合わせた大都市近郊の避暑地などへの移動が中心となったいわゆる「別荘」文化は，日本では今のところ定着していない。

図2.10(c) 郊外駅周辺の店舗付き住宅（2, 3階建）

図2.10(d) 古くからの戸建住宅地では，更新期に3階建が増えている

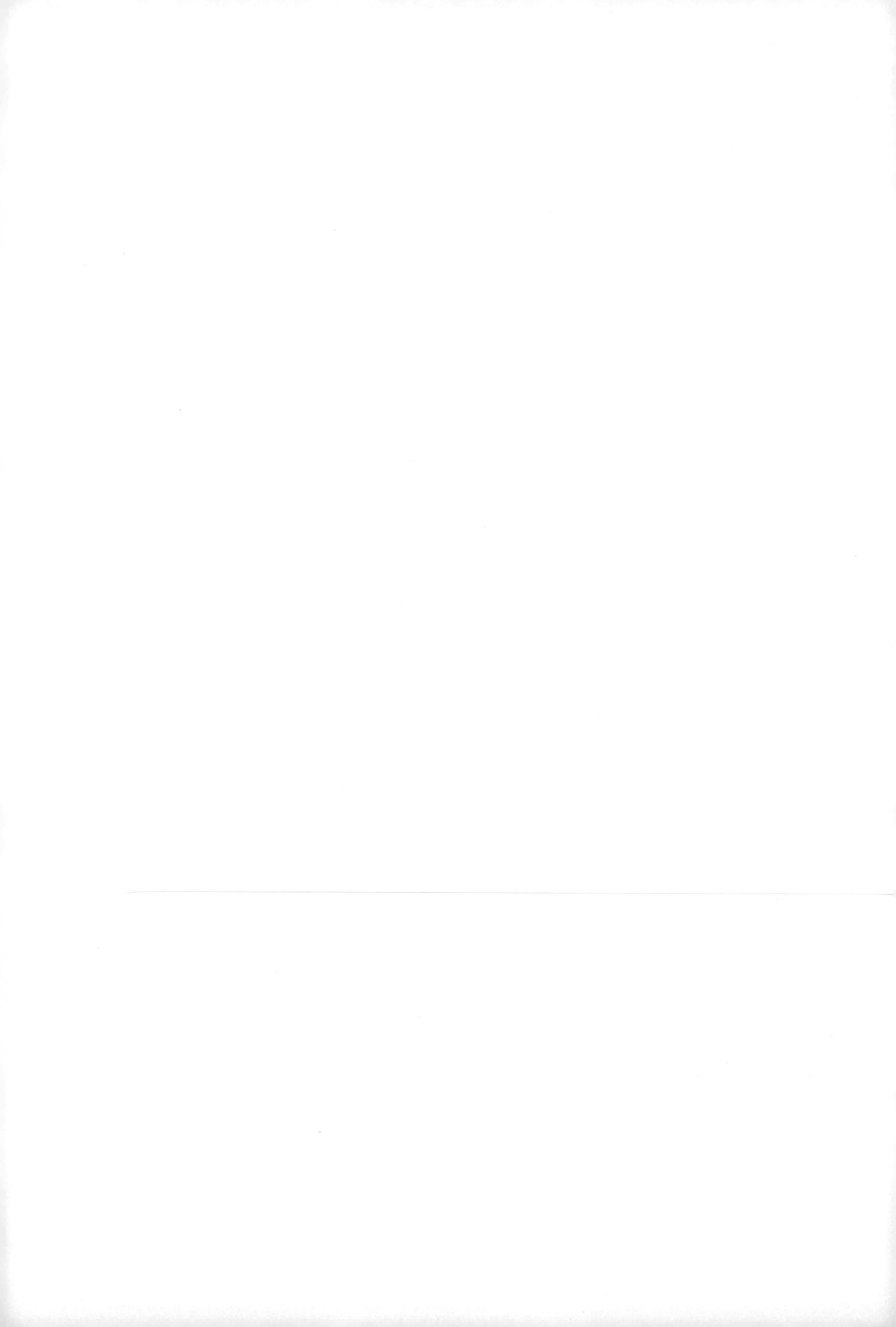

第3章
住宅の機能と計画

3-1 住宅の機能

　第1章と第2章では，地域や時代によって，さまざまな形態の住宅があることを学んだ。では，そのように多種多様な住宅に共通する住宅の機能とは何であろうか。これについて，吉坂隆正は「住居に於いてはこうして集まった人間の集団の単位ともいうべき家族の構成の量的質的なものを具合よくひとつの囲いの中にすまわせねばならないのである。(中略)この家族と家族外の人びととすなわち社会との関係が考慮されねばならない」(「住居学汎論」)とし，「住居を家族の生活の場として」同時に「社会との対比」においてとらえている。

　また，文化人類学者の石毛直道はアフリカ・オセアニアの開発途上社会のいくつかの種族の住居を比較して「人間の住居内空間の使い方で動物の住居と異なる基本的なものとして炊事，家財管理，接客，隔離がある」とし「とくに接客は動物の巣にはない機能」だと述べている(「住居空間の人類学」SD選書)。この本で紹介された種族の多くは，性行為や排泄といったわれわれにとっては住居内で行われるのが当然と思われる行為すら，屋外で行っているのである。

　さらに西山夘三は，すまい(住居)の機能が歴史的に変遷してきたことを述べたのち，住居の本質は「ゆっくりとくつろぎやすめること」だとしている(「すまいの考現学」彰国社)。

　また，近代建築の巨匠ル・コルビュジエは，住宅を「住むための機械」と定義した。この言葉は彼の機械文明に対する信奉と用と形態とが結びつく機能主義の思想を表し，住宅が合目的な構築物であることを強調している。

　このほかにも住宅の定義は数多くあり，それぞれ違うことをいっているように見えるが，住宅の機能として強調しているものが違うだけである。したがって，ここでは住宅を計画し設計するときに忘れてはならない機能として，安全性，利便性，表現性という3項目について取り上げる。

3-2 住宅の安全性

　安全は，生命と財産を守るものであるから，最も大事で何より優先されるべきだという人がいる。安全性は新しい提案に反対するときの最強の武器になる。安全性だけを重視するなら，核シェルターのような場所で何もしないでいるのが最も安全だが，それでもよいという人はいないだろう。安全性は，あくまで人間生活を支えるためのものである。生活がさまざまな側面を持つように，安全性も多面的で，どの側面を重視するかは基本的には個人の価値観に属する。

　また，住宅は1軒だけで建っているものではなく，街や集落を形成するものであるから，社会生活の面から，住戸単体としての安全性と同時に，集団的，地域的な視点での安全性を考える必要がある。自分の家だけをいくら安全にしても，地域全体が安全でなければ無駄な努力となる。

安全性には次のような面があることを知っておかなければならない。

① 安全性を高めるには経費がかかる。経済性と安全性は相反することが多い。
② 安全性はバランスよく考えるべきである。たとえば耐震性だけを高めても防火性が低ければ安全とはいえない。
③ 安全性と日常の利便性は相反することが多い。たとえば、集合住宅の共用の出入口やエレベーターは施錠したほうが安全だが、不便である。しかし、防犯上の対応は必要である。
④ 安全性には相反する側面もある。たとえば、消防自動車や救急車が走りやすい広い道路は、交通事故の危険が多くなる。
⑤ 技術の進歩や社会の変化、個々の状況の違いによって、危険の予測や安全の対応方法が変わってくる。立地条件や自然災害の予測も大切である。
⑥ 安全性の高い建物でも、共用する設備の適切な管理と運用が正しくないと、安全性が損なわれる。

(1) 火災に対する安全性

木造の多いわが国では、住宅災害の中で、特に頻度が高く被害の大きいものは火災である。

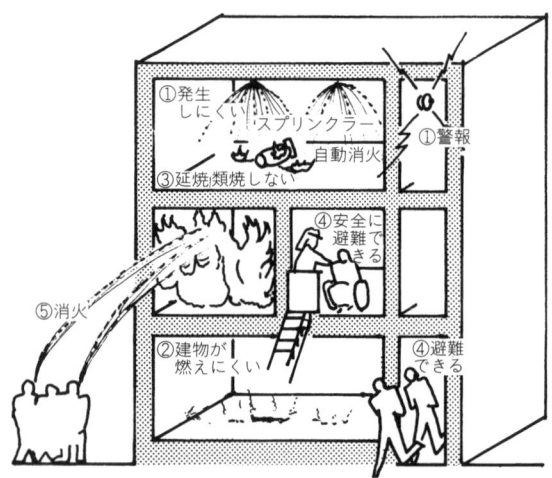

図3.1　建物の防災・安全

地震の際にも、同時に起きる火災がその被害を大きくした。たとえば関東大震災（関東地震：1923年）における同時火災では、10万人以上が死亡し、46万戸以上の家屋が焼失した。

鉄筋コンクリート造の集合住宅は、火災に対しては比較的安全な建物とされるが、近年は超高層住宅や密集地の小規模マンションなども多くなっており、新たなタイプの火災被害も考えられる。火災による被害を防ぐためには、以下のような注意が必要である（図3.1）。

① 火災が発生しないようにする
　炎を出さない加熱器具や万一火災が発生しそうになっても、スプリンクラーや警報機、消火器などによって消火できるようにする。

② 建物を燃えないようにする
　火災が発生して壁や建具に火が移り天井に燃え広がって、急に火勢が強くなる現象をフラッシュオーバーという。そうなる前に消火しなければならない。壁や襖、家具、カーテンなど、燃え上がるものを不燃化することは、フラッシュオーバーを抑えるのに効果的である。

③ 延焼しないようにする
　延焼を避けるためには、鉄筋コンクリート造などの耐火構造が有効だが、木造でも屋根や外壁、軒裏、界壁などを不燃化して、延焼を遅らせることができる。建築基準法では、地域を指定して、一定の時間以上、火災に耐えるような構造にすることを義務づけて、地域的な防火性能を確保している。また、幅の広い道路や公園を設けるなど都市計画的に延焼を防ぐことも必要である。

④ 安全に避難できるようにする
　火災で最も大事なことは人命を守ることで、そのために建築基準法や消防法は二方向の避難路を設けることなど、さまざまな基準を設けている。法令・規準に合った住宅でも、管理が悪く出入口通路や階段に物品が山積みされたり、避難路の扉に鍵がかけられたり、警報ベルのスイッチが切られているようなこと

では，安全に避難することはとうていできない。高齢者，身障者や病人，幼児など自力で避難できない人のためには，運動能力に応じた避難方法を日頃から考えておかなければならない。

⑤ 消火活動のしやすさ

新築の建物については，消防署が消火活動上の支障がないようにチェックしているので問題は少ない。むしろ，実際に消火活動の妨げになるのは，居住者の違反駐車などの管理上の問題や，交通渋滞や消防防火設備の不足といった都市施設の不備であることが多い。

(2) 台風と水害に対する安全性

① 水　害

昔から住宅地に適しているのは，北に山をひかえ，南に川の流れる南向きの高台だという。このような場所は居住条件に優れているだけでなく，風水害の影響も少ない場所である。水害を防ぐ最もよい方法は，水害を受けない土地に家を建てることであった。

ところが，都市に人口が集中して土地が不足すると，低湿地や崖下，用水池の跡などのように水が集まりやすくて，危険な場所も住宅地として開発されるようになってきた。地面が舗装されると，降った雨は排水溝を経て，あっという間に低い場所に流れ込む。排水路の容量が不足していると，水は道路にあふれ，床下浸水，床上浸水ということになる。

水害の原因は，これだけではない。ゴルフ場やスキー場の開発や酸性雨などによって森林が破壊され，保水力が少なくなると水害が起こりやすくなる。数年に一度は大きな台風や豪雨があるが，大量の雨は直接，河川に流出して鉄砲水となり，下流に被害を及ぼす。

このような水害を防ぐために，都市河川の整備，雨水排水の埋設管の設置，宅地の開発にさいしては調整池を義務づけるなど，行政による規制や指導が行われている。

② 台　風

台風では水害のほか風による被害が大きい。一般に建物は重力に耐えるようにできているが，下からのあおりには弱い。屋根の軒や庇を吹き上げる風力は重力とは逆方向だから，一部でも破壊されると，あっという間に全体が吹き飛ばされてしまうことになる（図3.2）。

台風では，構造体の崩壊よりも，樋，TVアンテナ，物干し，屋根瓦などのような建物に付属する部品が，落下したり，飛んでいくという被害が多い。

台風のとき，事前に確認しておきたいことのひとつは，コーキング（目地などの隙間を埋める粘着性の詰めもので，シーリングともいう）や水切り板の老化，コンクリートのクラック（ひび割れ）などである。横なぐりの強い雨が吹き付けると，細い隙間から水がしみこんでくる。普段は表面に出ない透水でも，長い間にはコンクリートの中の鉄筋を錆びさせたり，木造の大壁に隠れた柱などを腐らせることになる。

③ 崖崩れ

都市の周辺では丘陵地や山地にまで宅地開発が進行している。傾斜地の宅地は，斜面を削った切り土と，削った土を盛った盛り土を組み合わせて，雛壇式に造成される。この場合，盛り土部分の土が崩れないように土止めをするが，土止めには土を押さえて表面に芝を張った程度の簡易なものから，コンクリートブロックを積んだ程度のもの，鉄筋コンクリートの逆T字型の基礎をしっかり下ろした擁壁（図3.3）まであって，その性能には大きな違いがある。擁壁の内側には，割栗石や砂礫層による排水層をつくって水を抜き，擁壁が水圧に押されないようにする必要がある。また擁壁に水抜き穴を設けないものもあるので注意しなければならない。

購入者は土地の値段を立地条件や敷地の平面的な形によってのみ判断することが多いので，悪質な開発業者は最低限の工事費で宅地化する。造成の不完全な宅地に大雨が降ると，擁壁

図 3.2 台風による被災例（共同通信）

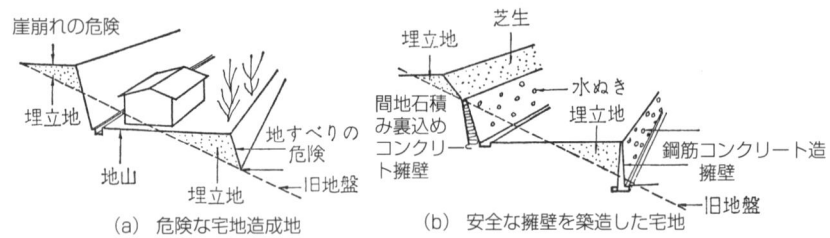

図 3.3 敷地造成の良否（北海道建築指導センター資料による）

が倒れて崖崩れが起こることになる。

（3） 地震に対する安全性

どんな地震が起きても被害をゼロにするほどに，安全性を高めることは難しい。だが，起こりうる災害を予想し，被害を最小限にとどめるような日常からの防災努力は必要である。

① 構造体の安全性

地震では，地盤に断層や地割れが生じ，建物が破壊，転倒し，不同沈下が生じる。また，津波や山崩れなどの被害があるほか，火災などの二次災害も大きい（図3.4）。

わが国は世界有数の地震国であることから，地震に対する安全性は重視され，耐震構造の研究は進んでおり，免震や制震構造など実際の建築にも採り入れられている。

鉄筋コンクリート造や鉄骨鉄筋コンクリート造の建物は建築基準法の規定により，厳密な構造計算を行って安全性を確かめることになっているが，それでも，阪神淡路大震災（兵庫県南部地震：1995年1月17日）や新潟県中越地震（2004年10月26日）など，新たな地震のたびごとに構造的な欠点が明らかになり，そのたびに法令や規準も改訂されている。

木造住宅では，筋違い，火打ち梁，方杖などを入れ，部材の接合部分を補強金物でしっかり固めることが重要である。

図3.4(a) 阪神淡路大震災における戸建住宅の被害

図3.4(b) 阪神淡路大震災による集合住宅の被害

② 外構,設備,家具,備品の安全性

中程度の地震では,建物が倒壊しなくても,外構や外壁などがチェックの盲点となり,控え壁のないブロック塀が倒れて怪我をする人も多い。鉄骨の階段とか高架水槽,オイルタンクなどのような付属物や設備,工作物は日常,目に触れにくいので維持管理が不十分になりやすい。地震で揺れると,錆びた部分から折れたり倒れたりすることになる。

大型家具や戸棚などは倒れないように止め金具などで壁に固定し,家電品や照明器具などは落下しないように補強するなど,日常的に注意を払う必要がある。

③ 二次災害の防止

関東大震災や阪神淡路大震災では,地震による建物の倒壊よりも二次災害として発生した建物火災による被害のほうが大きかった。二次災害は種々の要素があって予測が難しいが,被害が広がらないように,日頃から地域の防災シス

テムや避難計画を整備することが大切である。

（4） 雪に対する安全性

　地震や風と違って積雪の荷重は継続的である。このため，屋根や軒先に構造上の変形が蓄積されて被害が発生する。また，コンクリートのクラックにしみこんだ水の凍結とか木材の腐食も構造体を弱める。

　屋根からの雪崩れは，下にいる人や物に被害を与える。それを防ぐには，雪下ろしを頻繁にすればよいのだが，危険な作業であるうえに，最近では人手を確保するのが難しくなってきたので，傾斜屋根にして鉄板を葺くとか，屋根に接する面を暖めて雪を滑り下ろすなど，雪下ろしをしないですむ方法が増えてきている。

（5） 犯罪に対する安全性

　かつては，わが国の田舎では，日中でも家に鍵をかける必要がないほど犯罪が少なかった。定住性が高く人間関係が緊密な地域社会は，外来者の犯罪に対しても地域社会そのものがバリアとなっていたのである。

　現代は人の移動が多く，近隣の人間関係も希薄になっている。互いのプライバシーが重視され，住宅は外部に対して閉鎖的になった。とくに高層住宅では居住者が多いので，廊下通路やエレベーター内で顔を合わせても外来者と区別できない。さらに都心ほど生活空間は住戸内に限定され，死角となる非常階段およびエレベーターの内部や廊下まわりのスペースでは，犯罪が多発しており，不審者の侵入などにより，事件が発生しても気づかないことが多い。

　そのため，最近は入口に電子オートロックを取り付ける集合住宅が多くなった。しかし，意図的な犯罪者に対してロックが有効なのかという疑問がある。また一棟ずつロックした集合住宅は地域に対して閉鎖的になり，かえって孤立するという問題もある。

　住宅地の犯罪に対する防御方法として，防犯カメラの設置や照明をつけて暗い場所をつくらない，人目から身を隠す場所をつくらないなどの方法がある。また，互いに無関心にならないような規模の，親しみやすいコミュニティをつくることによって，犯罪に対するチェック機能をもたせることも考えなければならない。

（6） 住宅内部の日常災害

　誰でも滑ったり，転んだりして怪我をした経験があるだろう。このような日常生活に伴う災害を日常災害という。

　日常災害でとくに注意すべきは，高齢者と幼児である。日常災害による年齢別の死亡頻度を示すデータによると，0〜4歳の幼児と65歳以上の高齢者が，他の年齢層に比べて死亡する割合がきわだって多いことがわかる。若い人には何でもない転倒が，高齢者にとっては「寝たきり」の要因となってしまうこともある。危険を予知できない幼児にとっては，エレベーターや出入口付近の自動ドア周辺などで遊ぶとき，ちょっとした好奇心が命取りになることもある。

　住宅に関わる日常災害の種類は極めて多い。滑りやすい床材は使用しない，床に不用意な段差をつけない，ぶつかりやすい所に棚や突出部を設けないことなどは常識である。それでも高齢者や幼児の場合，心身の発達や高齢化の進行によって思いがけない事故が生じる。そのような日常災害のすべてを予防することはできない。床や部屋の敷居，玄関や水まわりなど，段差や不用意な障害を解消するための，いわゆるバリアフリー化は，新築時はもとより，増・改築などのリフォーム時にも一段と配慮が必要である。

　日常災害に対する予防はケースバイケースで，危ないと思ったときにすぐ手立てをこうじることである。若い両親は，乳幼児の動きを見て，両開き戸の引手を紐でしばったり，階段に

柵をつくったりする。住む人と住み方について注意深く愛情を持って観察することが日常災害の防止に最も有効といえる。

3-3 住宅の利便性

（1） 利便性とは

住宅における利便性とは，家事，睡眠，団欒，接客など，住宅内で営まれる行為が，より能率よく効果的に行いうることである。

「使いやすい台所」「十分な収納」「働きやすい家事コーナー」などが，住宅雑誌や商品化住宅の広告文となるように，「良い住宅」とは，利便性の高い住宅のことだと思っている人も少なくない。だが，住宅の設計で生活の利便性が目的視されるようになったのは，そう古いことではない。封建時代の住宅を考えてみれば，武家屋敷でも民家でも，格式や生業，地域の建築様式など，生活の利便性以外の要素がかたちを決めていたのである。

（2） 「慣れ」と「思い込み」

人命に関わる安全性と違って，利便性について問題があっても気がつかないことは少なくない。多少不便でも暮らすことはできるから，「慣れ」や「思い込み」が生まれる。

たとえば，洗濯機は脱衣室に置くものだと思い込んで，脱衣室が家事には不便な場所であっても，そこに洗濯機を置いて不便さに気づかない。あるいは，背が高くて既製品の流し台では高さが合わないのに，腰を曲げて作業するのに慣れてしまって腰痛の原因になっている，などということもある。

（3） 動　線

利便性を最もわかりやすく説明するのが「動線」の考え方である。動線とは，一般には平面において人が移動する軌跡をいう。移動の頻度は，「線の太さ」で表し，移動の距離は「線の長さ」で表現される。住宅における望ましい動線のあり方は，動線の合計が最小になるように太い動線は短くし，種類の違う動線は交錯しないようにすることだ（図3.5）。

動線の考え方は，広い範囲に適用することができる。小さなところでは台所まわりの設計で，立ったまま右手を伸ばせる範囲に，調味料棚やよく使用する調理器具などを置くように計画すれば便利である。地域計画でも施設の位置を決める場合には，施設を利用する人びとの動線の量と経路をどのように設定するかが重要である。

人と建物との関係にはさまざまな要素があるが，多くは客観的な指標で示すことが難しい。中でも動線は，計測可能で評価も明確な指標として，計画上やや重視しがちである。動線を無視してはいけないが，動線だけが設計を決めるわけではない。

たとえば台所と食事室の関係を見てみよう。この二つの空間の結びつけ方には，DK（ダイニング・キッチン）で一体にする，カウンターなどでつなぐ，隣接した場所にオープンにつなぐ，完全に分離するなど，いろいろな方法がある。食事をつくる人の動線は，炊事から後片づけまで，この二つのスペースを何度も往復する。利便性の点で最も優れているのは，台所と食事室を結ぶ太い動線を最短にするようなDKスタイルである。しかし実際の設計では，その家の食事についての考え方や来客の有無など動線以外の要素が関係するので，動線上不利でも食事室を独立させることも多い。

（4） 人体寸法と動作寸法

建物の寸法やかたちは人間の身体を基準とし，人間工学では静止した状態の人体寸法と動作したときの動作寸法を計測する。人体寸法は

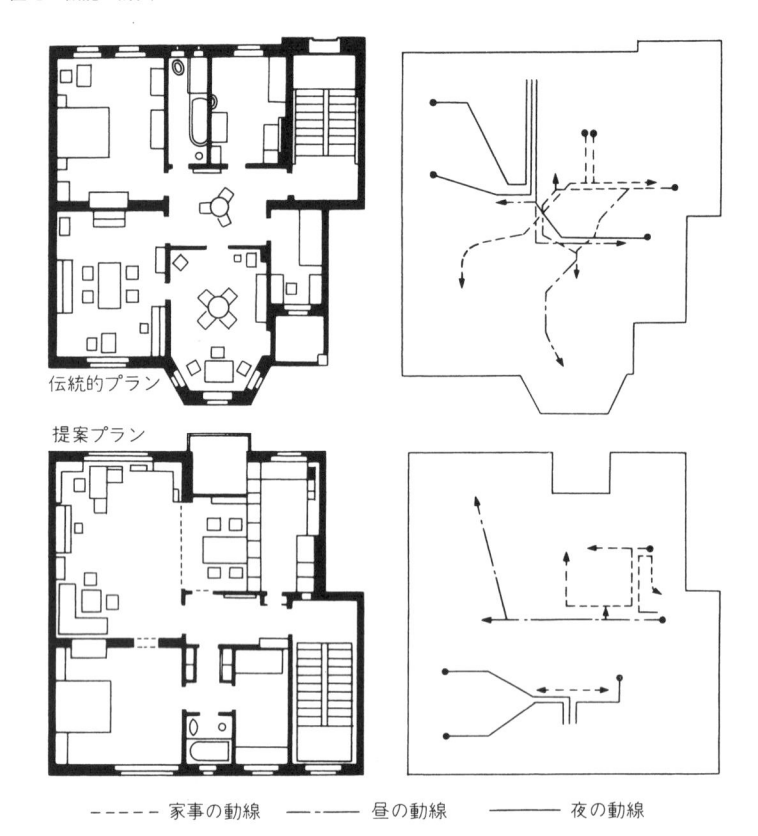

(1) 伝統的プラン：各種の動線がかなり交錯しており，居室の機能が無秩序に配置されている．
(2) 提案プラン　：昼の活動のための動線と夜の活動のための動線が明確に分離されており，さまざまな居室の機能が合理的に文化されている．

図 3.5　クラインの動線図（レオナルド・ヘネヴェロ著，「近代建築の歴史・下」）
(A. Klein: Neues Verefahren zur Untersuchung von Kleinwohnungsgrundrissen, Stadtebau 23 Jahng, 1928)

民族や年齢，性別などによって異なるので，使用者の身体条件に合わせた設計をしなければならない。高齢者や身障者など身体的なハンデキャップのある場合，利便性が損なわれることがないよう，とくにシビアーな設計が要求される。

(5) 利便性の評価

住宅における利便性の評価には，次のようなポイントがある。

① 動線が短いなど，目的とする行為が能率よく行われ，消費エネルギーが少ないこと。これは利便性評価の基本である。

② 姿勢や動作が楽にできること。①とよく似ているが，飛行機のコックピットのように狭い空間は消費エネルギーは少なくても，姿勢や動作が窮屈で快適さに欠ける。

③ 空間や家具，設備が適切な形と大きさで合理的に配置されていること。

④ 居住者の心理や過去の習慣，住様式に合っていること。たとえば，天井高などは人体寸法や動作寸法だけから寸法を決めると，もっと低くなるが，それでは圧迫感が強くなる。利便性は住宅が住み手の身体や心理に合っていることによって得られるが，住み手自身が変化することも忘れてはならないポイントである。年齢，健康状態，家族構成，所得など，住

生活を支える種々の要素は変化する。したがって，変化に対応するための「ゆとり」を考えておくことも大切である。

3-4 住宅の表現性

(1) 表現性とは

図3.6はねずみの巣の断面図である。この巣には，集めてきた食料をしまっておく貯蔵庫や子ねずみのいる育児室などがあり，まるで人間の住宅のように部屋が分かれている。ねずみの巣にもねずみが生きていくために必要な安全性や利便性などの機能があるが，ねずみの巣にはなくて人間の住宅だけにある機能が表現性である。

動物の中にはスズメバチやある種の蟻のように，あたかも造形的な意図でつくったように見える立派なかたちをした巣を持つものもある。しかし，それらのかたちは本能の命ずるままにつくられたもので，決して何かを表現しようと意図してつくったものではない。

住宅の表現には，住む人の住居観が反映される。安全性などの他の機能とは違って，表現性は直接生活に関わるのではないから，住宅が一定のレベル以上になり，かたちに選択の余地が出てくると，ときには最も重要視されるようになった。

(2) さまざまな住居観

図3.7は，俗に入母屋御殿とよばれている巨大な住宅である。一緒に写っている人物と比べ

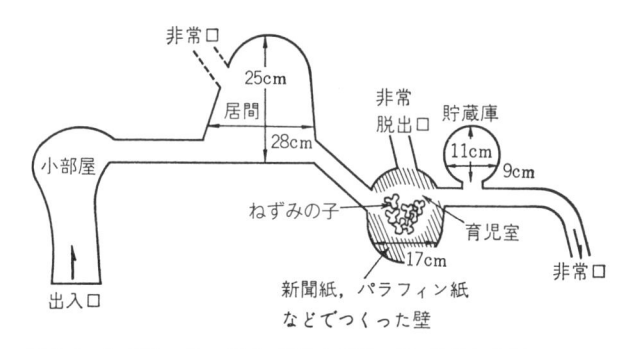

図3.6 ねずみの巣の構成（動物も空間の使い分けをする）

図3.7 「入母屋御殿」とよばれる農家住宅（福島県三春町）

てわかるように，ふつうの住宅の 3 階分以上の高さのある大きな住宅である。総桧造で，各部屋にはそれぞれ異なった銘木の床柱がついている。この家の主人は，材木を山に見に行くところからはじめて，何年もかかってこの家を建てたという。この人にとって住宅は，たとえ 2 階への階段が長くなって，冬は寒くても，大きな満足を与えてくれるに違いない。それだけ表現性を重視しているのである。

住宅の外観を見ただけでも，建てた人の考え方や背景が想像される。そこには居住者の住居観が反映されている。

予算に余裕がなければ住宅に表現性を与えることができない，というわけではない。たしかに，あるレベル以下の予算では，使用できる材料や広さは限られる。だが，それは表現性の発露に本質的なネックにはならない。

図 3.8 は東孝光氏の自邸「塔の家」である。都心に住みたいと考えた若いころの東氏が 6 坪の土地に建てたローコスト住宅である。この住宅はコストをかけなくても高い表現性が獲得できること，さらに住宅の価値は住みやすさや快適性だけでは決められないことを示している。

表現性はデザインだけのことではない。企画，設計から居住した後まで，そのすべての過程で発揮されるその人らしさである。方丈記の鴨長明は，一丈四方の家に住むことによって自らの人生観を表現したのである。

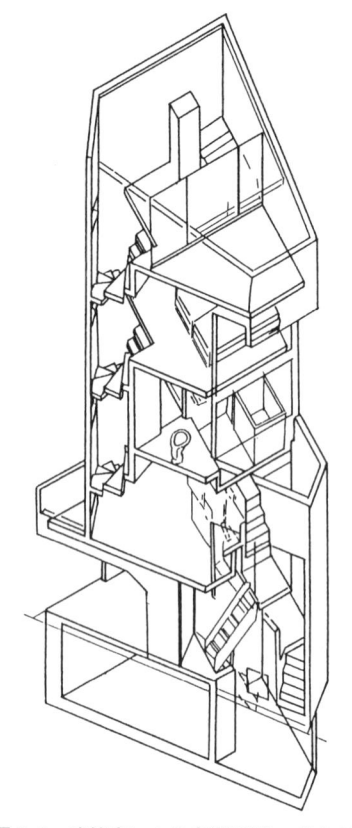

図 3.8 建築家による自邸（設計：東孝光）

(3) 集合住宅の表現性

表現性は独立住宅だけで見られるものではない。コーポラティブ・ハウスは住み手が集まって共同で建てる集合住宅である。設計の段階から住む人が決まっているので，設計者は住み手の意向を聞いて個々の住戸を設計する。だが何よりも，居住者全員が共同で集合住宅を造るという過程や方法に最も著しく住居観が表現されている。

初期の団地といえば，平行配置で階段型の 2

図 3.9 集合住宅（六甲ポートアイランド）
玄関脇の出窓には，それぞれの家らしい装飾品が置かれている。

DKや3DKの規格型が多く，内外ともに個性がなかった。そのような集合住宅は，住宅としての満足感を与える表現性が少なかったともいえよう。

しかし，集合住宅の同じ棟にある同じプランの住宅でも住み方は多様であり，内部空間で表現性を持たせることができる。また外部に対しても，バルコニーで花をつくったりして，その家らしさを表現することもできる（図3.9）。

（4） 表現性を高めるには

表現性は個人の考え方の反映である。他人からは悪趣味といわれても，本人の意図したとおりであれば，住み手にとっては価値が高いことになる。もっとも，環境を悪化させるような俗悪で目立つ表現は控えなければならない。

しかしながら，居住者が自分の意図を住宅に反映するのは，そう簡単ではない。「三度，家を建ててみないと思い通りの家はできない」といわれている。かたちになってから，あるいは住んでみてはじめて自分の意図との違いがわかるということが多いからである。

地方の伝統的な住宅は，その地域の大工さん達によって，近所の家と同じような様式で建てられる。様式は，その地方の材料や産業，生産組織，暮らし方などの歴史的積み重ねによって形成されており，建物全体のイメージについて大工さんと建て主の間に「ずれ」はないし，建て主から「注文」として出される表現性の要求も様式の範囲を超えることはない。したがって，結果は予想可能であり，街並みや集落の全体的な統一も失われることはない。

ところが，情報化社会になって居間に座ったままで本や雑誌であらゆるタイプの住宅を目にすることが可能になった。あふれるほどに情報は多く，派手なものや流行に目がひかれる。表現性について，おかしやすい間違いのひとつは，雑誌や本に見られる雑多なエレメントの寄せ集めになりやすいことである。

第4章
各室の計画

4-1 内部空間の構成

　住宅の内部空間を設計するには，生活行為を分類し整理してそれに見合った空間配置をすればよいといわれてきた。ところが生活行為を分類したとしても，それに対応した空間を設定することは容易でない。たとえば読書という行為ひとつを考えても，それを行う場所は書斎だけでなく，あらゆる場所で行うことができるし，同じ行為でも年齢や仕事の有無など生活の状況によってその場所は変ってくる。

　一方，住宅は建ってしまえば何十年も存在し続けるが，人間や家族の生活は10年単位で変ってくる。設計時の状況にあまりきっちり対応した部屋を設計すると，かえって住宅の適応性を減らすことになる。

　たとえば子供室だが，乳児期には親の寝室と一体になったスペースが望ましいが，学童期には居間の近くに，また中高校時代には独立した部屋を欲しがるだろう。きっちり囲われた子供室が必要な期間はせいぜい10年くらいである。子供が独立した後の子供室は残った家族の生活空間として有効に生かされなければならない。

つまり，ある時期の生活のために目的に応じた面積を持つスペースが必要だが，そのスペースは将来，別の目的にも使えるようなフレキシビリティを持たなければならない。

　図4.1に示すように，住宅内には，配管や設備を必要とする設備系の空間と，スペースがあればよいスペース系の空間がある。設備系の空間の位置を変更するためには，外部の配管を敷設する位置も変えることになり不経済である。それに対しスペース系の空間は，仕上げや家具を変えるだけで目的に応じた場所になる。スペース系の空間には，プライバシーを必要とする寝室系の空間と他人や家族とのコミュニケーションを目的とする居間系の空間がある。出入口の近くには居間系の空間を，より奥に寝室系の空間を配置するのが通例である。居間系の空間に接続する設備系の空間には，台所と家事室があり，寝室系の空間に接続するものには浴室，トイレ，洗面所がある。

　設備を要しないスペース系の空間の仕切りは家族のライフステージに応じて変更できるものでなければならない。前述の子供室の例はもとより，夫婦であっても，別々に寝たほうが快適な時期もあり，高齢になって介護の便を考えな

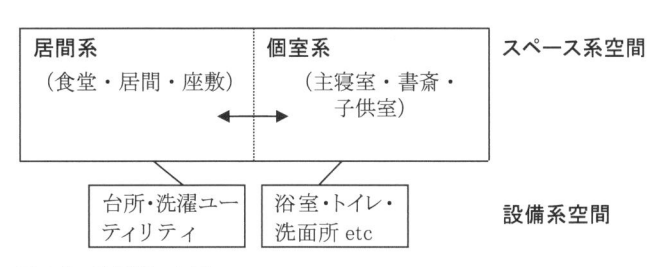

居間系 （食堂・居間・座敷）	個室系 （主寝室・書斎・子供室）	スペース系空間
台所・洗濯ユーティリティ	浴室・トイレ・洗面所 etc	設備系空間

図4.1　住空間の区分

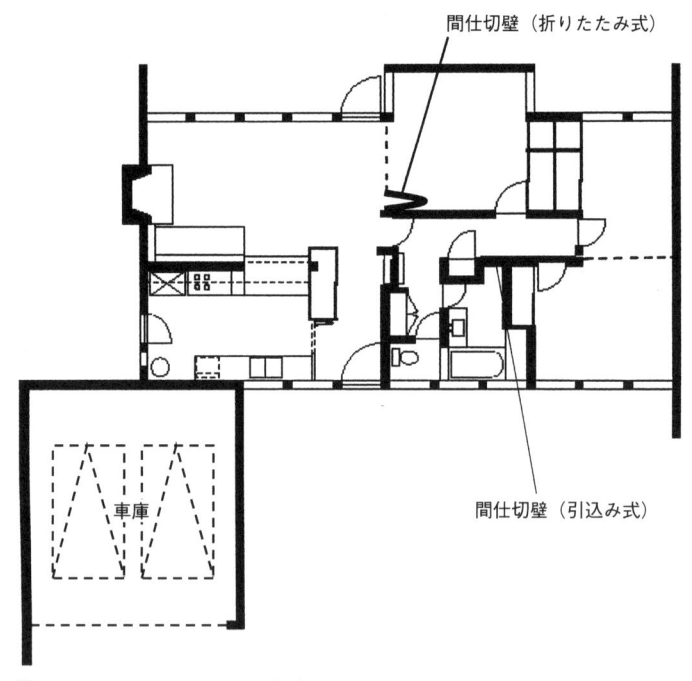

図4.2 フレキシビリティを考慮した建売住宅（設計：グレゴリィ・コイン）

ければならないときもある。

図4.2は，そうした空間のフレキシビリティを考慮した住宅プランの例である。寝室数は1室から3寝室まで変えることができるが，寝室数が少なくなれば，寝室をパソコンや仕事をする書斎にすることもできるし，居間と主寝室の間の間仕切壁となる折りたたみドア（折り戸）を開けて居間空間を広げることができる。これは60年近く前に建てられたアメリカの建売住宅だが，52戸のうち建て替えられたのは1軒だけで，現在も美しく住まわれている。

わが国の場合，戸建住宅の寿命は30年未満といわれているが，プランにフレキシビリティがあれば，適切に維持管理をすることによって2倍以上も長く住むことができる。

4-2 住宅と家族

住宅として必要な室や空間は数限りなくあり，その中で何を優先するかが難しい。長時間使う居間や寝室は重要だし，用便，入浴などに必要な空間を省略するわけにはいかない。冠婚葬祭に伴う行事のように，めったにないことでも居住者にとっては重要なものもある。

設計ではすべての部屋を対等に扱うより，主要な空間を中心に全体の設計をするほうがまとめやすい。主要な部屋の決定に大きな影響を与えるのは，かつてはその家の生業であった。

たとえば，武家は封建制の主従関係を生活基盤としている。したがって住宅は主人の格式を表現することが重視され，玄関や座敷といった外部に対するオモテの空間が最も優先された。その場合，家族生活のためのウチの空間は従となる。

現代でも小規模な店舗併用住宅の設計では，まず最初に店舗の位置やかたちを決める。居間や食事の場所も客がきたとき，すぐに応対できるようにするなど，生活の場も業務を念頭において考える。店が繁盛しなければ，家族の生活も成り立たないからである。

だが生業と切り離されてしまった現代の専用住宅は，労働力を再生産するための消費生活の場であり，次世代を育てる親子を中心とした家

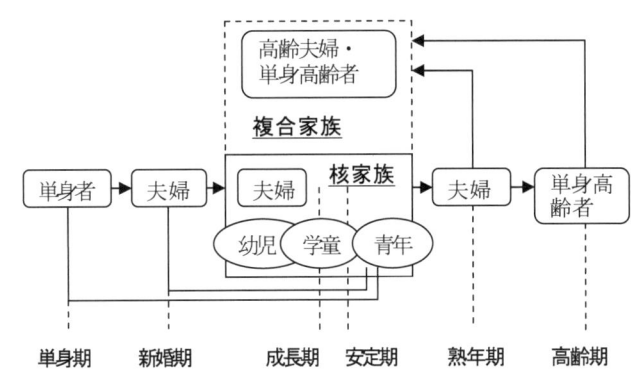

図4.3　家族のライフサイクル

族関係が優先される。家族とは，複数の人間の集合であるから，住宅も「家族がコミュニケーションする場所＝居間や茶の間，リビング」を中心に考えるべきである。

最近の家族は多様化したといわれる。図4.3に見るように，かつては夫婦が結婚し，子供が生まれ成長し，やがて次世代がまた新しい核家族を形成するようなライフサイクルが想定され，子育ての時期が住宅を取得する時期ともなっていた。しかし現在の家族は多様化してきており，単身者（高齢と若年）の比率は年々高まって，子供のいない「共働き夫婦（DINKS：Double Income No Kids）」や子供が育って家を離れた「高齢夫婦」のみの住宅も増えてきた。

シングルライフや，母子家庭，友人や知人とのルームシェアリングなど，都市居住の形態が多様化している。また住まい方も，「終の住処」としてずっと住み続けるといった伝統的な居住観念も薄くなった。都市においては2世帯住宅などはあっても，親の家に子，孫と代々住み続けられる住宅は少なくなりつつある。

欧米のように中古住宅の流通が増えれば，住宅の寿命は長くなり，1戸の住宅にいろいろな家族が次つぎに住むことになるだろう。そうした状況下では住宅設計の考え方も変ってこなければならない。

もちろん，施主の設計要求に応じなければ，設計者として仕事を得ることはできない。しかし建築家は，施主にとって望ましい建築だけでなく，社会の中でも有意義な建築をつくらなければならないという社会的責任を負っている。住宅が長年にわたり住み継がれていく社会的財産であると考えるならば，建築家の役割と態度は，おのずと違ってくるはずである。

4-3　居　間（リビング）

家族のコミュニケーションを大切にするならば，リビングを住宅内で最も条件のよい位置に置くのが原則である。居住条件のよい場所とは，日照，通風，眺望がよく，プライバシーが確保され，騒音やほこりもなく，庭など外部の生活空間に直結できる場所である。

ところが都市部では，これらの条件をすべて備えた場所はめったにない。日照を得るために居間を2階にしたり，騒音とほこりを防ぐため道路側に垣根を設ける，などの工夫が必要になる。

一般にリビングは「団欒の場」と説明されているが，「団欒」とは一体どういうことだろうか。趣味も生活時間もバラバラになってしまったため，テレビドラマにあるような全員が居間に集まって談笑することなど，めったにないという家族もある。

おそらく普通の家庭の居間では，テレビをつけたまま「コーヒーを飲んだり」「おしゃべりしたり」する直接的なコミュニケーションのほか，「本や新聞を読む」「宿題をする」といった

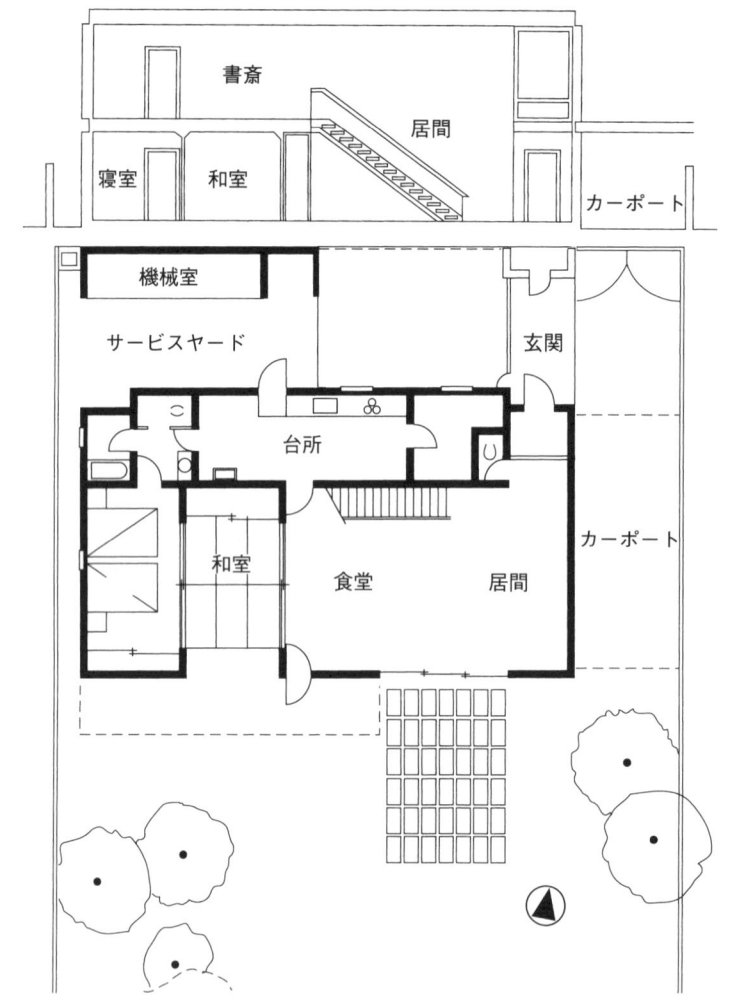

図 4.4 ホール型居間の例（設計：清家清）（上：断面図，下：1 階平面図）

個人的行為や，「編物」や「アイロンをかける」など雑多な行為が行われているはずである。たまたま父親が家にいれば，パジャマを着てビールを飲んで「テレビの前でゴロゴロする」ことであろう。

居間では家族全員がそろっているとはかぎらない。行為もばらばらに並行して行われることが多い。だが，こうした個人的な行為や家事を個室ではなく，家族の気配の感じられる居間で行う場合には，何らかの意味で家族とのコミュニケーションを求めていると見なすことができる。

家族間のコミュニケーションとは，家族が同一の空間にいることだと拡大解釈するならば，そのための場所である居間（リビングルーム）には行為の多様性を受け入れる余裕がなければならない。よくあるような 8 畳くらいの部屋に応接セットを置いた部屋は「居間」ではない。対面型の応接セットは，くつろいだ姿勢で座るタイプの家具ではないし，周囲にはピアノ，書棚，観葉植物などが置いてあるから，家族の自由な行為を受け入れるスペースはない。

「いすざ」で居間の行為の多様性に応えるには，核家族で 10〜12 畳の広さでも不十分である。十分な面積がとれない場合は「ゆかざ」のほうが，さまざまな行為を受け入れるフレキシビリティがある点で優れている。

居間には，広さのほかに位置の問題がある。

伝統的な食事室兼居間の総称である。建築史の平井聖氏によれば，明治の末から昭和のはじめにかけて，中廊下住宅の「茶の間」が住宅の北側から南側に移動したのは，日本の住宅が接客中心から家族生活中心に移行したためだという。

高度成長期までの日本の家庭では，家族全員が夕食から就寝までの時間を茶の間で過ごすことが多かった。おそらく茶の間に今日イメージするような和気あいあいとした「団欒」があったのであろうし，同じ空間にいるという家族のコミュニケーションが茶の間にあったことは間違いない。茶の間はその意味で，先に述べた現代の居間と同じ機能を持っていたといえよう。

居間をくつろぎのためのリラックスした空間とするには，広さのほかに，外部に対してプライバシーが確保されていることが必要になる。外から見える心配があっては心からくつろぐことはできない。居間の床の高さや腰壁の高さ，植栽や袖壁などを注意深く配置して，近隣の窓や道路からの視線を防ぐようにしなければならない。

居間が屋外空間に向けて開いていれば，広々とした感じが得られる。しかしプライバシーと部屋の開放性は相反する側面がある。それを解決するため，建て込んだ市街地などでは高い目隠し塀をめぐらしたり，居間の窓が大きく道路に面しないよう工夫されることがある。中庭型の住宅はその典型であり，内部の庭には開放的であるが，外には全く生活を感じさせない。

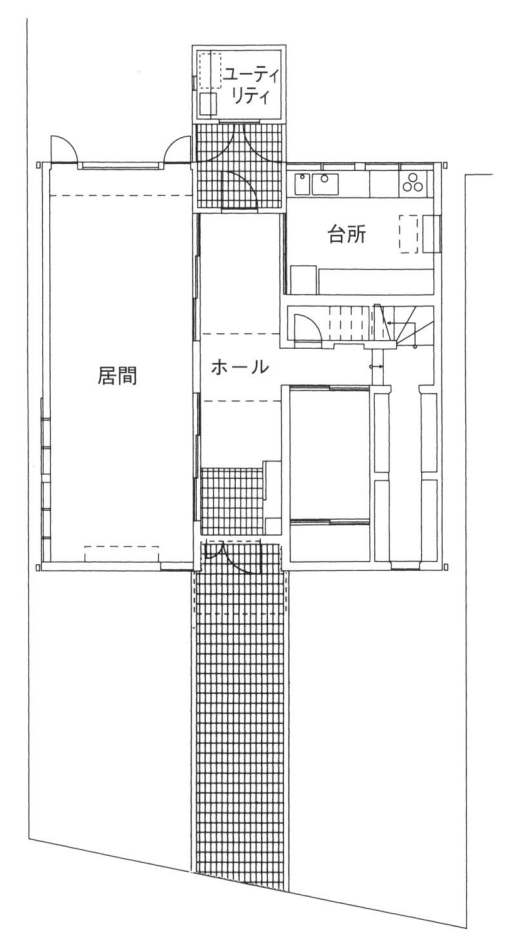

図4.5 袋型居間の例（設計：富永譲）
(Contemporary Architecture in Drawings 16)

戦後の住宅理論家の一人だった故池辺陽氏は，居間は通り抜けの「ホール型」（図4.4）ではなく，落ち着いて団欒ができるような「袋型」（図4.5）が望ましいと主張した（「すまい」岩波婦人叢書）。

だが，現代の居間がそれぞれ別のことをしながら，家族が一緒に時間を過ごすような場所であるならば，むしろ各室へつながるホールのような場所にあったほうがふさわしい。わが国の家族人員は平均4人を割っており，もはや誰かが団欒を乱すことをおそれる人数ではない。むしろ，他の家族と顔を合わせることもなく個室に入ってしまうようなプランのほうが不自然ではないだろうか。

「茶の間」は台所に近い位置にある和室で，

4-4 客間・応接間

「人間の住居が動物の住居と違うのは，客を招き入れることである」という。どんな家にも訪れてくる客はある。接客つまり住宅が人をどのように迎えるかは，住宅のありようを考えるうえで非常に重要である。

セールスマン，子供の友達，近所の人，勤務

先の同僚，親しい友人，親兄弟など訪れる客の種類は多く，関係の浅いものから深いものまである。

伝統的な住居では，門，玄関，内玄関，縁側，勝手口，応接室，座敷など客のそれぞれに応じた対応の仕方が考えられていて，近所の奥さんや御用聞きが玄関から入ってくることはなかった。

一方，現代の集合住宅では，スチール製の防火扉1枚が内外を分ける。扉の内と外は覗き穴ひとつでつながっているだけで，扉の外は公道と同じだ。ところが，いったん扉の内側に入ると，目の前に浴室や便所があり，生活が丸見えの状態になる。

最近の集合住宅では，段階的な外部との接触を意識したアプローチがデザインされるようになった。住区の入口にゲートを設けたり，階段室型のエントランスをホールにしたり，各戸の玄関ドアの前にアルコーブや門扉を設けたりするデザインである（図4.6）。

玄関先で対応できる訪問者だけであればよいが，種々の生活場面に対応した来客がある。ところが家族中心の生活に慣れている現在の都市サラリーマンの住宅では，それに対応するのは容易ではない。

伝統的な住宅にあった「続き間の座敷」は，接客や客用の寝室になるだけでなく，冠婚葬祭のための空間にもなる。実際に使用されることは少なくても，いつ何が起こってもよいようになっているという精神的な備えが大切であった。他人にどう見られるか，つまり座敷がどのていど立派につくられているかが，住宅の価値を示す主要な要素であった。

しかし，ローコストの最小限住宅のなかで日常生活の合理化を目指した住宅近代化の動きに押し流され，座敷がしだいになくなったのはやむをえない。1人当たりの畳数が現在の半分以下だった居住レベルで，独立の接客室をとることは，ほとんど不可能だったからである。

ところが近年，とくに戸建住宅において，洋室に連続した和室が復活しつつある。この理由としては，次のようなことが考えられる。

① 伝統的な住まい方に対する愛着
② 機会は少ないが接客室は必要である
③ きちんとしつらえた部屋を持ちたい
④ 他人に立派な家であると誇示したい

このうち，②と③の部分を意識したのが，初見学氏による「2公室論」（「いえとまち」鹿島

図4.6 集合住宅の外部空間の構成（多摩ニュータウン南大沢団地）
（棟の共用庭への入口にゲートをつけ，関係外者の立入りを止めている）

出版会SD選書）で，これは居間をファミリーリビングと接客もできるようなフォーマルリビングに分ける考え方である。

4-5　食事室（ダイニング）

食事室は，台所との結びつきが強く，家族のコミュニケーションという面からは居間と不可分の関係にある。したがって，空間的に「居間—食事室—台所（L—D—K）」という配列を，ほかの要素で分断してはならない。

L，D，Kの三つの空間をどのように区切るかによって，LDK，L+DK，LD+K，L+D+Kなどのタイプに分かれるが，それぞれに長所と短所がある（図4.7）。

調理の方法や内容，食事の仕方や団欒の持ち方は，家族の習慣や考え方によって違う。テレビを見ながら食べる家，晩酌をしながら食事をする家，すぐに食器を洗わないと気がすまない家，家族の食事時間がばらばらの家など，いろいろあるだろう。どのような食事形態になるか

〔タイプ〕	〔欠点〕	〔長所〕
①L+D+K（独立ダイニング型） [K 台所] + [D 食堂] + [L 居間]	住宅の規模が小さいと，出入りなどの動きのうえで不便である。	住宅の規模が大きいとそれぞれの空間の性格がはっきりできる。

　台所と食堂が完全に分離していて，しかも食堂は食事の機能だけに重点がおかれ，Lが分離している場合である。大きな住宅では，この型になりやすい。人も食物も大きく動かねばならない。使用人がいる場合に適する。

②L+DK（ダイニングキッチン型） [DK ダイニングキッチン] + [L 居間]	食堂のムードを確立しにくい。台所のゴタゴタが目につく。	住宅の規模を縮小する手段。主婦の作業能率は上がる。家族が手伝いやすい。

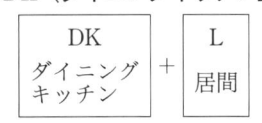

　いわゆるDKの方式で，中規模以下の住宅で一般化している。作業には便利であるが，食事の空間としては，雰囲気に欠けることがある。

③LD+K（リビングダイニング型） [K 台所] + [LD（茶の間）リビングダイニング]	畳の場合は容易だが，洋式の場合，食卓とソファ類を配置するだけの広さと家具が要る。	日本の茶の間という形式。台所のゴタゴタが目につかない。

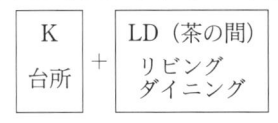

　北欧の公営アパートなどによく用いられている形式。台所が独立して食堂と居間を1室とするタイプで，日本の従来の茶の間はこれにあたる。リビング空間の機能が十分に発揮される点では有効である。KとLDをカウンターで仕切るタイプもある。

④LDK（リビングキッチン型） [K D L リビングキッチン]	インテリアの取りあつかいが困難である。	極小規模の住宅，それも別荘など非日常的使用のものに有利である。何もかも手軽でよい。

図4.7　食事室のプラン

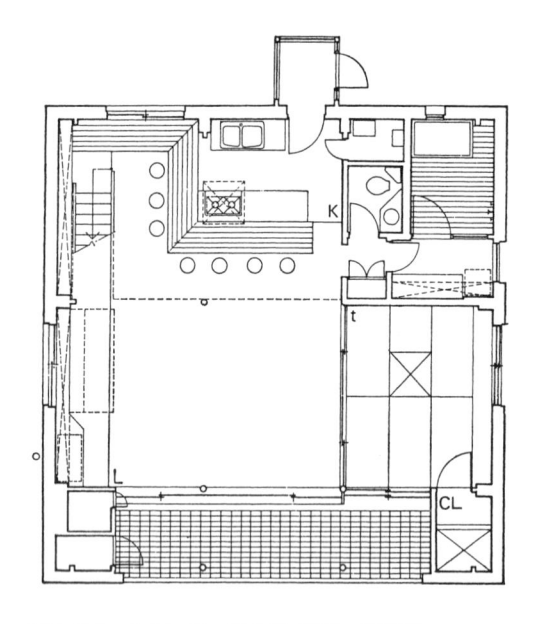

図 4.8(a)　カウンター型の例（設計：宮脇檀）

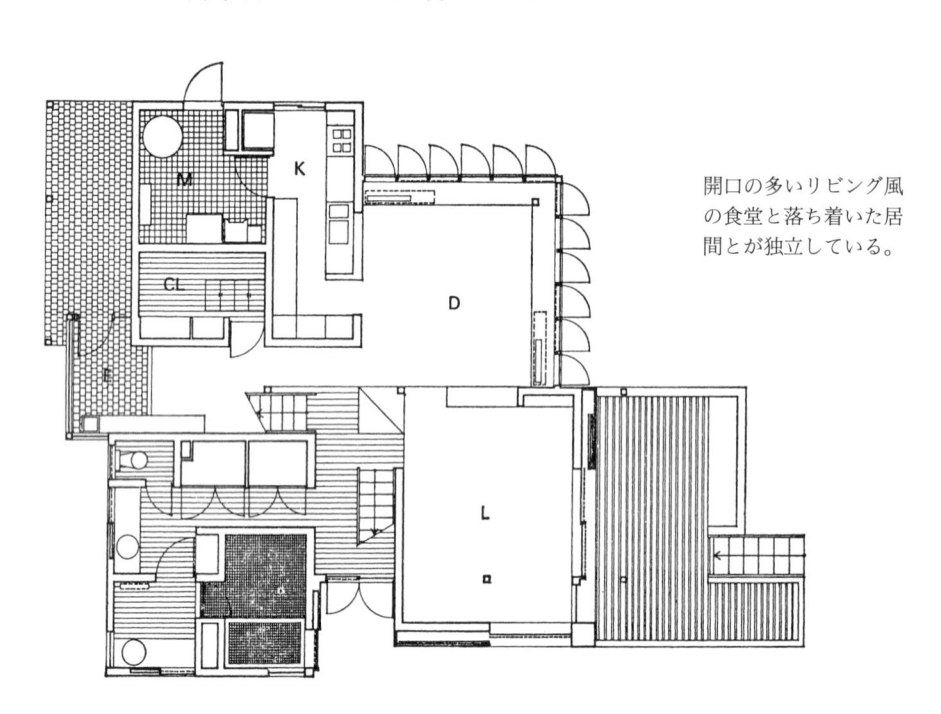

カウンターをはさんで，調理する人と食事をする人が向かい合う。

図 4.8(b)　K＋D＋L の例（設計：遠藤泰人ほか）

開口の多いリビング風の食堂と落ち着いた居間とが独立している。

によって食事室に対する要求は違ってくる。テレビを見ながら食事する家は多いと思うが，そのためにはテレビの置き場所とテーブルの位置関係が重要である（図 4.8，4.9）。

　生活実態や習慣やしつけはおうおうにして異なるが，L－D－K が空間的に連続していれば，いざというときの変更は可能である。

4-6　主寝室

　主寝室は夫婦寝室として使われることが多い

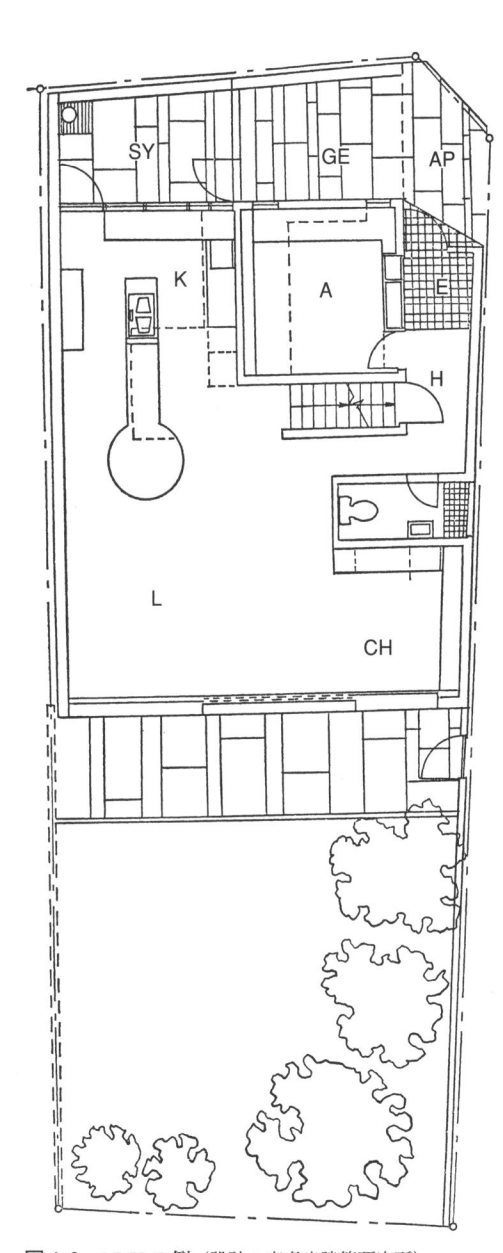

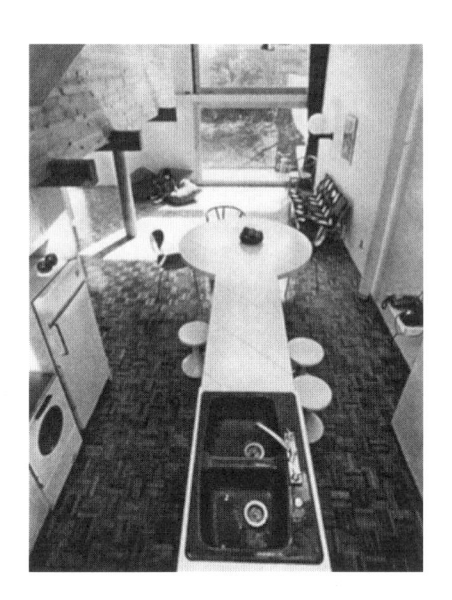

図 4.9 LDK の例（設計：東孝光建築研究所）

食事をつくるのもみんなで楽しくといった雰囲気で，アイランド型のキッチンと食卓を一体にデザインしている。

ので，住宅の中では，最もプライバシーが要求される部屋だとされている。欧米のベッドルームには通常，専用のバス・ルームが付属する。他の部屋と隣接する場合には，壁1枚で接するのではなく，クロゼットやバス・ルームなどの緩衝部分を置くほうが望ましい（アレグザンダー「プライバシーとコミュニティ」鹿島出版会 SD 選書）。このような夫婦寝室としての主寝室のありようは，夫婦を生活の原単位と考える家族観の反映である。

かつては居間に隣接した8畳や6畳の和室が夫婦の寝室にあてられていることもあったが，最近は $120 m^2$ を超える新築住宅も分譲住宅地には多く見られる。これは十分に夫婦のための寝室をとれる規模である。

実態調査によれば，子供が乳幼時の時期には母親と子供が一緒に寝て，父親が別室に寝る例が多いし，子供が独立した中高年夫婦でも夫婦

が別の部屋で寝ることは少なくない。

わが国の家族関係は，伝統的に母親と子供の密接な関係に特色があるという（「日本の伝統的親子関係」NHKブックス）。今でも「子はかすがい」という言葉どおり，夫婦に子供を加えたのが一般的な家族関係だが，若い頃はともかく子供が成長し，年数が経ってくると，次第に「お茶づけの味」的な以心伝心の夫婦関係が好まれるようにも見える。

夫婦関係が寝室のあり方に反映されるとすると，欧米的な立派な主寝室よりは，むしろ居間の脇の主寝室や隣接する2寝室のほうが生活実態に合っている家族が多いのであろう。だが，このままでよいということではない。

住宅を新築するのは多くの場合，夫婦が30代〜40代の子育て真っ最中の時期である。そのためプランが子供室中心になるのはやむをえないが，子供は就学時が過ぎるといなくなってしまう。その後，数十年は夫婦だけということも多い。住宅はむしろ，そのときのことを意識してライフサイクルに配慮した計画・設計をするべきではないだろうか。

4-7　子供室

プライバシーのある専用の子供室が出現したのは，戦後も高度成長期以降のことであった。伝統的な住宅では，子供は他の兄弟や老人と一緒の部屋で就寝するのがあたりまえで，専用の勉強机があればよいほうであった。今や小学生の頃から子供の各人に専用の机を用意した子供室があたりまえとなってきている。

6畳程度のDK居間しかない極小の建売住宅でも，子供室があるのが一般的である。この背景には，子供を大切にする家族観があるかもしれないが，何よりも現実的に子供室の確保に大きな影響力を与えたのは受験戦争である。受験は大学だけでなく高校，中学と低年齢化し，雑音に邪魔されずに勉強させるには，ぜひとも子供室が必要であった。

教育ママとなった母親は，顔さえ見れば「勉強しなさい」といい続ける。皮肉なことに，母親の小言から子供が逃避できる唯一の場所が子供室なのである。子供室は勉強だけでなく漫画やゲームを楽しむことができる部屋，友達と何を話しても口出しされない部屋，親の干渉から離れられる快適な生活空間となった。

「子供室不要論」は，このような子供部屋のありようが家族の崩壊につながるのではないかという不安感の表れであろう。

4-8　高齢者室

高齢化社会の今日，1戸の住宅の中で単身高齢者または夫婦高齢者の部屋が，家族の部屋のひとつとして用意されるという形は主流ではなくなった。子供の世代が分離独立した高齢の世帯主が，夫婦か単身で1戸に住むと全体が高齢者向け空間になる。若年者世帯の住宅と高齢者世帯の住空間のセットを一体化した建て方，つまり二世帯住宅というタイプも増えている。後の二者は福祉的な視点から第6章で触れるとし，個室・寝室としての部屋の条件を考える。

高齢者は伝統的な畳室を好むと見られやすいが，高齢者層自体の生きてきた世相や住宅形式は変化しており，DKや洋間生活になじんでいること，布団の上げ下ろしの負担，介護のしやすさ，座位，臥位から立位への動作の負担などから，ベッド式にするのが高齢者にとっては現実的である。ベッドまわりで介護者が動けるスペースのある配置のためには部屋全体にもゆとりが必要である。

出入口は開き戸より，引戸，それも軽く動くもので，取手も握り形式でなく，レバーや竪バーハンドルで，ドア幅も広めにする。

トイレは他の家族より頻繁に使うので，住宅全体の中で近い位置にあればよいが，できれば個室とセットにして，内部のスペースは大きめ

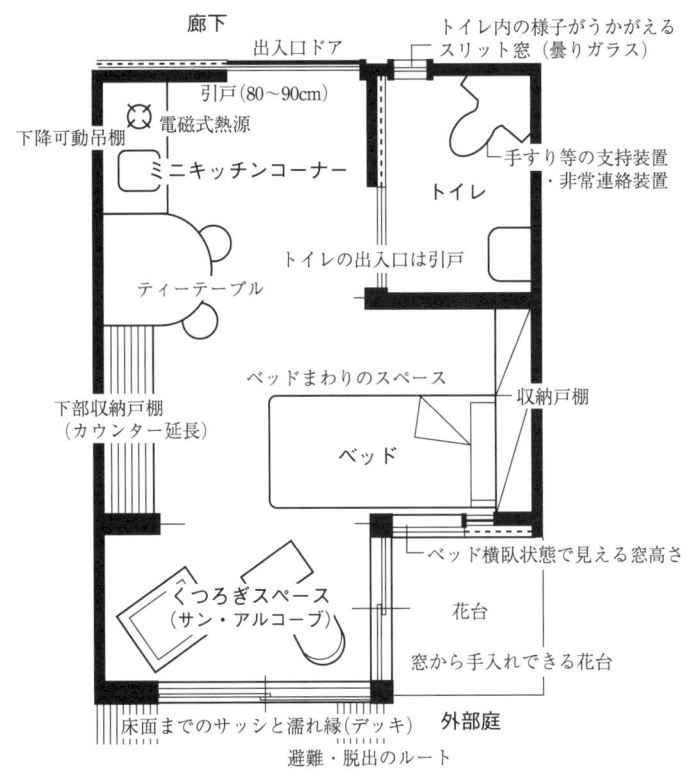

図4.10 高齢者室のための平面モデル
(戸建住宅の一部に高齢者室を設置するとした場合の平面図案である。当初から計画または増築部分としてここでは浴室は家族共用のものが別にあることを前提とする)

で，手すりなどの補助装置を取り付ける。便器は原則的に和式より洋式がよい。ドアや廊下に面する壁には，曇りガラスなどの縦型スリット窓を設け，中で倒れたときなどの異常が読み取れるようにするのがよい。

電磁式ヒーターなどを持つミニキッチンと小テーブルがあると，好きなときに自分でお茶を入れ，友人などとの談話ができる。介護のときにも流しがあると便利である。吊戸棚も上げ下げできる機構のものもできている。

高齢者は持ち物が多くなるので収納場所が欠かせない。体調が悪くベッド暮らしになっているときにも，外部の様子が見えやすい窓の高さが必要で，花鉢の台が高めになっていると窓辺から水遣りなどもできる。

このようなことを説明するモデルとしての平面プランを図4.10に示している。

4-9 台 所（キッチン）

台所の設計で最も大切でよく試みられているのが動線の最小化である。作業動作に無駄がないこと，無理な姿勢にならないことなども必要とされる。調理は日々繰り返される作業だから，とくに能率的であることが求められる。

これまで調理は主婦が一人で行うものと考えられた。流しの高さや作業能率は主婦に合わせて設計されてきた。台所の散らかった場所を食事の場にさらしたくないので独立した台所にするとか，家族と会話しながら作業できるように対面型のカウンターキッチンにするとか，主婦の場を日の当たる南側にする，といった配慮はすべて主婦を作業者とする設計である。だが，共働きが一般的となり主婦が調理をすることは

固定条件でなくなってきた。以下の項目は，台所の設計において総合的に判断すべき問題の一部である。

① 台所で働く人は誰か

台所で調理する人は主婦とは限らない。一人でするとも限らない。また将来とも変わらないわけではない。高齢化したときのことも考えておくべきである。

② 作業能率よりも優先することはないか

健康な成人にとって，日常の調理作業は疲れるほどの運動量ではない。多少，具合の悪いことがあっても，習慣となれば苦にならなくなる。風通しや採光といった環境条件を優先する人や整理整頓を優先する人などもいるだろう。

③ 増えるものに対応できる余地があるか

オーブントースター，電子レンジ，食器洗浄器などが次つぎに台所を占領する。食器や保存食品も増える一方である。台所にあるのは，こまごましたものが多いので，奥行きの深い戸棚は使いにくい。

④ 流し台やガス台，換気扇，給湯管など交換できるようになっているか

建物の寿命に比べて，機器の寿命は短い。機器の取替えのために床や天井まで壊さなければならないというのは設計ミスである。

⑤ ゴミ処理について配慮されているか

家庭で発生するゴミは減少することはないだろう。ゴミ処理は社会問題となり，再利用のための分別は細分化が進む傾向にある。分別されたゴミを置くためには，ユーティリティなどに，かなりのスペースが必要になってくる。

⑥ 調理にどのていど手をかけるか

冷凍食品や半加工食品の利用が増え，調理に手をかけない人が多くなるが，一方では，生活にゆとりが生じて調理を本格的にする人も出てくる。調理に向う態度としては二極分化している。それぞれに対応した台所を設計することが要求される。

4-10　家事室（サニタリーを含む）

衣類に関する家事には，洗濯，物干し，洗濯物をたたむこと，アイロンかけ，クリーニングに出すこと，裁縫，つくろいもの，編物，衣類の整理収納，虫干しなどがある。食生活に関する家事には，日々の調理のほか漬物などの保存食品をつくること，ゴミの処理，食料や食器の整理収納などがある。

住宅を維持管理するためには，内外の清掃と大掃除，各所の修繕，機器の故障や損傷部分の修理交換，植栽の手入れなどがある。育児や老人の介護，病人の看護も家事に含まれるだろう。このほか銀行や郵便局に行く，買物をする，親戚や近所とのつき合いなど数え切れないほどである。

数多い家事を誰が，いつ，いかに行うかが問題である。現在，主婦の就業率は年々高まっている。家族全員が共同で家事をすべきという考え方は，かなり普及しつつある。にもかかわらず家事空間は台所同様，主婦が家事を行うことを前提として考えられ設計されてきた。

婦人雑誌などに見る台所脇の家事コーナーは，作業台の寸法や位置が主婦専用につくられているだけでなく，パステルカラーの壁紙や花模様のカーテンなどの内装まで女性向けにつくられている。今後とも女性の社会進出は増えるであろうし，週休2日制の普及や労働観の変化もあって，主婦専用の家事コーナーは実態と合わない部分が出てくるだろう。実態と現状の矛盾を発見し，将来を予測し，新しい家事空間を提案していかねばならない。

4-11　浴　室（バスルーム）

欧米式のバスルームは浴槽とシャワーの組合せで，身体を洗うことに重点が置かれているが，わが国の浴室は身体を清潔にするためだけ

図 4.11 浴室の風景（設計：独楽蔵）（写真：畑亮夫）

でなく，湯につかって「あたたまる」「さっぱりする」という要素が大きい（図 4.11）。

入浴が楽しみの要素を持っていることは誰もが感じているので，住宅の新築や改造にあたっては，浴室に特別の思い入れを持つ人が多い。このような思い入れは多くの場合，眺望や意匠に対して向けられる。浴室の面積は広くしたところでたかが知れているし，区切られた空間であるから住み手の思い入れは実現しやすい。

写真やショールームを見て，タイルや浴槽，金物などを選ぶのは，住宅を新築するさいの楽しみのひとつになっているように見える。

4-12　便所（トイレ），洗面所

水洗が常識となり，便所の位置に対する制限は，ほとんどなくなった。バスルームとして洗面所と便所と一緒にする設計も見られるが，感覚的な抵抗のない人にはよいだろう。洗面所は脱衣所を兼ね，さらに洗濯機を置くことも多いが，狭くなりすぎないように注意する。

4-13　廊下，階段

廊下や階段は交通空間だが，生活に直接，必要だというわけではないので，無駄なスペースだと思われることもある。それは廊下や階段に窓がとれず，快適なスペースになりにくいことも原因のひとつであろう。逆に積極的にデザインすれば，「見せ場」になりうる空間である。一般に上手いといわれる住宅の写真には，廊下や階段，ホールなどを撮ったものが多い（図 4.12）。

廊下を無駄なスペースとして扱うのであれば，ないほうがよいかもしれない。寝室や子供室のように通り抜けすると好ましくない部屋は，住宅の端部に設ければよいし，現在のような少人数の家族では，廊下で分離するほどのプライバシーを必要とする部屋は少ない。

階段は他の部屋の支障にならないように玄関

図 4.12　階段の風景（設計：石田敏明）（写真：平井広行）

脇に位置する場合が多いが，居間に面して設けられる場合もある。階段が居間についていると暖冷房の効率は悪いが，パネルヒーティングなどを採用すれば，コストはかかるとしても，ある程度カバーすることはできる。

　なお，廊下や階段に沿って収納棚や本棚を造り付けにすると，収納物を取り出すスペースと交通空間を兼ねることができるので，限られた床面積の中で収納量を多くとるためには有効な方法である。

4-14　玄関，出入口

　伝統的な住宅にあっては，身分や慣習による格づけのため，門構えや座敷とともに玄関は重要視された。そのため日常的な生活空間にしわ寄せがくることもあり，戦後のモダンリビング住宅では，省略したり軽いデザインにすることが多かった。

　ところが建築家のタッチしない庶民住宅では，戦後も一貫して玄関は大切に扱われてきた。玄関部分だけ壁にタイルを貼るなど，とってつけたようなデザインだが，何はともあれ玄関を立派に見せたいという意図はよくわかる。

　生活行為のうえでは日本住宅の玄関は「履き替え」の場である。精神的には内と外を分ける区切りの場所であり，家の格式を表すところでもあった。

　玄関は住宅全体の印象を決める部分だから，門から玄関に至るわずか数mのアプローチといえども大事にしなければならない。門から直線的に入るのは好ましくないとされ，アプローチが短いときは，わざわざ門の位置を変えて長くすることもある。このような手法は茶室建築などにも見られる。

4-15　収納空間（クローゼット）

　収納スペースは多いほうがよいに決まっているが，限られた面積の住宅では全体とのバラン

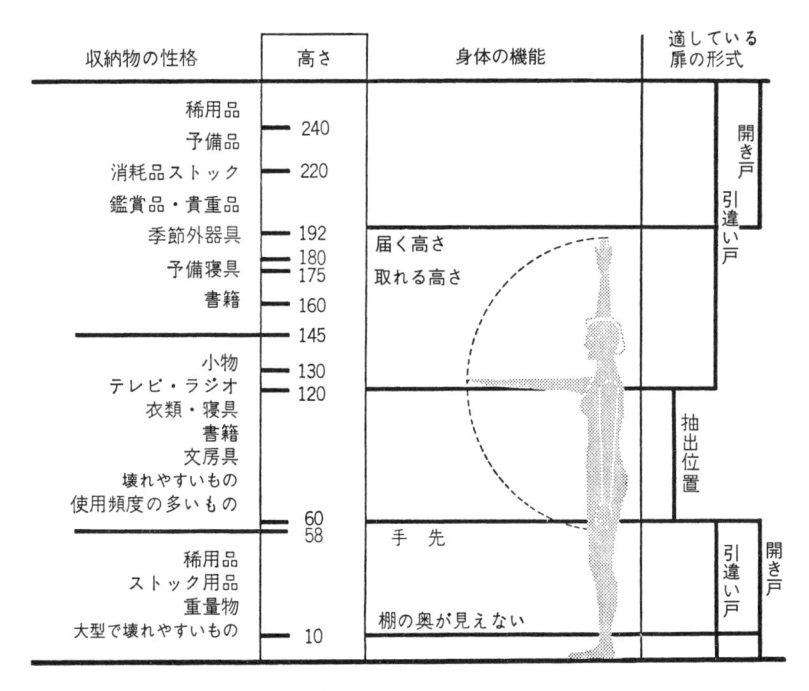

図4.13 収納品と人体寸法の関係（豊口デザイン研究所）

スを考慮しなければならない。不要な物を収納するのはスペースの無駄である。住宅の床面積当たりの単価を考えると，保存するに価するものかどうかが判断できる。

最近の建売住宅や住宅展示場などのモデルハウスでは，ウォークインクローゼットが定番になっている。寝室などの隣に主婦の要望から設けられるものも多い。

奥のほうに収納してしまったら，探すのが大変である。収納した場所がわからなくなって同じものを二度買ったりすることになる。そうならないように，収納場所の設計には合理性が必要で，そのためには次のことに留意しなければならない。

① 使用頻度が高いものは，使う場所に近いところに収納する。
② 収納空間は収納するものの大きさに合わせ奥行きの浅い収納を多くする。
③ 引出しは中が見える高さにするなど，人体寸法を考える（図4.13）。
④ 収納したものを明示する。

第5章
住宅のインテリアデザイン

5-1 インテリアデザインとは

わが国では現在のところ，住宅分野でのインテリアデザイナーの需要は少ない。建築家が戸建住宅を設計するとき，茶室や台所などを専門家に頼むことはあるが，室内空間の設計を他人まかせにする人はいない。また居住者が壁クロスやカーテン，家具，照明器具などを選ぶ場合にも，その選択をプロのデザイナーに頼む人はいない。インテリアショップには専門家がいて選び方をアドバイスしてくれるが，それは購入に対するサービスであり，インテリアデザインではない。

欧米では住宅の寿命が長く，中古住宅の流通も多い。また都市住宅の多くは，古く堅固な集合住宅である。住宅が長期にわたって存在する間には，所有者も変るし，周囲の社会環境も生活内容も変ってくる。そうした変化に対応するため，住宅の改造が，ごくあたりまえに行われており，それがインテリアデザイナーという職能の成立基盤となっている。

だが，状況は変りつつある。わが国でも住宅の寿命は長くなってきており，増改築や集合住宅をリフォームするときなどには，インテリアの設計をデザイナーに依頼するケースも多くなると思われる。とくに古民家のような保存価値のある住宅については，きちんとデザインして再生利用することが流行になっている。

インテリアデザイナーという職能育成のためには，インテリア関連の専門学校，建築や造形系の大学教育の専門コースの専攻による修得のほか，インテリアエレメントの中から適切なものを選んでアドバイスするインテリアコーディネーターや，内装設計に関する専門知識を活用したインテリアプランナー，さらに色彩設計全般に関わるカラーコーディネーターなど，専門職としての資格認定制度もある。

5-2 インテリアデザインのスタート

(1) 設計の目的を明解にする

インテリアデザインは，新築の建物でも既存の建物でも，構造体の床や壁，設備配管などが決まっている建築空間に対して行われる。インテリアデザインは単に仕上げや設備機器を決めるだけではない。それだけなら内装業者が用意する仕上げや機器を選べばよい。見積も簡単で，結果も容易に予想できる。わざわざデザインするのには，何らかの目的がある。子供が独立したので部屋を広げたい，趣味の部屋をつくりたい，バリアフリーにしたい，等々である。もちろん目的はひとつでない。数ある目的に優先順位をつけて，最も実現したいことを明快にして設計すべきである。目的が達成できない場合には，計画の縮小や中止，場合によっては新築や増築，転居などと比較する。既成概念にとらわれないことが大事である。

(2) 設計対象を実測調査する

住宅設計のスタートが敷地条件を知ることな

のに対し，インテリアデザインでは，設計対象である建築空間の実態を知ることがスタートになる。対象が新築の場合は建築の図面を手に入れることからはじまるが，既存の建物では必ず現地を実測しなければならない。図面が残っていない場合があるし，図面があっても現状と一致していないことも多いからである。

その結果，変更できる部分とできない部分，更新または修理しなければならない部分などがわかる。それをもとにデザインにかかる。集合住宅では主要構造部分やパイプシャフト，設備の取り付け位置は変更できないし，戸建住宅でも，主要構造部分は変更しないのが普通である。場合によっては構造の補強も必要になる。設備の容量を変更する必要があるかどうか，またそれができるかどうかも確認しなければならない。

(3) 予算と設計の可能性

予算が十二分にあれば，どんなインテリアデザインでも可能だが，予算には限度がある。予算の範囲で，どの程度の設計が可能かを判断するには，新築の設計以上に豊富な経験の蓄積が必要である。

インテリアデザインでは，表面仕上げや器具を変えるだけでなく，間仕切壁や水まわりから内外の建具まで変更する場合が多い。既存の建物では，表面仕上げを撤去したら躯体そのものが痛んでいて修理，交換しなければならない場合も少なくない。

配管の修理や取替え，外装の補修まで必要になることもある。既存部分の撤去費用も建物の立地条件によっては高額になる。仕上げを撤去しないとわからない部分は必ずあるが，建築後の年数と外観などから可能性を予測しておくことが大事である。それが経験による読みである。

5-3 インテリアデザインのポイント

(1) 変更する部分と残す部分の計画

変更可能な部分がわかってから，設計にかかる。集合住宅では私有部分（室内）しか変えられないが，戸建住宅では予算しだいで，どのようにも変更可能である。p. 52，p. 53 の**カラー写真**のデザイン例①〜④は，いずれも一人の建築家が設計した4戸の建売住宅のインテリアである。もとは全く同じデザインであったが，インテリアデザインを変えることによって，全く違った印象になっている。

変更するものと残すものは建物だけでなく，家具や設備，テキスタイル，照明などあらゆる部分で考えなければならない。日本人はインテリアを新しくすると，それまで使っていた家具やテキスタイルまで，すべてを新しくする傾向があるが，良いものは積極的に残したい。その場合，それらの寸法をきちんとおさえることはもちろん，デザイン上，違和感の生じないような配慮をする必要がある。

インテリアデザインでは，改修における「道連れ工事」を理解することが大事である。「道連れ工事」とは，ある部分を変えようとしたとき，それに伴って発生する工事のことである。

たとえば天井の仕上げを変えようとすれば，天井に付いている照明器具や回り縁など付属物はすべて取り外さなければならない。回り縁を撤去すれば壁も傷んでしまう。つまり，天井仕上げを変えるときには関連する他の部分のデザインも同時に考えるほうが工事の上では，経済的になる。

逆にいえば，将来，別の時期に変更しようと思う部分については，「道連れ工事」が発生しないよう，他の部分と縁を切っておく必要がある。そこで将来において撤去するつもりの間仕切り壁なら，壁の下の床を先に仕上げ，その壁には器具・配線をつけないなどの工夫である。

(2) 平面と断面を同時に考える

　壁やカーテン，家具などを選ぶことが，インテリアデザインと考えている人が多いようだが，建物内部の「空間」を設計するのがインテリアデザインであり，その意味で住宅設計と全く同じである。優れたインテリアデザイナーはよい住宅設計者でもあり，その逆も真である。全体の面積における各部分の面積バランスを考え，住み手の生活を読み取り，より便利で快い空間をつくることである。重要なのは空間の設計である。人体寸法や動作寸法，動線計画などが重要なことはいうまでもない。

　ただひとつ住宅設計と違うのは，軀体として建築空間が与えられている点である。それは制約条件のようだが，見方を変えれば，変えたくなったら，いつでも変更できる部分の設計である。建築設計より，住み手の現在の欲求に合わせて，より自由なデザインを試みることができる。

　新築の設計でも，平面と断面を同時に考えなければならないと述べたが，インテリアデザインでも同様である。とくに既存のインテリアがある場合，その空間形態に規制されて，断面で考えることを忘れがちである。建築空間の寸法は，平面だけでなく高さもきちんと計って，断面で考えなければならない。天井や床と壁との納まり（ディテール）は空間の質を決定する。

　図5.1は既存のマンションの最上階住戸のインテリアをリフォーム（設計：中村好文）したものである。フラットな既設の天井仕上げを撤去して生まれた勾配天井を生かしたインテリアデザインである。中央の和室の床を若干高くして，その下を収納に使用し，和室に座ってリビングルームを見下ろすことができる。高低差ができて，単調だった室内空間に変化が生まれ，リビングルームも広さが感じられるようになっている。平面と断面を同時に考えた例である。

(3) 色彩計画とテクスチャー

　インテリアの色彩計画は，仕上げやカーテンを塗り絵のように塗り分けることではない。もちろん，インテリアデザイナーは優れた色彩感覚を持っていなければならないし，レストランや店舗のインテリアには，鮮やかな色彩を効果的に使用したものが多い。しかし，住宅のインテリアに，カラフルな色彩は向いていない。

　図5.2は建築家（阿部勤）の設計した住宅のインテリア・スケッチである。実際にこの家を訪れると，インテリアがカラフルで楽しい色にあふれていることに驚かされる。だが，このインテリアの壁，床，天井に，ペンキで塗ったような色は一切使われていない。壁はコンクリートの打ち放し，天井と壁は木材の竪羽目，ブラインドやいすはアイボリーである。まったく色を使っていないのに，豊かな色彩を感じさせるのは，さまざまな種類の植物や色とりどりのク

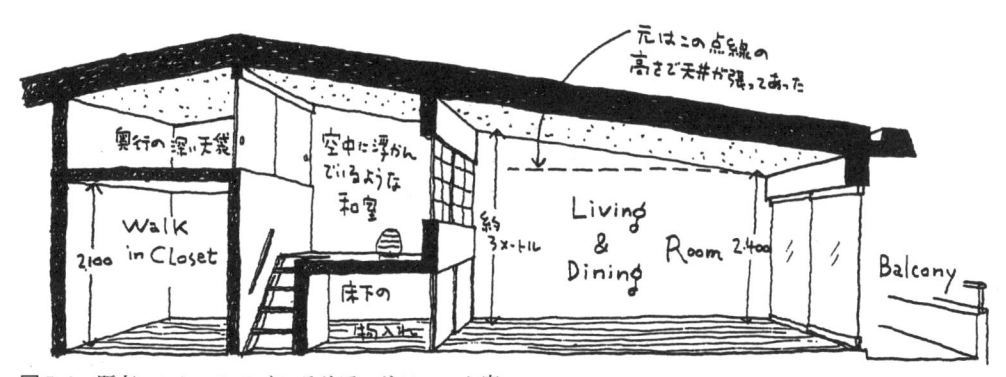

図5.1　既存マンションのインテリア・リフォーム案
　　　（設計：レミングハウス・中村好文）

デザイン例①　モダンデザインのリビングインテリアと家具配置

デザイン例②　①と同じ居間をエスニック風にした壁面装飾など

5-3 インテリアデザインのポイント

デザイン例③　モダンデザインのダイニングの収納配置

デザイン例④　③と同じスペースをビビッドな雰囲気なインテリアに

54　第5章　住宅のインテリアデザイン

図5.2　建築家によるインテリア・カラーコーディネート（設計：阿部勤）

建築家の自邸（写真：柳井一隆）

ッション，絨毯，ハンモック，絵画など，住み手が後で付け加えた品物のそれぞれに，個性的で華やかな色彩があるためである。

住宅のインテリアには住み手の生活がある。生活のためには種々の物が必要で，それらのすべてに色が付いている。外部の庭や隣家も目に入ってくる。住み手が思い出の品物や好みの絵画，置物などを室内に置くことをデザイナーが禁止することはできない。

美術館や店舗のインテリアでも，見せたいものの背景は，無彩色，あるいは彩度の低い素材の色にするのが常識である。素材の色には，木肌色，コンクリート，煉瓦，タイルなどがあり，それぞれに色相も彩度も異なる幅広いバラエティがあって決して不足することはない。しかも，数多くの素材を用いても，自然のものは目に残らないという長所がある。

そうした一般論を知ったうえで，居住者自身がカラフルなインテリアにしたいと思う場合は，大いに楽しむのもよいだろう。万一，失敗しても，あるいは飽きたとしても，変更可能な部分でもあるから，折を見て変えることができる。

素人がインパクトの強い色彩計画をする場合，いくつかの注意がある。壁面など面積の大きな部分は小さな色サンプルでなく，30 cm 角以上のサンプルで決めるほうがよい。大きな面になると同じ色でも印象が違ってくるし，同じ面積でも部位によって見え方が違う。また，人間の目は室内全体を見るので，たとえ前方を見ていても，両脇や背後の色彩も感じているから，ある場所だけから見た感覚で色彩を考えてはいけない。全体をイメージするには，模型でも代用できるが，実際の空間を見て決めるほう

が望ましい。

（4） 照明計画

照明には，照度を確保して動作や行為を助ける機能的な側面と，夜間の生活を演出する表現的な側面がある。日本のインテリアは欧米に比べて十分に明るく，欠けているのは生活を演出するという後者の視点である。

北欧にはすばらしいデザインの照明器具が多いといわれているが，器具ばかりでなく総じて照明の扱いが上手である。それは高い国民所得の裏づけもあって，長い夜の団欒を楽しむ生活習慣が反映されているのであろう。それに対し，わが国の夜は，家族それぞれが仕事や勉強に追われ，くつろぎの時間はテレビを見るだけという家庭が多い。

消費水準の向上とメーカーの宣伝によって，「食卓の上には白熱灯のダウンライト」「和室には行燈型スタンド」など，デザインされた照明器具が一般家庭でも購入されるようになってきた。だが，夜のくつろぎがテレビ中心であるかぎり，それらの照明器具もインテリアグッズのひとつになってしまう。照明を楽しむにはまずテレビのない夜の暮らしが必要である。

照明設計とは，夜の室内空間に光を配置することである。光は暗い場所があって，はじめてその存在がわかる。印象的な明かりのシーンを思い出してほしい。なつかしい風情の囲炉裏や暖炉の火，欧風のしゃれたレストランのテーブルライトかもしれない。どんなシーンでも，その背景には暗い場所がある。明るさを強調したコンビニの店内のような，あるいは商品ケースのようなインテリアに照明デザインを求める余地はない。

図 5.3 は同じ光源だが，光の見せ方によって室内の表情が変る様子を示している。照明計画が光の配置計画であることが理解できよう。

光には照度と色相と強弱がある。それらを組み合わせて光のデザインをする。色相は蛍光灯の青白い色から炎のオレンジ色まである。顔や食べ物がきれいに見え，くつろいだ気分になれるのはオレンジの暖かい色で，くつろいだインテリアに向いている。

強い光とは，ダウンライトのような方向性の強い直射光で，人や物にくっきりした影をつくり，部分的に明るくしたいところに向いている。逆に，壁や天井に反射した間接光は影を柔らかくする。和紙や曇りガラスなどを通した光も拡散された柔らかい光である。長時間くつろ

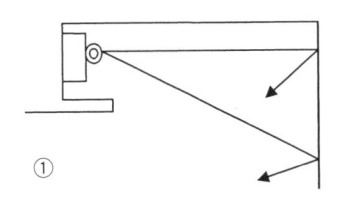

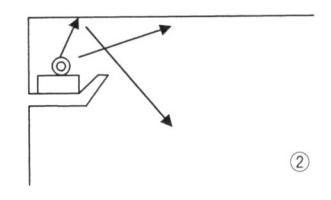

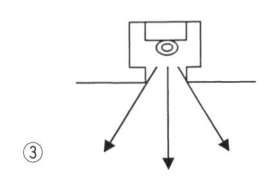

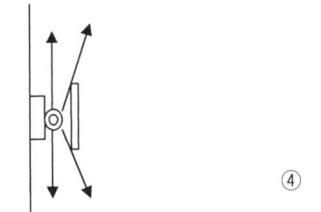

図 5.3　光源が眼に入らない照明
　　　　（①②は間接照明，③④は光源が直接眼に入らないようにしたもの）

ぐ場所には，人が美しく見える柔らかい光が向いている。同時に，光の高さも問題で，上からの光は明るいが影を落とす。下からの柔らかい光は顔の表情を優しくする。

照度に関係するのは光源の明るさと光源からの距離であり，照射面の明るさは光源からの距離の二乗に反比例する。読書や家事など作業をする場所には明るさが必要とされ，とくに高齢者は，より高い照度が必要となる。高い照度を得るには，伸縮腕木や折り曲げアーム，移動スタンドなどで，作業面に光源を近づける部分照明が有効である。近年は作業時の目に優しい光源がつくられている。

(5) 様式，スタイル

かつてのアメリカ映画などでは，様式的なインテリアを設計している場面をよく見かけた。欧米の古い都市には100年以上経過した石造や煉瓦造の建築が数多く残っており，現在も住宅として使われている。中心市街地にある天井の高い石造建築のインテリアをリフォームして住むのがステイタスになっている。そうした住宅のインテリアなら，様式的なデザインもひとつの選択肢であろうが，日本では，そんな住宅はない。

近代建築は，様式建築を否定したところから出発し，わが国の「分離派」の語源もそこにある。したがって日本では，通常の建築やインテリアデザインでは，様式的な表現をしないのが常識である。ところが，ポストモダン以降，マンションやメーカーのモデルルームなどでは，「ジョージアン」や「ビクトリアン」など洋風の様式的表現をデザイン要素として使用するものが増えてきた。アメリカ風の豊かさを伝えるのに有効という考えなのだろう。しかし安易に洋風の様式を採用するのは，様式の混在やルール無視を犯しやすいので注意したい（図5.4）。

逆の例で考えてみればわかりやすい。日本人なら「民家風」と「数寄屋風」の違いは誰でもわかるし，床の間の意味も知っている。だから，数寄屋風の瀟洒な和室に民家風の太い梁をつけることはしないし，床の間の真中に障子を立てるような間違いを犯すこともない。だが海外の和風インテリアには，和風という範疇で，いろいろなものを混在させて取り入れているものもある。欧米人が和風のエレメントを取り違えるのは当然で，それをどう評価するかは見る人の視点による。だが日本人なら，何となく変だ，プロのデザイナーなら，もう少し勉強して設計して欲しいと思う人のほうが多いのではないだろうか。

図5.4 欧風の様式を取り入れたインテリアの例

5-4　住み手がつくるインテリアデザイン

　日本の伝統的な木造住宅は柱，壁などが素材のままインテリアの構成要素となっていた。書院や床の間は今風にいえば造り付けの家具かもしれないが，伝統的な様式と寸法でつくられており，職人芸を示す組子障子などもインテリアと一体になって目立たない。床の上には必要な物以外は置かないで，時と場合に応じて「しつらえ」を変えて住むものであった。建具や座布団，敷物を変え，季節に応じた飾り物をして，四季の変化を楽しむのである。和風のインテリアは，住み手自身の「室礼」の背景となるインテリアである。

　これまで述べたように，現代住宅の洋風インテリアも，住み手の持ち込んだ種々の品物の背景となるものである。インテリア空間でデザイナーがつくる部分は，平面と断面によってつくられる空間そのもので，仕上げの色や装飾だけでかたちづくられるものではない。したがってデザインの精神は和風住宅と同じである。

　すべてをデザイナーが完成してしまって住み手は何ひとつ変更できないインテリアなど，住む人にとって苦痛でしかない。その意味で住宅インテリアの真のつくり手は住み手であり，日常の生活を営むという住み方によって完成される。長い年月にわたって使用する家具を購入し，レイアウトする。カーテンや絨毯，好きな絵画や置物を飾る。ひとつ一つに住む人の趣味，好みが反映されており，全体として調和する。だから，住み手こそが最終のインテリアデザイナーである。

　住み手は自分の生活に合わせてインテリアを設えてゆかなければならない。1枚の壁の色，1枚の建具，家具ひとつを変えるだけでも生活は変るし，改良の余地もある。ためしにテーブルの配置を変え，それに合わせて椅子の向きも変えてみよう。こうしたレイアウトの変更によりこれまでと違った眺めになり，家族の顔が別の位置に見えてくるはずである。

第6章
バリアフリーとユニバーサルデザイン

6-1 住宅におけるバリアフリーの潮流

　第二次大戦後，住宅建築の世界では，当初は狭くても機能的にこと足りること，合理的に数多く生産できること，便利で快適な設備を考え出すことなどが目標であった。そのため，見かけはよいが障害のある人や高齢者に無理を強いるものが大量に集積することになった。戸建の家も，集合住宅も，街路も，車いすや杖を使用する人や体力の落ちた高齢者には優しくない場所が少なくなかった。

　1980年代から，住宅のプランニングや設備・ディテールに高齢者や障害者に配慮することが，行政的な課題として取り上げられるようになり，その考え方の普及とともに，設計上のアイディアと設備・機器の開発が進められるようになった。

　1991年に「公営住宅建設基準の長寿社会対応要件」が提案され，それが1995年に「長寿社会対応設計指針」となった。1994年に「ハートビル法」（高齢者・身障者等が円滑に利用できる特定建築物の建築の促進に関する法律）ができ，共同住宅，寄宿舎などとともに，公共的な建築のバリアフリーの基本的な条件整備と，その向上を目指した基準が整えられてきた（表6.1）。

　さらに，外部の生活に関わる道路については，2000年に「交通バリアフリー法」（高齢者・身体障害者等の公共交通機関を利用した移動の円滑化の促進に関する法律）が施行され，住宅とそれを含む外部環境までのバリアフリー化の根拠が整えられた。交通バリアフリー法は，交通機関の施設や車両・船舶・航空機にも適用されるものを含んでいる。

　2つのバリアフリー法は2006年に領域を統合して「バリアフリー新法（高齢者，障害者等の移動の円滑化に関する法律）」に一本化された。

6-2 バリアフリーとユニバーサルデザイン

（1）バリアフリーとユニバーサルデザインの特徴

　バリアフリーは1960年代にアメリカで発達した概念で，住宅などの物的な面では，建築的な障害（architectural-barrier：バリアは障壁と訳された）となるものを除去（freeに）することと定義された。日本では1970年代になって，その考え方とバリアフリーの用語が導入された。

　1990年代には，バリアフリーの考え方を包含して，ロン・メイス氏らの提唱したユニバーサルデザイン，「いろいろな立場や属性の人びとに使いやすいデザイン」という概念が普及されはじめた。

　バリアフリーは，これまでのバリアを取り除き，新しいものにもそのような状況が生じないように取り組むという，いわば「問題解決型」の概念であり，ユニバーサルデザインは，はじめからあらゆる人が使えるような条件を考慮してデザインするという「理想追求型」の概念である。

（2） バリアフリー

社会的に普及する過程で，バリアフリーにもユニバーサルデザインにも誤解が生じている。バリアフリーとは，段差の解消，手すりの設置，スロープの整備といった目に見えるもの，物的なものがあればよいというだけで，適切でないかたちや寸法や位置になっている場合も少なくない。また，それらがあることでバリアフリーが実施されているという誤解も生じている。

バリアフリーの対象はWHO*の定義によると次のような広い概念となる。
① 物理的なバリア：建築，鉄道，バスなどにおける段差などのバリア
② 制度的なバリア：社会・行政のしくみ，法

表6.1 建築一般・高齢者配慮住宅の条件（抜粋）

部 位	ハートビル法による建築一般事項（1994年）	長寿社会対応住宅設計指針（1995年）
出入口	建物の一つ以上の出入口を車いすが通行できるものにする。幅80 cm 以上。 望ましくはすべての出入口を車いすが通行できるものにする。主要なものは自動扉で，幅120 cm 以上，他の出入口は90 cm 以上。	車いす動線部分は標準幅80 cm 以上，最低でも75 cm を下らない。引戸のレール3 mm 以下。持ちやすいハンドル高さ80〜100 cm 玄関上部に庇を付ける。 上り框は25 cm 以下，できれば18 cm 以下，壁に昇降補助手すりを設ける。 玄関戸敷居は20 mm 以下。
廊下 通路	幅120 cm 以上で一定区間ごとに車いすが転回できるスペースを設ける。できれば幅180 cm とする。	車いす動線部分は標準幅85 cm 以上，最低でも79 cm を下らない。 廊下に手すりを設ける。
階 段	両側に手すりを設ける。 幅150 cm 以上，蹴上16 cm 以下，踏面30 cm 以上とする。	手すりをつける。45°以上急な場合は両側。 蹴上18 cm 以下，踏面21 cm 以上とする。 段鼻は出ないように，蹴込み板を付ける。 照明に3路スイッチ（上下連動スイッチ）。
スロープ	両側に手すりを設ける。 幅は120 cm 以上，できれば150以上。 勾配は12分の1以下	──
便 所	車いすで利用できる便房を必ず設ける。 各階に2％以上設ける。 床置式小便器を一つ以上必ず設ける。	高齢者の寝室より5 m 以内。 洗面所と合わせて広さを確保する。 便器は洋式で，便器両側50 cm 以上の介護スペース。 Lまたは斜め手すりを設ける。 出入口幅75 cm 以上で，引戸がよいが，開き戸の場合外開きとする。敷居の段差をなくす。 暖房便座を考え，非常時連絡スイッチを付ける。
昇降機	2階建以上には昇降機を設ける。 エレベーターの出入口幅は90 cm 以上が望ましく，狭くとも80 cm 以下としない。 かごの床面積は2.09 m² 以上，奥行き135 cm 以上欲しいが，狭くとも1.83 m² を下らない。 乗降ロビーは180 cm 角を確保したいが，狭くとも150 cm 角をとる。	──
駐車場	車いす使用者用350 cm 幅のものを必ず設ける。原則，総数の2％以上。	──
敷地内外部	幅120 cm，できれば幅180 cm 以上の通路を確保し，高低差がある場合，スロープ等を設ける。	道路から玄関への階段幅は90 cm 以上。勾配は緩やかに，蹴上15 cm，踏面30 cm とする。 手すりを設ける。 将来段差解消機など機械力を整備できるよう配慮。

* WHO（World Health Organization）
　世界保健機関（本部はスイスのジュネーブ）

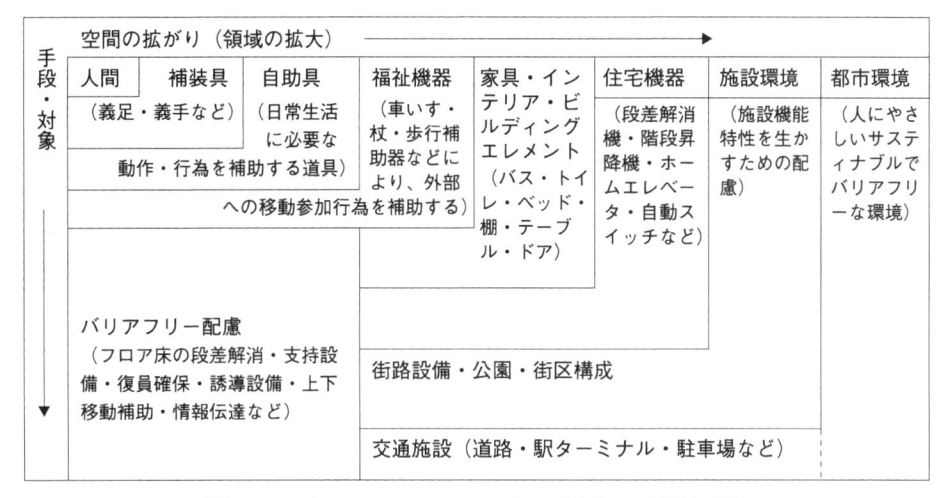

図6.1 バリアフリー・ユニバーサルデザインの対象と領域

制度，教育制度などのバリア
③ 情報のバリア：コミュニケーション，情報公開，放送などにおけるバリア
④ 心のバリア：偏見，差別，社会の不理解などのバリア

住宅においては物理的なバリアのみが関係すると見るのは適切でない。

高齢者や障害者にとって，所得の実態に合わないような公共住宅の入居制限条件は制度的なバリアであり，高齢者が自室か同じ階に行動が制約され，他の場所の子供や孫と行き来できないという場合や，新しい住宅設備の操作がわからない，などが情報（コミュニケーション）のバリアである。

外出するとき，自分たちの行動ペースを乱す厄介者のように思われたり，バリアフリー整備は特定の人を対象にした不公平な配慮だとみなされたりすることは，心のバリアでもある。

(3) ユニバーサルデザインとは

ユニバーサルデザインは，その語感の目新しさから，バリアフリーに変わる有力なキーワードになってきた。ユニバーサルデザインの7原則は次のとおりである。
① 誰にでも公平に利用できること
② 使ううえで自由度が高いこと
③ 使い方が簡単で，すぐわかること
④ 必要な情報がすぐ理解できること
⑤ うっかりミスや危険につながらないデザインであること
⑥ 無理な姿勢をとることなく，少ない力で楽に使用できること
⑦ アクセスしやすいスペースと大きさを確保すること

ユニバーサルデザインのもともとの意味は，国語研究所のかな文字の日本語当てはめによれば，「万人向けにデザイン」されたもので，普及的な商品という「汎用品」や「共用品」という表現もある（ユニバーサルデザイン協会の説明）。

ここで，最も気をつけなければならないことは，"ユニバーサルデザイン"には"インディビジュアルデザイン"という対語があることである。オーダーメイドのように特定の個人に当てはめた独特なデザインも一方では必要である。ユニバーサルデザインが有力なキーワードになったからといって，後者を忘れてデザインの目標がユニバーサルデザイン一辺倒になるという傾向にならないように気をつける必要がある。

また，ユニバーサルデザインはプロダクト

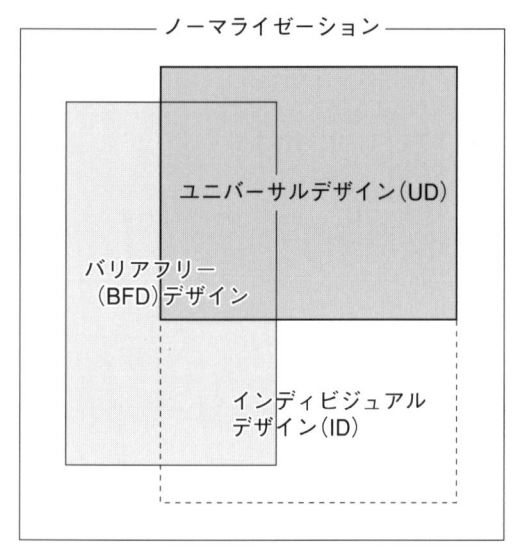

図6.2 バリアフリー・ユニバーサルデザイン関連概念の相互関係

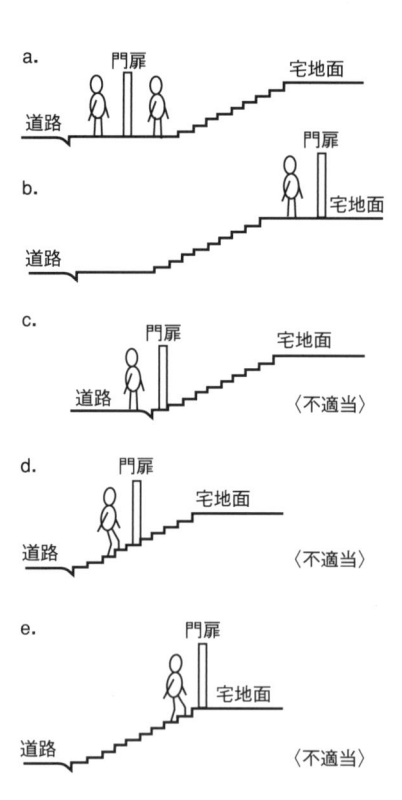

図6.3 道路から宅地に上がる階段と門扉位置・前後スペース
(a, b は門扉前後にフラットなスペースがあってよい例。c, d, e は悪い例)

(物品，製品）デザインからはじまり，装置や家具デザインにも直接的に当てはめやすいので，公園など外部環境のデザインでも，積極的に取り入れられている。だが，建築のデザインや都市計画そのものにどのように当てはめるのかは十分に説明されていない（図6.1）。

現実的には，「万人のために」という完璧主義的な表現より，もっと幅広く当てはまるように努めるデザインというほうが無理がない。なお，ユニバーサルデザインはアメリカで一般化した用語で，イギリスでは同様の意味でデザインフォーオール（design for all），あるいはインクルーシブデザイン（inclusive design）が用いられる。

（4）バリアフリーとユニバーサルデザインの概念領域

バリアフリーとユニバーサルデザインのいずれも，ノーマライゼーションという，障害やハンディキャップのある人もふつうに暮らせる条件を整えようという，社会福祉の目標概念に包含される。ユニバーサルデザインにもインディビジュアルデザインにも該当する範囲が，バリアフリーを実現するものでありうるが，すべてではない。また，ユニバーサルデザインとインディビジュアルデザインは相互の重なりはないといえる（図6.2）。

6-3 住宅と宅地のバリアフリー

（1）道路と宅地の間のバリアフリー

建築法規では，住宅の敷地は道路より高くなければならないとされている。また，新しい宅地造成では，丘陵地を開発することが多く，雛壇型の敷地になることが多い。道路から敷地面に数十 cm から 2〜3 m の高さの差を生じることも少なくないので，一般的には階段を設けるが，スロープを併設するほうがよい。

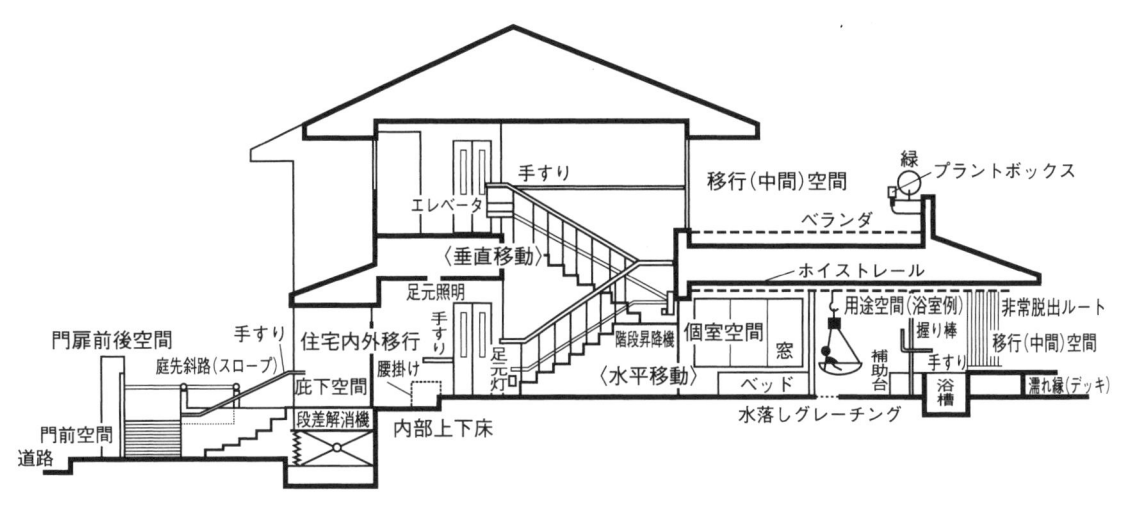

図6.4 住宅内外のバリアフリー断面モデル

階段を設けるとき，敷地内を広くして平面配置上スペースを節約したいため，道路からすぐに階段がはじまり，その始点か終点の位置や階段の途中に門扉を設置するという例がよくある。これでは階段を昇りはじめるとき，またはその途中，あるいはやっと昇り切って水平に体勢を戻すという前に，それと同時に門扉を開け閉めしなければならない。荷物を持っているときや，またそのうえに傘をさすときなどを思えば，極めて不適切であることがわかる（図6.3）。

（2） 住宅内のバリアフリー

① 宅地と玄関の出入口部分

地盤面と玄関踏込の床面との間には，舗装や敷石などの段差があるが，2～3 cm ですますようにしたい。道路とあまり変わらない平面に門扉を設置している場合，塀やフェンスに沿わせたり，庭の中に入り込んだかたちで長さを取ることで，スロープを設置することもできる。スロープの設置面積が取れないことも多いので，段差解消機を併置することも考えられる（図6.4）。

② 玄関前ポーチ

玄関は内と外をつなぐ場所で，居住者だけでなく，来客や用務の人が，ほぼ毎日，何度も出入りする場所である。雨の日には傘をさし，荷物を持って玄関ドアの鍵を開ける場面を考えると，庇のあるスペースがなければ困るであろう。杖や車いすを使うとなるとさらに大変である。ポーチの語源であるような柱や壁で支えられた大きな屋根があればよいが，少なくとも車いすと介助者をすっぽりおおうようなサイズの庇の出が必要である。参考になるのはホテルの庇で，車の乗り降りが，ゆったりできるようになっている。

③ 玄関の踏込みから床面へ

床面までは，地盤面から，木造床で 45 cm 以上，コンクリート床でも 10 cm から 30 cm 程度の段差があるので，段差解消機や手すり併設の補助踏段などが有効である。数 cm ならばスロープにすることは比較的容易である。段差解消機は外部に設置することもできる。

また，ここは夜間や暗いときの照明を必要とするが，段差の部分がよく見える位置を照らす必要がある。

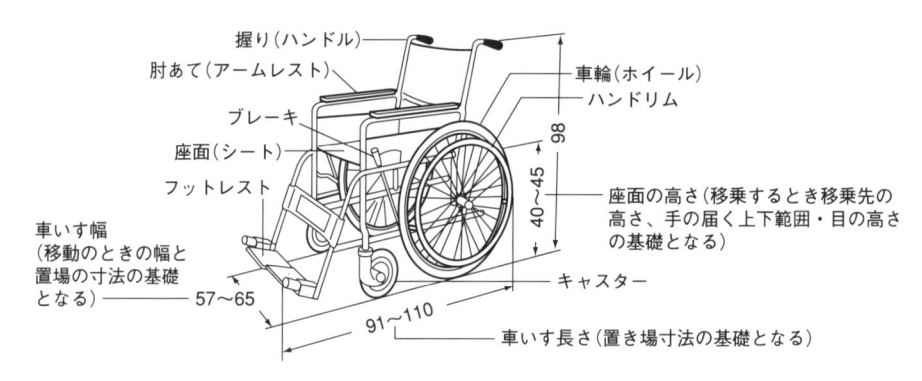

図6.5 車いすの大きさとサイズのポイント
（JIS規格を例示するが、手動、電動、個別デザイン、外国製など考慮している。単位：cm）

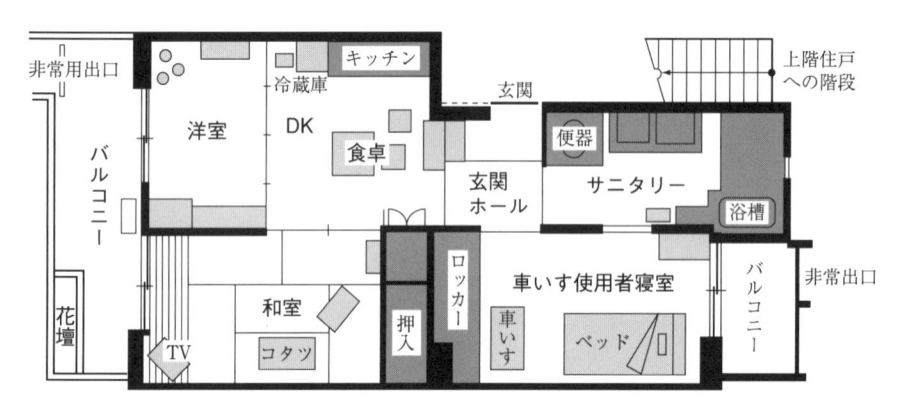

図6.6 家具・設備の占有空間の比率（車いす使用者世帯向け公営住宅の実態調査より：平均19％）

④ 住宅内の寸法計画
1) 廊下・通路

廊下・通路は往々にして、モジュールを機械的に当てはめることがあるが、畳からくる91cmモジュールの場合、正味の内法は75cm程度になり、車いすの使用には苦しい寸法のままで、長い期間日常生活に無理を強いることになるので要注意である（図6.5）。モジュールを極力大きいものにするか、モジュールによらない廊下幅員の実質寸法を確保する必要がある。また、曲がり角は隅切りが必要である。廊下に面したドアは開き戸よりも引戸のほうが出入りに無理が生じない。

2) 室空間の寸法

車いす使用の公営住宅を対象にした研究調査によると、一般住宅の場合、家具とその隙間（残余面積）は床面積の34％までにもなるが、車いすを使う住宅では19％と低い（図6.6）。車いすの移動のために空けておかねばならない空間が必要であり、同程度の家具量の所有を想定すれば、部屋がひと回り大きくなければならないことがわかる。

a) 寝　室

寝室はベッドまわりに車いすが方向転換できるスペースを考えた大きさにする必要がある（図6.7）。便宜的には150cmϕの円弧が内接できるクリアランスのあるかどうかが、平面をチェックするさいのポイントである。

b) 居　間

家具や出入りする位置を考えて同様のチェックが必要である。

3) 住宅内の水平移動

a) 廊　下

高齢者には廊下にも、伝い歩きやバランス調

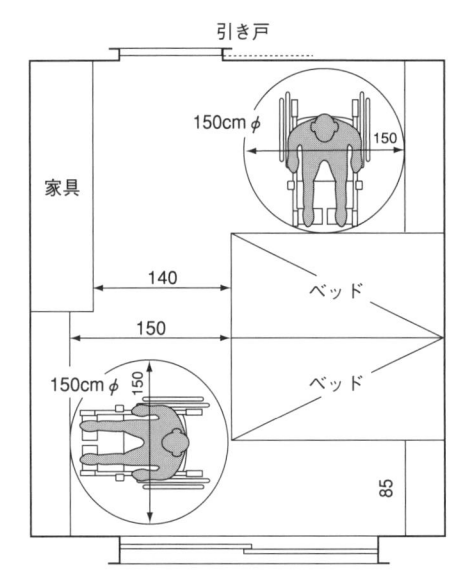

図6.7 寝室内の車いす行動に必要なスペース

図6.8 ホイスト（水平移動）

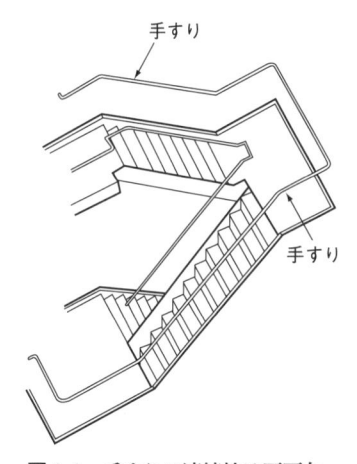

図6.9 手すりの連続性は不可欠

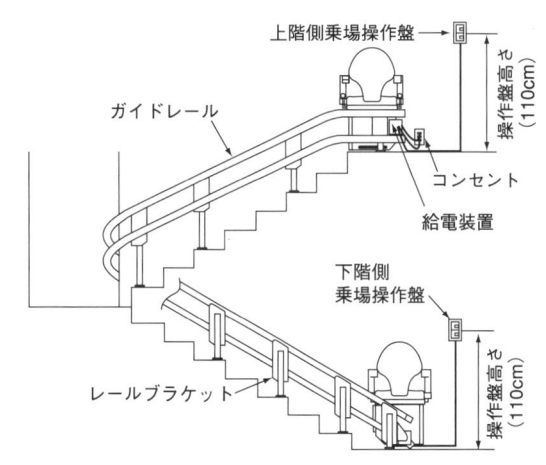

図6.10 階段昇降機（クマリフト株式会社，いす式階段昇降機"自由生活"カタログより）

整のための手すりがあるほうが望ましい。そのためにも廊下の幅員にはゆとりが必要である。

　住宅用の車いすには手動と電動があり，移動のために必要なスペースは電動が若干広くなる。近年，車いすの使用者は複数台を所有するケースが多くなったので，その置き場も必要である。また電動の場合，充電の位置も考えておかなければならない。

b）歩行補助器とホイスト

　車いすでない場合でも，歩行補助器や入浴・排便介助のために，毎回，介助者が抱えるのは大変な負担なので，ホイストを使用するのが望ましい（図6.8）。ホイストは，あらかじめ荷重を見込んだレールを，天井内に埋め込む方法があるが，後から必要になった場合のため，自走移動式やスタンド型のものもある。

4) 住宅内の垂直移動

a）階　段

　従来は上階への昇降は階段のみで，それを緩やかにし，さらに連続した手すりを設けること

で対応した（図6.9）。極小住宅では面積に制約があって，階段の面積を極力切りつめる傾向があり，畳1枚程度で2階まで上がるという際どいものも結構あった。これは住宅内の事故につながることになる。階段には両側とも手すりが欲しいし，足元が滑りにくい材料にしなければならない。

b）　階段昇降機

これは，既存の階段に設置して腰掛けて昇降するための装置である。使用しないときは壁面側に折りたたみ，10cm幅程度で場所を取らないようにする機構もあり，新設の階段にも適用可能である（図6.10）。

c）　段差解消機

1m以内程度の高さの差を，その場で上下に昇降するには段差解消機を設置できれば望ましい。玄関土間にも，屋外の高低差にも対応できる。台の上に車いすに乗ったままか，あるいは立ったままで乗るジャッキ式のものであるが，住宅用に簡易なものも開発されている（図6.11）。

d）　ホームエレベーター

エレベーター技術では，緩速度の住宅用が開発されている。コストが建設資金に見合う範囲であれば，それに越したことはない。定期的なメンテナンスを必要とする点を忘れてはならない。つまりエレベーターのシャフトと駆動機械を設置することができるようなスペースが必要なのである。階段はバリアになりやすく，家庭内事故の発生場所であったことから期待される設備である。車いすだけではなく，高齢者自身の昇降，荷物の搬送にも有効である。

・サイズ／縦1,200×横1,200 mm
・材質／ステンレス
・積載量／250 kg
・揚程／0〜600・0〜1,200 mm（2タイプ）
・電源／AC 100V

図6.11　段差解消機図（アイリスケアセンターカタログより）

(a) 名古屋市営住宅の例
（トイレ，バスを区分するのは一体化のディメリットについて再考する必要もある）

(b) 大阪府営住宅の例
（トイレ・洗面洗濯のワンルームはホイストによる移乗に有利な場合あり）

図6.12　車いす使用者世帯向け住宅のサニタリー計画の違い
（高層棟の1Fという制約の中）

⑤ サニタリー空間のバリアフリー

洗面や入浴とともに不可欠な排泄行為のための空間のバリアフリーは，最も早くから取組みがはじまったものである。水まわりということと，介助のスペースに有利ということで，すぐに洋式のバスルーム（洗面＋トイレ＋浴槽）が発想された。それは住宅の面積制約に対する対策でもあったが，わが国ではトイレと浴槽や洗面器を同一空間に置くことが，臭気と清潔感からなじまず，トイレは間仕切りで区分する方向にある（図6.12）。

⑥ 浴槽まわりのバリアフリー

最初のネックは，車いすの場合の洗い場から浴槽への移動にあった。浴槽の縁の高さを車いすの座面の40 cm程度にして，浴槽に隣接または浴槽の延長に平坦な移乗台があるか，補助台をおいて，それに一度，身体を乗せて，体を回して足先を浴槽に入れていくことで解決できる。車いすを使用しない場合も，手すりや握り棒があれば安心である。浴槽内では底の滑り止めや浴槽内補助腰掛が有効である。浴槽に入りにくい人やシャワーで済ませる場合のために，シャワーいすや腰掛式で高さを調節できる座シャワーというものも生まれている。

水切りのため脱衣床から浴場部分の床には常識的な段差（約10 cm）があった。これは段差をなくした水切り格子板（グレーチング）で，今できる最善の方法である。

6-4 介護による住宅改修のバリアフリー

福祉政策も，施設から在宅介護へ力点が移りつつあり，その推進のために「介護保険」が制度化された。住宅内バリアフリーのうちのミニマム部分については公的な補助金もあり，自己負担を軽減した既存住宅の改修が進められている。

a．手すりの取付け
b．床段差の解消
c．滑りの防止および移動の円滑化のための床材の変更
d．引戸などへの扉の取替え
e．洋式便器への便器の取替え
f．a．～e．に付帯して必要となる住宅の改修工事

6-5 ショップモビリティとタウンモビリティ

わが国のニュータウンはイギリスをモデルとして建設されたが，そのイギリスでは，ショッピングセンターや街中での移動に高齢者などを対象に，ハンドル型電動車いすなどを無料で貸し出す事業を行っている。歩行障害のある人びとが所定の街区のステーションまでくると，そこからハンドル型電動車いすなどを利用できるというもので，外出をうながし，地域商店街などを活性化させることを目指したアイディアであり，わが国においてもいくつかの都市で試みられている（図6.13）。

図6.13 ハンドル型電動車いす（ほかに従来型のスティック型もあるが，いずれも，道路では歩道を移動するきまり）

6-6 集合住宅における福祉的な居住形式

住宅におけるバリアフリーやユニバーサルデザインは，物的な面が強く意識されやすいが，時代に合った住まい方を受け入れる福祉的な集住形式がある。それは既存の戸建住宅の使い方

や新しい集合住宅の住戸形式，さらにはその集合など，いろいろある。これらは「共生住宅」とよばれることもある。

① シルバーハウジング

高齢者が主体に住む集合住宅として，バリアフリーや緊急のさいの対応に配慮したシルバーハウジングがある。人口の高齢化に対する政策を反映して，集合住宅の住棟に特定の性格づけをすることでつくられたものである。

② グループホーム

高齢期で認知症のある人びとや障害のある人びとが，地域で生活できることを考えて，5〜6人から10人未満を対象に，それぞれの個人空間に支援スタッフの部屋を加えて小規模な集合住宅にしたグループホームというものがある。福祉施策の施設主義への反省からつくられたもので，北欧にモデルがあり，公的住宅から民間の住宅産業が手がけるものまで建設されるようになっている。

③ コレクティブハウス

福祉的な視点をさらに拡張して，高齢者，単身世帯など，支援や助け合いを必要とする同様な立場の人びとがグループで住めるようにして，子育て世代と他の年代層，高齢者と若年者など異なる属性の人びとが共同で居住できるようにした「コレクティブハウス」が北欧に実現されている。これに学んで，わが国では阪神淡路大震災の後に，高齢の被災者のための災害復旧住宅として公営住宅にその先例ができた。支援スタッフの詰め所を持った低層の木造住宅にはじまったが，市街地では低層のグループホームの適地が得られにくいので，高層住宅の住棟に1〜2層ごとの重ね建てとしたものもできている。

このモデルの北欧の例では，必要に応じて食事を当番制にするため，住戸それぞれのキッチン以外に，共同の台所を設けたり，図書室，洗濯設備室，デイルーム（共同の居間），託児室などを設けたものもある。わが国の少子・高齢化という時代に合った集合住宅のあり方として参考になるものである。

④ グループリビングとハウスシェアリング

血縁とは違って，気のあった他人同士や立場の共通性から，老後などのために共同居住をする考え方があり，グループリビングという。そのために住宅を新しくつくることもあり，個室と台所やサニタリー空間などを共用するかたちで既存の住宅を使うこともある。後者の例がシェアードハウス，あるいはハウスシェアリングといわれている。

第7章
住宅の設計プロセス

7-1 誰が設計するか
―― 設計のタイプ ――

(1) 住み手が自分で設計する場合

　工務店などに依頼する場合には，住み手が自分で設計し，施工者はそれを技術的に検討して必要な修正を加えたうえで着工する。多くの人は畳の大きさを基準にして部屋の面積を決め，90 cm のグリッドに壁や開口部の線を乗せて平面図を書く。それをもとに工務店や設計事務所の技術者が確認申請用の図面を作成する。住み手は自分の思うようにつくったという満足感があるが，何といっても素人だから，住宅展示場や雑誌などで見たことのあるモチーフの寄せ集めになることが多い。

　素人でも住宅について見識を持ち，建築に対する価値観や美意識が確かであれば，その人らしい個性あふれる住宅ができる。イサム・ノグチ，志賀直哉，有島武郎などのような芸術家や作家の家には，その人柄にマッチして，しかも趣きのある住宅が多い（図7.1）。

(2) 設計者が特定の居住者のために設計する場合

　設計者には癖のある人が少なくない。依頼者からの条件を満たす建築のプランや形態のバリ

図7.1　有島武郎旧邸（（財）札幌芸術の森事務局）

エーションは非常に多いが，個々の設計ではすべてを同列に扱うわけではなく，自分の好みに従ってアプローチする。これはクライアントにしても同様で，どんな住宅でも受け入れ可能というわけではない。どのような設計者を選ぶかが，良い住宅をつくるための最初の鍵となる。

それには設計者に次のようなタイプがあることを知っておかねばならない。

① 生活重視型

いうなれば家政重視型で，生活上の利便を考えて設計をまとめるタイプである。設計者が自分から進んで利便性を追求するわけではない。その家の主婦の変更の多い，こまごました要求を丁寧に聞いてアドバイスし，手際よくまとめるのが上手である。

② 技術者型

設計においては，あらゆる点に技術の蓄積とスマートなまとめ方が必要とされるが，このタイプは技術的問題をそつなく解決していくことができる。

③ 図面請負型

クライアントが書いてきた間取りをそのまま図面化するようなタイプで，あまり好ましいものではない。このような傾向は，施主が口うるさくて「面倒だからいうとおりにしておこう」という場合や，作業の進捗に重点を置いて，最小の労力と時間ですまそうとするときにも現れやすい。

④ 規格設計型

「注文住宅」と銘うった住宅産業の「商品化住宅」の設計に多いタイプである。設計を最初からはじめるのではなく，プランにはクライアントの意向を反映させるものの，ほとんどが標準設計として規格化されたものをアレンジするだけである。このタイプの場合，標準図面をコンピュータに入力しておけば，比較的楽に図面を作成することができる。

⑤ 芸術家型

みずからの建築的意欲・思想を満たすべく努力する人で，あくまでも依頼者がその建築家の作品に傾倒しているとか，奇抜なものを求めているとか，建築家と特別の関係があるというような前提がなければ，不幸な結果を招くことになりやすい。というのは，このタイプの建築家は，建築写真を主とする雑誌などのジャーナリズムを利用してPRし，それによって次つぎに仕事を獲得していく。そのためには，つねに新しいアイディアや手法を提案していくことが必要であり，住みよい家をつくることは必ずしも第一目標ではないからだ。しかし，一般の建築に対して刺激と影響を与えるという点では意義がある。

（3） 居住者の決まっていない住宅を設計する場合

分譲住宅や建売住宅，賃貸住宅などでは，設計の段階では住み手が決まっていないことが多い。

集合住宅では設計から竣工までの期間が1年以上，長ければ2〜3年もかかるので，その間に状況が変化する可能性がある。そのため入居者を先に決め，それに合わせて設計するのはリスクが大きい。

一方，建売住宅では実物がないと売りにくいという事情があるし，賃貸住宅では入居者が変わることが前提になっている。住宅メーカーによる「商品化住宅」の標準設計も，住み手が決まっていないタイプのひとつである。購入者が決まってから要求に合わせて建てる方式の注文住宅や，住み手を先に決めてから設計する集合住宅のコーポラティブ・ハウス，内装を居住者の希望に合わせる賃貸集合住宅などもある。

居住者の決まっていない住宅は，1戸だけが設計されることはほとんどない。少なくとも

10戸以上，場合によっては数百戸が建てられることもある。そうしたケースでは，ミスがなくて多様な条件に対応できるだけでなく，場合によっては提案的な内容も求められる。したがって設計を依頼するなら，実力も実績もある建築家にするのが望ましい。

住戸については，そこに居住すると想定される層に合わせて設計されるが，居住者の層の設定は，発注者であるデベロッパーや公共団体などの仕事である。発注者が民間の場合は，営業的視点から市場調査にもとづく立地条件を考えて居住者層を設定する。居住者層は設計条件として与えられるが，それに肉付けして具体性をもつ家族像としてとらえ，その要求を建築化していくことが，計画と設計の仕事である。

この場合，さらに重要な視点のひとつは，集合体としての住居である。街や集落は住宅が集まったものであるから，集合住宅や団地を設計することは街や集落を設計することでもある。

商品化住宅は日本のいたるところに建てられて街や集落をつくる要素となるのであるから，戸建住宅であっても集合体を意識して，景観を美しいものとするように心がけなければならない。

7-2 設計のプロセス

（1） 企画から設計完了までの手順

企画から出発して基本設計がつくられる。基本設計とは簡単にいえば，100分の1程度の平面と立面である。

基本設計が決まったら実施設計にとりかかり，実施設計が終われば着工である。現場管理とは，工事中における設計変更の処理や図面どおりにできているかどうかのチェックし，色や材質の決定から，原寸図の作成などを含むプロセスで，設計を最終的に仕上げるという役割を持つ。つまり設計図ができて，それを施工者に

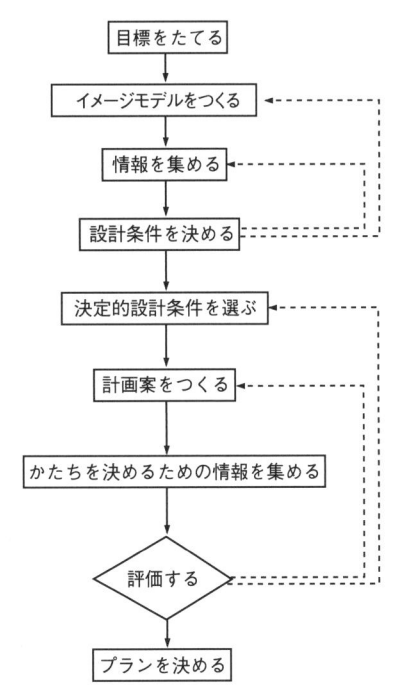

図7.2　基本設計のフロー

渡せば設計業務が終わるというわけではない。図面だけでは意図したものが出来上がるかどうかわからないのである。企画から基本設計に至るまでのプロセスは，図7.2のようなフローチャートになる。

（2） 設計条件のとらえ方

このフローによる設計条件には，質的条件と量的条件がある。

① 量的条件
　―数字で表すことができる条件―
- 予算に関する条件（全体の予算，資金の種類，年次計画，支払条件など）
- 工期に関する条件（設計期間を含む）
- 各部の機能と設備などの性能に関する条件
- 規模や高さなどに関する条件（家族数，敷地の寸法，法規など）

② 質的条件
　―言葉やスケッチなどで表現される条件―
- 外観や内装などの意匠に関する条件
- 生活や行動に関する条件
- 環境から要求される条件

　なお，量的条件によって質的条件が制約されることもある。たとえば，「ゲストルームなど，近親者や友人を泊めたい」という条件は，延床面積や予算の量的な制約から実現できないこともある。

　一般にコストが一定に押さえられた場合，規模と建物の程度（性能や意匠のレベル）は逆相関の関係にあって，一方を上げると他方が下がる。したがって，規模と程度はコストをなかだちとして相互に変換可能である。

　ところで，以上のような設計条件をすべて固定的なものと考えてはいけない。戦術論の大家として有名なクラウゼヴィッツは，「戦争に関連して得られる情報のほとんどは不確定情報である」といっている。住宅に関する情報も，その多くは不確定情報である。

　条件を固定すると計画決定は容易になるが，仮定した条件が変われば，全く違う建物になってしまうこともある。計画とは，いうなれば不確定情報との戦いである。重要なことは，何が変化し何が変化しないか，変化する確率はどの程度かを，とらえることが大切である。このような観点から設計条件を分類すると，次のようになる。

```
              ┌ 固定条件
    設計条件 ─┼ 変動条件
              └ 不確定条件
```

　つまり設計条件は，固定条件，変動条件，不確定条件に大別される。ここで，変動条件というのは，どのように変化するかが予測できる条件のことである。

　一般に固定条件と考えられるものは，立地条件，環境，関連法規，シェルターとしての性能，予算，工期などである。しかし厳密な意味で固定条件となるものは少ない。一見，固定条件のように見えるものでも，一度は疑ってみなければならない。

　たとえば個人住宅などでは，予算は固定されているように見えても実は含みがあり，当初の枠をオーバーしても何とかなる場合もある。検討の結果，固定条件として確認されたものは，計画にさいして極めて有力な手がかりとなる。

（3）設計条件の中から優先的な条件を選ぶ

　設計条件の中にも，重要度には，さまざまなランクのものがある。また内装材の色彩のように，基本設計の段階では問題とならない条件もある。基本設計では数多い設計条件の中から優先するものを選ばなければならない。一般に次のような条件が優先される。

① 部分的な条件より全体的な条件
② 予算や法規制などの厳しい固定条件
③ 地形，高低差などの敷地条件
④ 周辺環境（隣接の建物，騒音，下水道の有無，眺望など）
⑤ 家族像

　ここに家族像とは，家族構成員のパーソナリティや生活スタイル，価値観などを反映した全体像である。設計者は打合せや現在の住み方の観察を通して家族像を把握し，それを具体的な建物のかたちに結びつけなければならない。たとえば住み手が子供を中心にした活発な家族の場合と，個人生活を重視した家族の場合とでは，図7.3に見るように住宅のかたちは全く違うものになるからだ。

　予算や法規制のような厳しい固定条件は設計の自由度を損なうが，強い意志力で制約を克服すれば，個性的な建物となることも多い。戦後すぐの最小限住宅が，予算や床面積など，現在では考えられないほどの厳しい条件でありながら，今でも見る人に訴えるものがあるのは，極小住宅に真正面から取り組んだ設計者の力が，現在では住み得ないほどの小さな住宅にも，しっかりと表現されているからであろう。

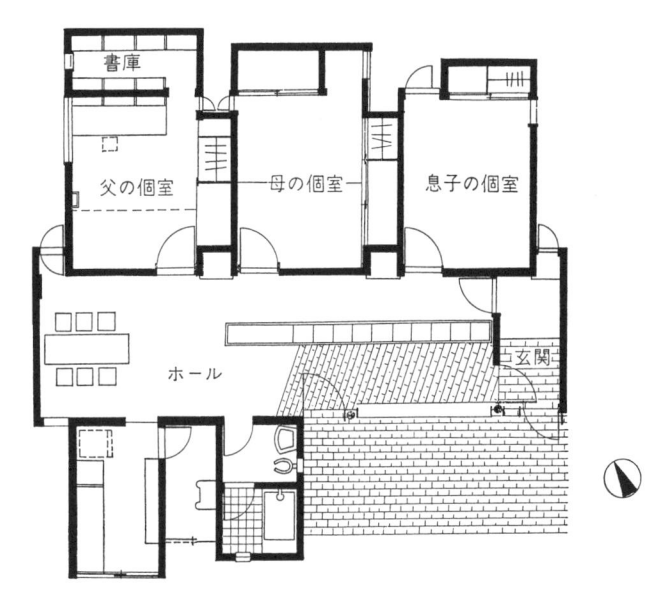

図 7.3(a)　家族の型がプランの性格を決める(1)（個人の独立性を重視した例）
（設計：黒沢隆）

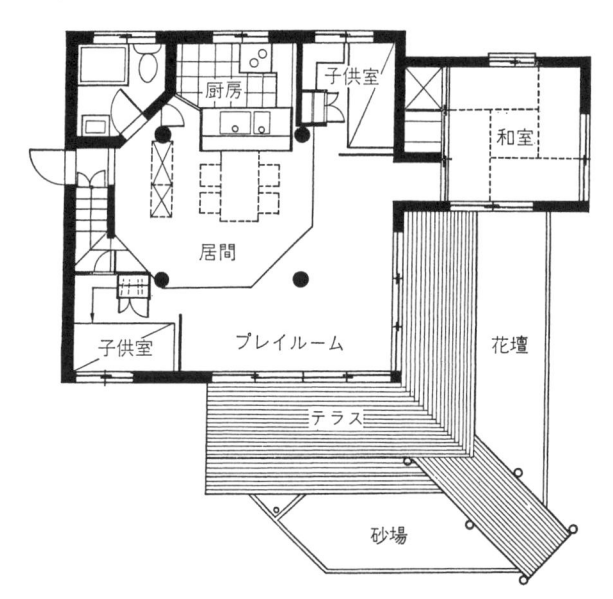

図 7.3(b)　家族の型がプランの性格を決める(2)（賑やかな団欒を重視した例）
（設計：吉田清昭）

　優先すべき条件を選び出す行為には，設計者の主観が投影される．つまり設計者が日頃，考えているテーマや問題意識によって多くの条件の中から特定の条件が優先される．

（4）計画案をつくる
―― 創造と探索のプロセス ――

　この段階で注意すべきことは，設計条件が完全にフィックスしていない状態でも，アイディアがありうるということである．ただしこの場合，情報や設計条件の設定が，当初のアイディ

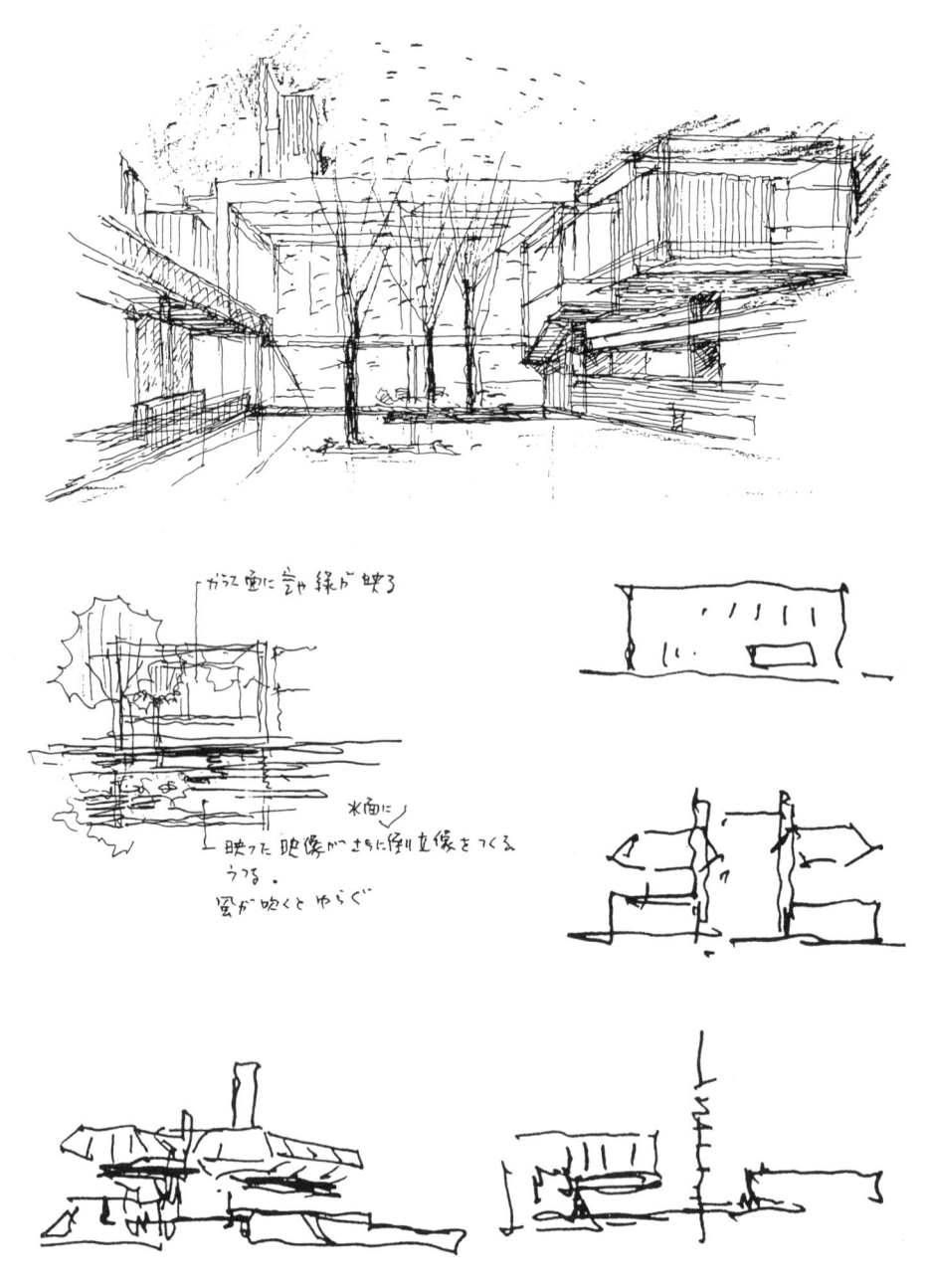

図7.4 イメージプラン例（滝光夫）
（Process Architecture 106-1992年「緑と建築のダイアローグ」より）

アを主張するためのコジツケにならないようにしなければならない。

計画案としてのモデルは通常，平面，断面，立面などのスケッチや模型で表現される。計画案はひとつとはかぎらない。多ければ多いほどよいというわけではないが，ひとつのアイディアに固執してはいけない。試行錯誤が必要である。

自然環境と建築のとらえ方を例にとれば，融和あるいは調和を考える発想と対立や克服を考える発想とでは，同じ自然に対してもイメージは違ってくる。

図7.4は滝光夫氏によるイメージスケッチの例である。コンセプトにかたちを与えてイメージを描き、それを発展させふくらませて空間を構成していくプロセスがわかるであろう。イメージを頭の中だけで考えるのはよくない。なるべく鉛筆を手にして、イメージをかたちや線にすることが大切である。この段階の平面計画をバルーンプランニングというのは、ふうせんのように形態のはっきりしない線で、平面を描くことを指している。

部屋数が多く規模の大きな建物では、関連するスペースをグルーピングし、あるいはゾーニングしてイメージプランをつくることもできる。

(5) 類似の実例を調べる

イメージした空間を実現させ、ねらい通りの効果をあげるのは簡単ではない。明るい吹抜けにしたつもりが、寒々とした空間になったり、すっきりしたデザインをしたつもりが、間の抜けたものになってしまったというような、意図と結果の食違いは少なくない。必要に応じて建築の写真や図面を調べ、実際の建物を見て、イメージした空間がどのような手法によって達成されているかを学ばなければならない。

作家が小説を書くときには、自分や他人の人生経験に、現地調査や資料を重ねて、豊富なボキャブラリーをもつことを心がけるであろう。それと同じように良い建築を設計するためには、良い空間を体験して豊富な空間言語を知っておくことが大切である。

(6) 評価する
―― 決定のよりどころを求める ――

評価するためには、何んらかの「ものさし」つまり尺度が必要である。

「評価のものさし」としては、次のようなものが考えられる。

- 目標の達成度……当初の目標に、どちらが達成度が高いか
- 条件への適合度……どちらが設計条件をより満足しているか
- 評価情報による基準……各種の基準や法規などへの適合度

また「評価の方法」には、次のような種類がある。

- 比較法……一定の基準を設けて、それと比較する
- 一対比較法……対象の、二つずつのあらゆる組合せについて比較を行い、その結果の合計点または変換値をもって、モデルのスコアとする
- 段階法……より全体的なものから、細部へと段階的に評価する
- 点数法……評価すべきいくつかの項目について、それぞれ点数をつけ、合計点数で比較する
- 直感的判断……実際にはこれが最も多いが、客観化することが難しい

(7) 計画を決定する
―― 選択と修正のプロセス ――

評価から決定へのみちすじは、計画案を選択するか、フィードバックする（差し戻す）か、

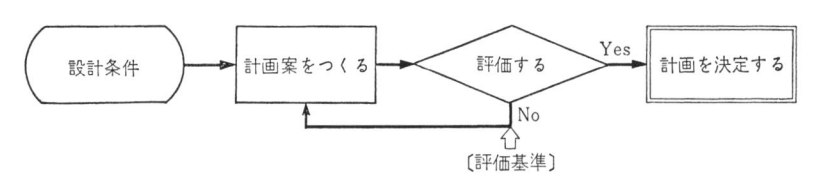

図7.5 計画決定のプロセス

採用したうえで問題点を修正するか，の何れかである（図7.5）。

「選択」のプリンシプルには次のような種類がある。

- 平均点主義……平均点のよいものを採用する。いわゆる優等生の作品であって，あまり面白味はない
- 無欠点主義……とくに欠点のないものを採用する。最も平凡な案になりやすい
- 一点豪華主義……多少の欠点があっても独創性のあるもの，格段に魅力的なものを採用する。ただし無理や不都合を生ずることも多い

実際は上記，三つの考え方を総合的に適用して判断するが，選択だけが決定の方法ではない。欠点があれば，問題点を修正したうえで採用する場合もあるし，魅力的な案がないために，条件設定から資料集めにまでフィードバックしなければならないこともある。

7-3　プランの作成

（1）　図面と模型による表現

アイディアがまとまり空間のイメージができたら，寸法入りのプラン（平面図）を書く。独立住宅ならば，アイディアをまとめる段階で，1/100程度の平面，立面，断面ができていなければならない。そうでなければ評価はできないのである。

①　平面図について

建築空間は本来，三次元的な存在だが，設計は平面図で考えることが多い。これは建築が，平屋，2階建……というように，フロアを積み重ねて構成されることが多いからである。しかし平面図を書いていても頭の中では，その上に立体的な空間がイメージされていなければならない。「平面ができたから次は立面だ」ということではだめである。そのためには，平面図を書きながら室内や外観のスケッチを書くことを勧めたい。

スケッチは三次元空間を表現するので，平面図と平行して書くことによって，平面だけの設計におちいる欠点を補うことができる。立体的な空間を頭に入れて平面図を書けば，平面と同時に立面と断面も出来上がることが自然にわかってくるであろう。

②　エスキースについて

エスキース（la esquisse）とは，素描，草稿などのことだが，建築の場合には，試行錯誤しながらアイディアをさまざまな視点から重ねて検討することをいう。エスキースを重ねることによって，イメージやアイディアが整合性のあるものになってくる。

あるていど満足できる平面と立面ができたら，エスキースモデルという簡単な模型をつくることを勧めたい。これはスタディモデルともよばれるが，きちんとつくる必要はない。スチレンボードにコピーした平面や立面を貼りつけ，カッターで切って虫ピンなどで組み立てればよいし，もっと簡単にはケント紙に鉛筆書きしたものを鋏で切って糊やクリップで止めてもよい。気に入らないところや直したい部分を切ったり貼ったりしながら手に持って動かし，視点を変えて種々な方向から見ると，気がつかなかったところや空間のイメージがはっきりしてくる。

③　立面図と断面図

立面図と断面図は，どちらを先に書くべきかというと，一般には断面図である。というのは空間構成は断面図のほうが表現しやすいからだ。

立面図は建物の外観を表現するものである。古今の名建築は，その立面図も美しい。立面について注意すべきことは以下のとおりである。
1)　見た瞬間，何となく頼りなかったり変な感

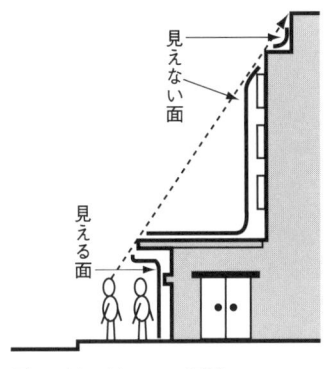

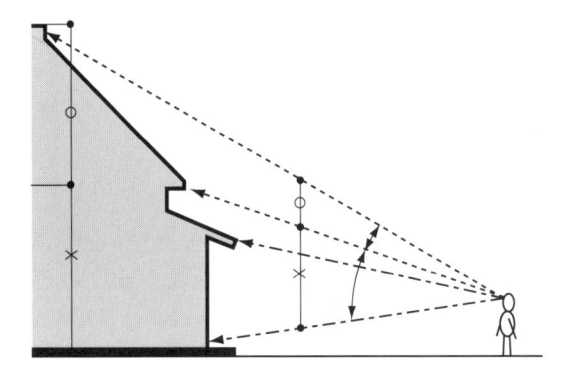

図7.6(a)　見かけの領域　　　図7.6(b)　見かけの高さ（軒下に小屋根があるときなど錯覚しやすい）

じがするものは，構造やデザインに問題がある。たとえば地震のない国のピロティなどを見ると，柱が細くて不安な感じがする。これは，われわれの目が日本の建物に慣れているためである。

2）　立面図では遠近感の表現はできない。模型で検討すればほとんど問題はないが，図面だけの場合には何らかの方法で立体感をチェックしなければならない。それには陰影をつけて見るのが有効である。また立面は一つの面のみを示すが，実際は二つの面が同時に見えることを忘れてはならない。

3）　立面は実際に見えるかたちとは違っている。たとえば，2階がセットバックしていると，図7.6(a)のように，実際に見えるのは1階の部分だけで，2階は全く見えないこともある。また図7.6(b)では棟から軒までと，軒から地面までの寸法はほぼ同じだが，小屋根があったりすると実際には軒下のほうが大きく見える。立面図と実際に見えるかたちは違うのである。

4）　仕上げ材やサッシなどのように立面を構成する素材のテクスチャーや色彩によって，空間に働きかける強さが違ってくる。たとえば同じ面積の壁でも，ボード張りの場合と煉瓦タイルにした場合では全く違うデザインになる。

（2）　平面計画の手法

プランをつくるのに役立つと思われる手法としては，次のようなものがある。ただし，現実の設計は，以下の手法すべてを使って行うのであり，作品によって違いがあるとすれば，どの手法に重点を置いたかということである。

① 連結の手法

要求される部屋あるいはスペースに面積を与え，次にそれぞれのスペースを，関連の度合によって結びつけたり離したりして全体をまとめてゆくという方法で，最も一般的な平面のまとめ方である。

関連を見つけるには，次のような方法が考えられる。

a）　動線のトータルを最短にする
b）　効率をよくする。設備コアを設けて配管の長さを短くし，移動スペースをコンパクトにまとめる
c）　使われ方の類似したスペースをまとめてグルーピングする
d）　和室の続き間などのように同時使用が可能なものを隣接させる

連結型の欠点は，関連性の尺度をすべて満足させることはできないので，重要度のランクをつけ，取捨選択が必要なこと，およびプランの形に凹凸が多くなることである。実際の設計では，連結させながらスペースのかたちを変化さ

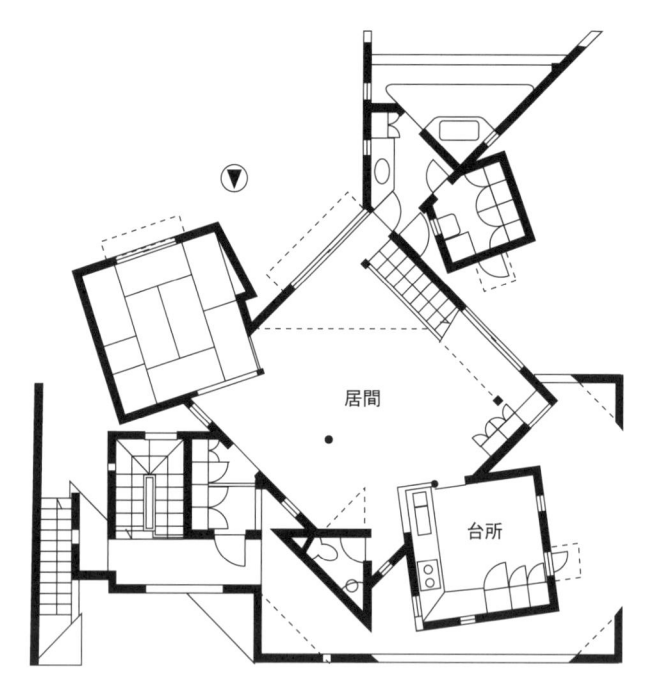

図7.7 連結型プランの例（設計：佐々木繁）
（第一回銅屋根設計コンペ優秀第二位「水晶結晶の家」より）

せたりして、かたちとしておもしろいものになるように努力しなければならない。ユニットタイプの部屋を連結させる住宅は、連結型の典型といえよう（図7.7）。

② 分割の手法

外枠つまり全体のフレームを決めておき、内部を分割して必要な空間を仕切ってゆくプランニングの方法である。

戸建住宅では必ずしも一般的ではないこの手法も、集合住宅における住戸の平面計画ではよく使われる。集合住宅では、全体計画からスパンやパイプシャフトの位置が決まり、階段や廊下を共用するので、玄関の位置もほぼ固定される。その結果、各住戸平面の外枠は決まってしまい、内部空間のプランニングは、そのフレームの中を分割する手法で考えざるをえない。

③ 切り取りの手法

まずはじめに、外枠としての全体のフレームを設定し、その中で必要なスペースを順次、切り取っていく手法である。残りのスペースは、ゆとりの空間として、中庭、ホール、廊下などに適宜デザインする。いわゆるコートハウスは、この手法によるものといえる。図7.8の住宅は、大きな空間の中に部屋を「入れ子」にしたもので、立体的な切り取り型といえよう。

この手法では、切り取られた部屋が主役であるように見えるが、実は、切り取られた残りの空間が魅力的なのかどうかが設計のポイントである。敷地における建物と外部空間の関係は「図と地」の関係にあり、建物を「図」とすれば、外部空間は「地」である。一般に外庭型の独立住宅では、どうしても建物にのみ目が奪われてしまうが、むしろ残った外部空間のほうが重要である。とくに敷地の狭い都市住宅では、「図と地」という視点から切り取りの手法で敷地全体を設計することを心がけなければならない。

④ ゾーン・プランニングの手法

これは、住宅を構成する部屋や空間をある思

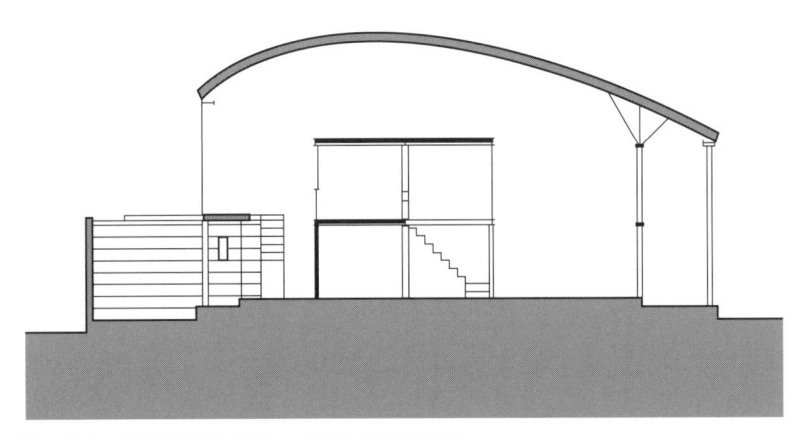

図 7.8(a) 南北断面図 (設計：吉野眞二建築研究所)

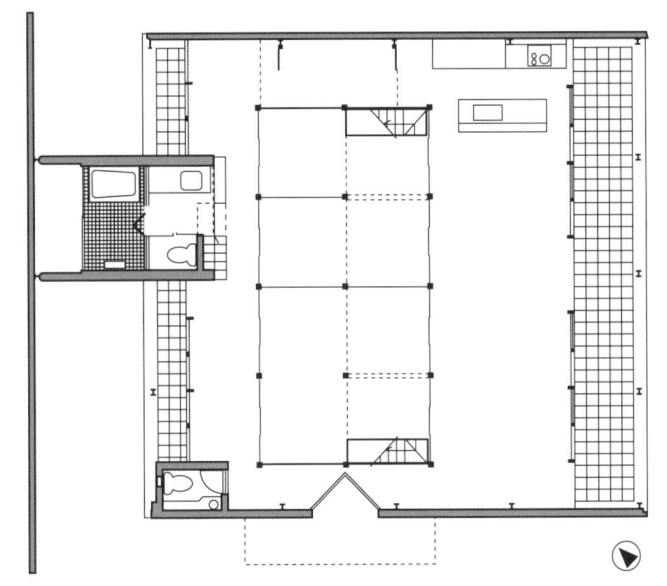

図 7.8(b) 1 階平面図 (設計：吉野眞二建築研究所)

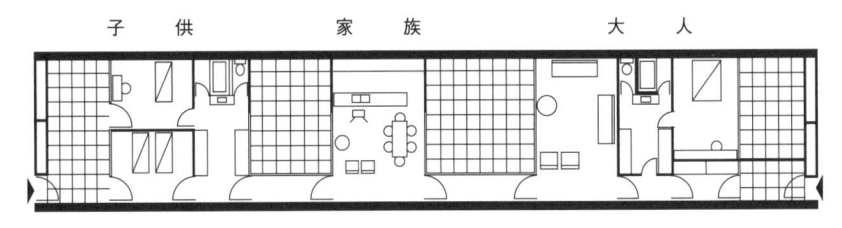

図 7.9 ゾーニングの例 (設計：C. アレグザンダー)

考概念つまりコンセプトによってグルーピングしてゾーンとし，それにもとづいてプランニングを行う手法である。

たとえば，主寝室と子供室，書斎，浴室，便所などの「私的ゾーン」と，居間，食堂，台所，客室などの「公的ゾーン」に分け，二つのゾーンを重ねたり並べたりしながら，全体のかたちをまとめるのである。ゾーン分けは「公—

私」だけでなく，「親―子」あるいは「オク―オモテ」，「静―動」などいろいろあって，その住宅に対する設計者の考え方にもよるが，ケースごとに違ってもよいし，ゾーンの数も二つとは限らない（図7.9）。

この手法の利点はコンセプトが明快で，建物の全体構成が早い時期にイメージされることである。たとえば「公―私」のゾーンプランニングならば，「公」のゾーンはコミュニケーションの場であるから玄関に近いほうに置き，「私」のゾーンは反対に奥のほうとか，2階建なら玄関のないフロアに配置するのが常識的である。

病院のように部屋数が多い建物では，個々の部屋ごとに条件を検討していては，なかなか全体の形がまとまらないので，まず「ゾーン」の単位で全体のかたちを検討し，あるていどねらいが定まってから各室の条件を検討することが多い。はじめから細部にこだわりすぎると建物全体のデザインが進まなくなってしまう。

このように構成室の多い大規模の建物では，ゾーン・プランニングは有効である。だが独立住宅の設計では，あまり勧められない。住宅では，それぞれの室空間の質が問題であり，たとえ小さなスペースであっても，それが適切でかつ魅力的であるかどうかが重要である。部屋単位で検討しても，十分にエスキースできる規模なのだから，必ずしもゾーニングして段階的に考える必要はない。

想定したゾーン分けが建物に，あまり明確に表現されていると，想定と違った住み方に対して自由度が少なくなる。たとえば，子供のゾーンとして子供室をまとめても，子供が成長すると，全く違う使い方をしなければならない。ゾーニングは，固定的に考えないほうがフレキシブルである。

⑤　グリッド・プランニングの手法

グリッド・プランニングとは一定のモジュールを基準寸法とする平面格子を下敷きとし，それに乗せてプランニングする方法のことである。

日本人は住宅の設計をするとき，ひとりでにグリッド・プランニングになってしまうことが多い。それは，われわれが長いあいだ，畳をモジュールとするグリッド空間に住んできたためである。グリッドの単位を3尺にすれば，連結型でも分割型でも安心して設計を進めることができる。6畳の広さ，8畳の広さといえば，それだけで，どのくらいのスペースかを容易に頭にうかべることができるので大きな失敗はない。

しかしこの手法を続けていると，グリッドの枠にはまった設計になって，創造性が失われるという危険性がある。木造，鉄骨造，鉄筋コンクリートのラーメン造，いずれの場合でも，グリッドに従って部屋を割りつけ，サッシを配置すれば，平面だけでなく，立面まで何とかまとまってしまう。この安易さは，こたえられないので，適切な寸法やかたちを真剣に考えることをやめてしまうのである。

とはいえ，グリッド・プランニングは経済的にも有利である。わが国では長いあいだ，畳をモジュールとする住宅生産が続いたので，木材をはじめとする建築材料の寸法も，すべてそれに合わせて供給されている。したがって，中途半端な設計寸法にすると，工事費もかかり経済的に不利になってしまう。

もっとも最近の地価高騰により，住宅の取得費に占める建築費の比率が相対的に低くなり，また狭い土地を有効に利用するために，平面も敷地に合わせることが最優先され，畳モジュールを採用しないことによる不経済をあまり問題としない傾向もある。

だがプレハブ住宅（工場生産住宅）では，グリッド・プランニングのメリットは大きい。大量生産されたユニットや部材を組み合わせて居住者の多様な要求に対応するためには，ユニットや部材が，MC（モデュラー・コーディネーション）に乗っている必要があり，グリッド・プランニングになるのは必然的である。

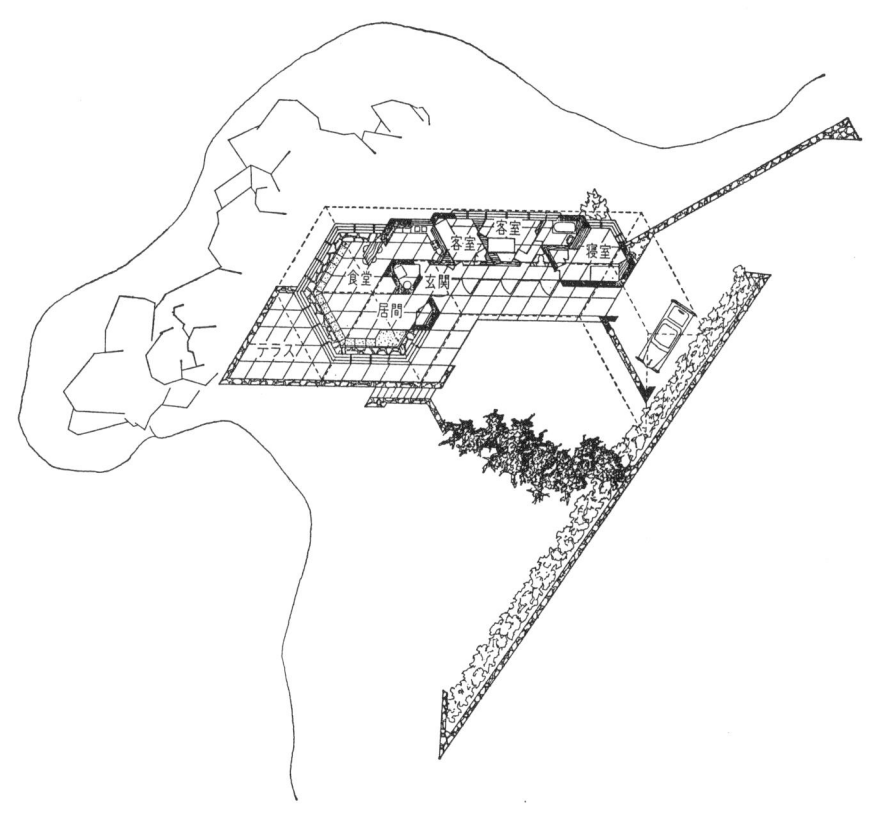

図7.10 グリッド・プランニングの例（設計：F. L. ライト，ウォーカ邸）

なおグリッド・プランニングには，三角形や六角形のものもある．図7.10は，三角グリッドを用いたプランニングの例である．

⑥ 彫塑的なプランニングの手法

グリッド・プランニングとは正反対の手法による作品として，たとえば，ガウディの作品に見られるような不整形な建築の一群がある．こうした作品の場合，当然のことながら平面だけでエスキースすることは難しい．彫刻家が塑像をつくるときのように，粘土などで模型をつくりながらデザインしたものであろう．魅力の中心は造形的な表現力であり，その意味でも彫塑的という言葉に該当する手法である．

7-4 プランタイプ

プランタイプとは，空間構成の手法や形態的な特徴からプランを類型化したもので，プランを理解する手助けとなり，また設計のための有力なボキャブラリーとなる（図7.11参照）．

（1） 空間の連結方法によるプランタイプ

原則として内部に間仕切壁を設けないのが「ワンルーム型」である．住宅全体を一つの空間として使用するため，広びろとした感じが得られるが，個室はないのでプライバシーを確保することは難しい．

わが国の伝統的な農家のプランには，広間を中心とする「広間型」と，部屋が田の字に区切られる「四つ間取り型（田の字型）」の二つの系列がほとんどであった．しかし最近の農村住宅は土間のない2階建が多くなっている．プランタイプとしては，続き間の座敷を南側にとり，北東にDKを配置する「続き間型」のスタイルが一般的である．

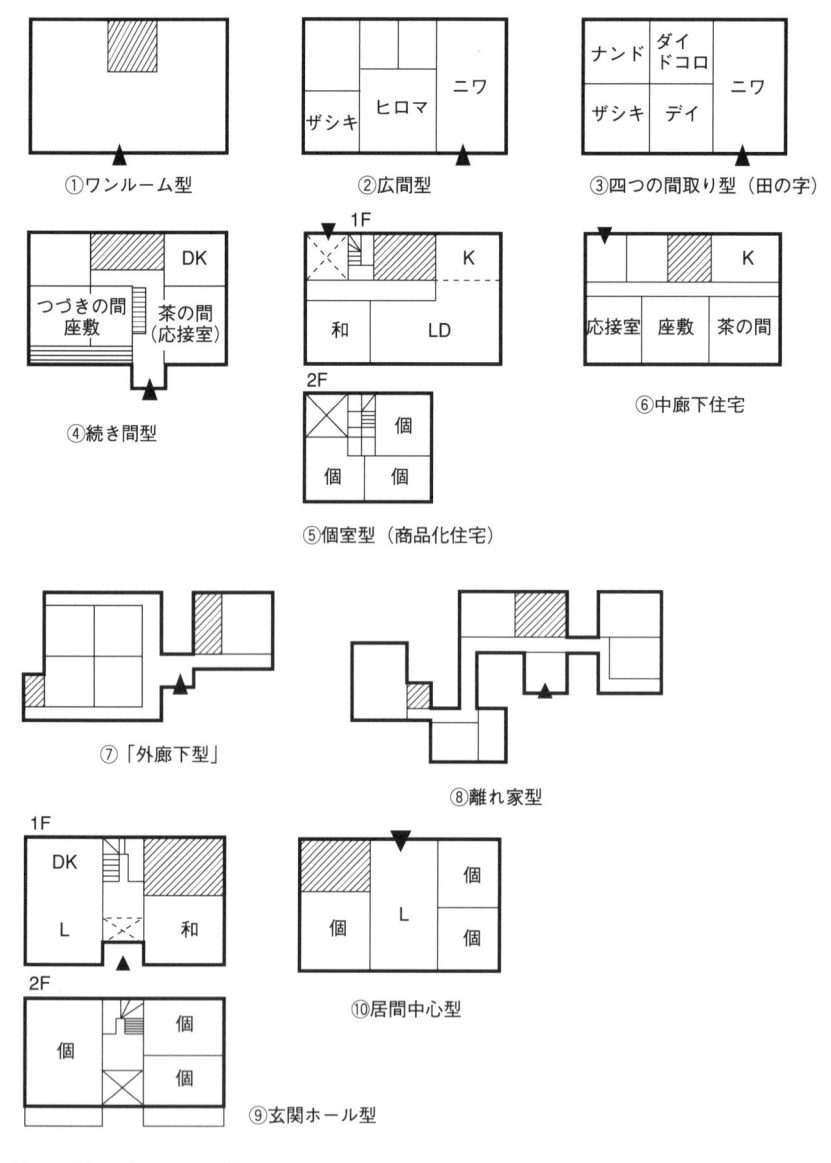

図 7.11(a) プランタイプ(1)

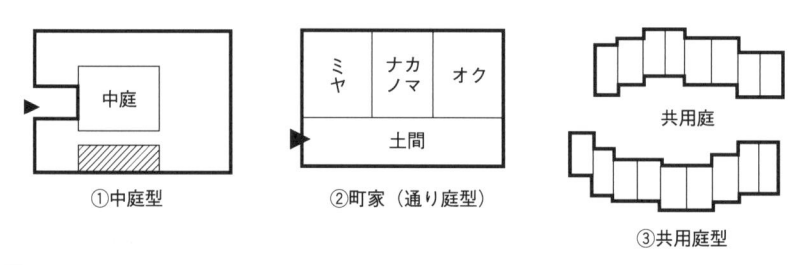

図 7.11(b) プランタイプ(2)

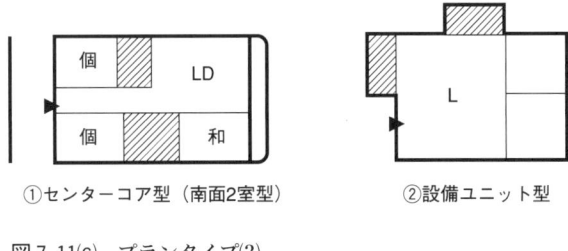

① センターコア型（南面2室型）　　② 設備ユニット型

図7.11(c) プランタイプ(3)

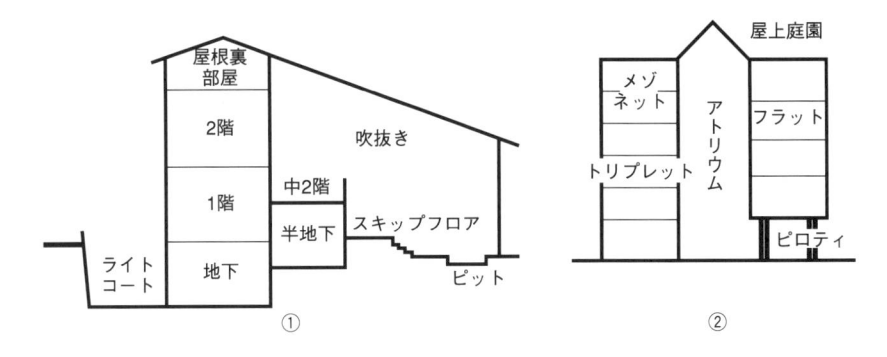

図7.11(d) セクションタイプ

　一方，都市型の戸建住宅には玄関のわきに和室と階段があり，中廊下を介してリビングと水まわりに分かれ，2階に寝室や子供室を設けたような「公私室型」のプランが多い。このプランは「中廊下住宅」の発展形と見なすこともできよう。

　だが，歴史的には「外廊下型」のほうが古い。これは外側に廊下をめぐらしたもので，わが国の気候条件に対応した伝統的なプランタイプとして評価される。というのも外廊下は単に通路として機能するだけでなく，室内と外部の中間に縁側などのようなユニークな緩衝空間をつくるからである。

　そのほか，廊下の片側に部屋が並ぶ「片廊下型」や，寝殿造りのように別棟の離れを廊下でむすんでゆく「離れ家型」もある。

　「ホール中心型」は玄関ホールを中心とするタイプである。このホールは人が集まるためではなく，単なる交通空間だから，中廊下型の変形とみなしてもよい。

　通路をとくに設けないものとしては，居間を中心にして各室が連結する「居間中心型」がある。「居間中心型」は，できるだけ床面積を有効に利用したい集合住宅などに多く見られるプランタイプで，小住宅では部屋数も少ないから，各室を独立させるための廊下はなくてもよいのである。

（2）外部空間の扱い方によるプランタイプ

　わが国では建物の周囲に空きスペースをとる「外庭型」が一般的である。これに対して中庭を取り囲むように部屋を並べた「中庭型」は，中国の「四合院住宅」をはじめとして世界中に見られる都市住宅の形式で，狭い敷地を有効に利用するとともに外敵や騒音の侵入を防ぎ，生活を防衛するためのプランである。

　「通り庭型」は京都や金沢などに見られる日本の伝統的な都市住宅のプランタイプで，短冊状の細長い敷地に隣家と連続して建っている。これは片側を「通り庭」という名の土間にして奥庭への動線と汲取り通路を確保するとともに

に，そこに水まわりを配置したものである。

「共用庭型」は低層集合住宅の庭のとり方のひとつで，各戸に小さな専用庭を設けるのではなく，共用のまとまった庭をとるタイプである。

「ピロティ型」は建物を地面から離して持ち上げ，その下を庭や駐車場として使うというタイプである。吉阪隆正氏は自邸の設計において，地面を個人が占用することをやめ，地域の子供達が家の下で自由に遊べるようにと，ピロティ形式を採用したという。

鉄筋コンクリート造の場合は屋上に専用の庭をつくることもできる。いうならば「屋上庭園型」である。

（3） 設備空間のとり方によるプランタイプ

浴室，便所，台所，機械室などの給排水設備のためのスペースは，まとめて配置したほうが配管も短くなって経済的である。独立住宅の場合には，工事費から見ればこだわるほどの長さでもないが，中高層の集合住宅では設備空間をパイプシャフトまわりに集中しておかないと，横引きの配管が長くなってコストもかかり，水漏れなどの原因になる。したがって集合住宅では，各階を貫くようにパイプシャフトと設備スペースをまとめるのが一般的である。

集合住宅の計画では住戸密度（住戸数/単位面積）を上げるためには，住戸の間口を狭めるのが最も効果的である。

間口の狭い集合住宅では，外気に接する面が少ないので，居室を外部に面するように配置すると，ほとんどが内部にパイプシャフトと設備をまとめた「センターコア型」になる。

建物の躯体と設備では耐用年限が違う。設備機器や配管は10年から20年くらいで交換することが多いが，そのとき壁や床などを壊さないと取替え工事ができないというのでは困る。そのため，配管などの交換が容易にできるように機器をユニット化し，交換しやすい場所に，ま

とめて設けなければならない。これが「設備ユニット型」である。

（4） セクションタイプ

「吹抜き」は2層以上の天井高のある空間である。最近はやりの「アトリウム」は「吹抜き」よりもさらに空間規模が大きくて，屋根をガラスなどでおおったタイプをいう。

「中2階」は1階と2階の中間の位置にあるフロアである。「スキップフロア」は半階ずつ床のレベルをずらせたセクションタイプのことである。

「メゾネット」とは，集合住宅において，一つの住戸が二つの階にまたがるタイプであり，同じく「トリプレット」は住戸が三つの階にまたがるものである。

「尾根裏部屋」は天井高や採光面積などから居室として扱われないこともある。一方，地下については，階高の1/3以上が地盤面より下になっていれば，法的には「地下室」の扱いになるが，この程度の場合，一般には「半地下」とよばれることが多い。

第8章
住宅の設計方法

8-1 基本設計のプロセス

(1) 基本設計から現場監理まで

戸建住宅の場合，基本設計とは，1/100の平面，立面，断面の各図面と配置図，空調システムの選定あたりまでを指すことが多い。ときには外部空間のスケッチとか，主要部の矩計スケッチなどまで含むこともある。伝統的な木造住宅ならば，この段階で確認申請はできるし，構法や材料などの選定を施工者にまかせてしまえば工事も可能である。

集合住宅の場合には，団地の規模によって違いがあるが，基本計画では住棟のレイアウトと住戸の規模や室構成の概略を指示し，事業として成り立つかどうかを見きわめるための概算見積を行う。基本設計では住戸のプランや立面，断面を決定し，住棟レイアウトの修正や外部空間のデザインを決める。

設計監理は，寸法，材料，仕様などの意匠的なデザインをすることだけではない。構造計算や設備設計，確認申請，積算，施工者の選定，契約という手順を経て，着工後は設計で意図したとおりのものができるように指導する。いわゆる現場監理の業務も設計者の仕事に含まれる。しかし基本設計の図面だけで，これだけのことをするのは不可能であり，そのためには実施設計というプロセスが必要になる。

木造住宅の実施設計では，各階の平面図は通常1/50で表示され，基本図面となる平面詳細図としての精度を持つ。そのほか，立面図，断面図，矩計図，基礎伏，梁伏などの各伏図や軸組図などの構造図，主要部の展開図，部分詳細図，仕上表，建具表，電気設備，給排水衛生設備，空調，造園などの各工事図から，場合によっては家具の図面まで含まれる。集合住宅や鉄筋コンクリート造の住宅では，以上のほか構造計算書と構造図が必要である。

なお現場監理には設計の総仕上げという意味があり，現場の条件に合わせて設計を変更することや，施工者の書く施工図をチェックすることも重要なステップである。竣工後も，アフターケア，アフターサービスというかたちで，必要に応じて相談に乗り，適切なアドバイスを行わねばならない。

(2) 図面のまとめ方

図面には，おおよそ表8.1のようなものがある。図面の種類により，また縮尺によって，それぞれ異なった伝達内容があるので，そこをよく判断して書かなければならない。1/50の図面に無理に1/20の内容を記入しても，かえって繁雑で見にくいものになる。

作図の順序は人によってさまざまだが，ほぼデザインを決める順序と一致する。一般的には，まず1/50の平面図と矩計図を書くことが多い。平面詳細図は空間構成の全体像を示すと同時に，細部の空間デザインまで示し，矩計図は，屋根，天井，壁，床などの各エレメントが，どのように結合しているかを総合的に表現する。平面詳細と矩計図の役割は極めて大きい。チームを組んで設計するときは，この二つ

表8.1 設計図書のリスト

一般図	配置図	1/200～1/300	構造図	基礎伏図	1/50～1/100
	平面図	1/50～1/100		床伏図	1/50～1/100
	立面図	1/50～1/100		小屋伏図	1/50～1/100
	断面図	1/50～1/100		梁伏図	1/50～1/100
	屋根伏図	1/100～1/200		軸組図	
詳細図	平面詳細図	1/5～1/10		配筋図	断面表
	展開図	1/30～1/50	設備図	電気設備工事図	
	断面詳細図	1/30～1/50		給排水衛生設備工事図	
	矩計図	1/20		ガス設備工事図	
	天井伏図	1/50～1/100		冷暖房設備工事図	
	部分詳細図	1/1～1/20	その他	仕上表	構造計算書
	建具表	1/50～1/100		面積表	見積書，案内図
	屋外工事図	1/20～1/100		仕様書	透視図，模型写真
	家具設計図	1/1～1/10			

の図面をよりどころにして他の図面を書くことになる。図8.1に鉄筋コンクリート造の住宅，図8.2に木造住宅の各種図面による設計例を示すことにする。

矩計図がきちんと書ければ，ドラフトマンとして一人前である。だが，よい矩計図，よい詳細図を書くことはなかなか難しい。あちこちの雑誌などから部分詳細を寄せ集めて書けば，一応もっともらしい図面はできるが，建物の全体構成について，大きなところから細部まできちんと把握していないと，つじつまの合わない部分や不都合な点が出てくる。

（3） 住宅設計におけるコンピュータの活用

住宅設計でも，一戸建の住宅から集合住宅に至るまで，CAD（Computer aided design）が用いられている。CADの利点として配置計画，室内設計のパターン，内外装の色彩表現など，施主と販売側との営業ツールやデザインツールとしても幅広く活用されている。構造計算書の作成にあたっては，耐震規準などに対処した構造計算プログラムが用いられ，施工図面から工程管理・積算までを一貫して処理することができる。一般に Auto CAD などとしてプログラムソフトが販売され設計ツールが用意されている。

8-2 寸法計画の考え方

（1） 人体寸法と動作寸法

人間の各部分の寸法を人体寸法，それが動いたときの寸法を動作寸法という。流し台の高さは 80 cm か，あるいは 90 cm がよいかという議論があるように，各部分の寸法は人体寸法や動作寸法と深い関係がある。

人体寸法や動作寸法については，日本建築学会編「新編・建築設計資料集成」に詳しいので，間違いをチェックしたり，寸法を確認するなど，必要に応じて参照することが望ましい。しかし基本的な寸法，たとえば流しの奥行きだとか，ベッドの寸法，階段の寸法などが理解され記憶されていなくては設計はできない。したがって基本的な寸法は早めに覚えてしまわなければならない。もっとも，住宅に関する基本的な寸法のほとんどは身のまわりの寸法だから，必要なとき自分で計ってみて標準寸法と比べることも必要である。

住宅は大人も子供も使うものだから，関連する人体寸法の個人差は非常に大きい。しかし，各部の寸法をそれに応じて変えることは難しいので，余裕を持たせて個人差を吸収しなければならない。

たとえば，リビングルームのいすを考えてみ

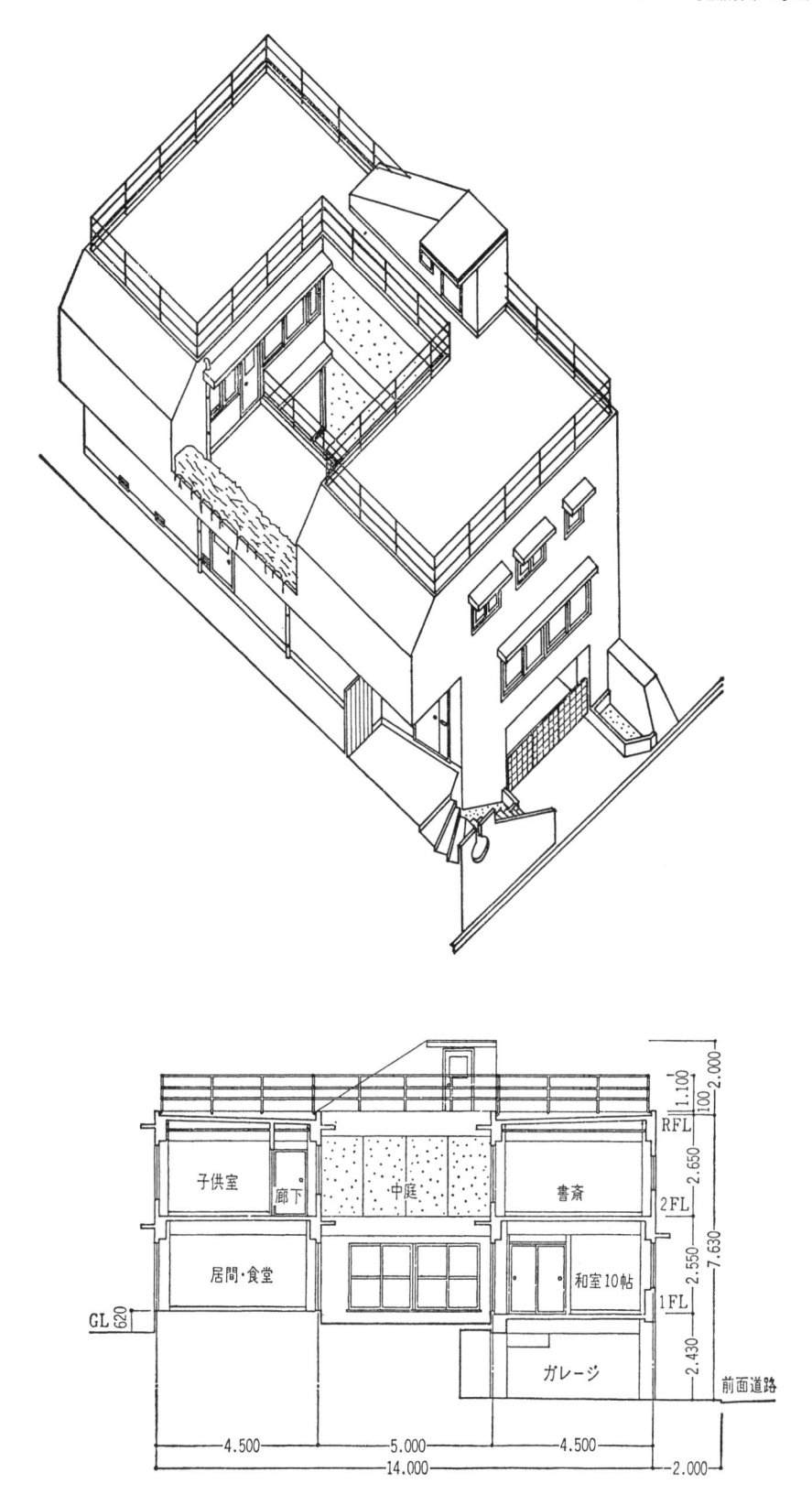

図 8.1(a)　鉄筋コンクリート住宅（上：アクソメ図，下：断面図）
　　　　　（設計：岡田光正）

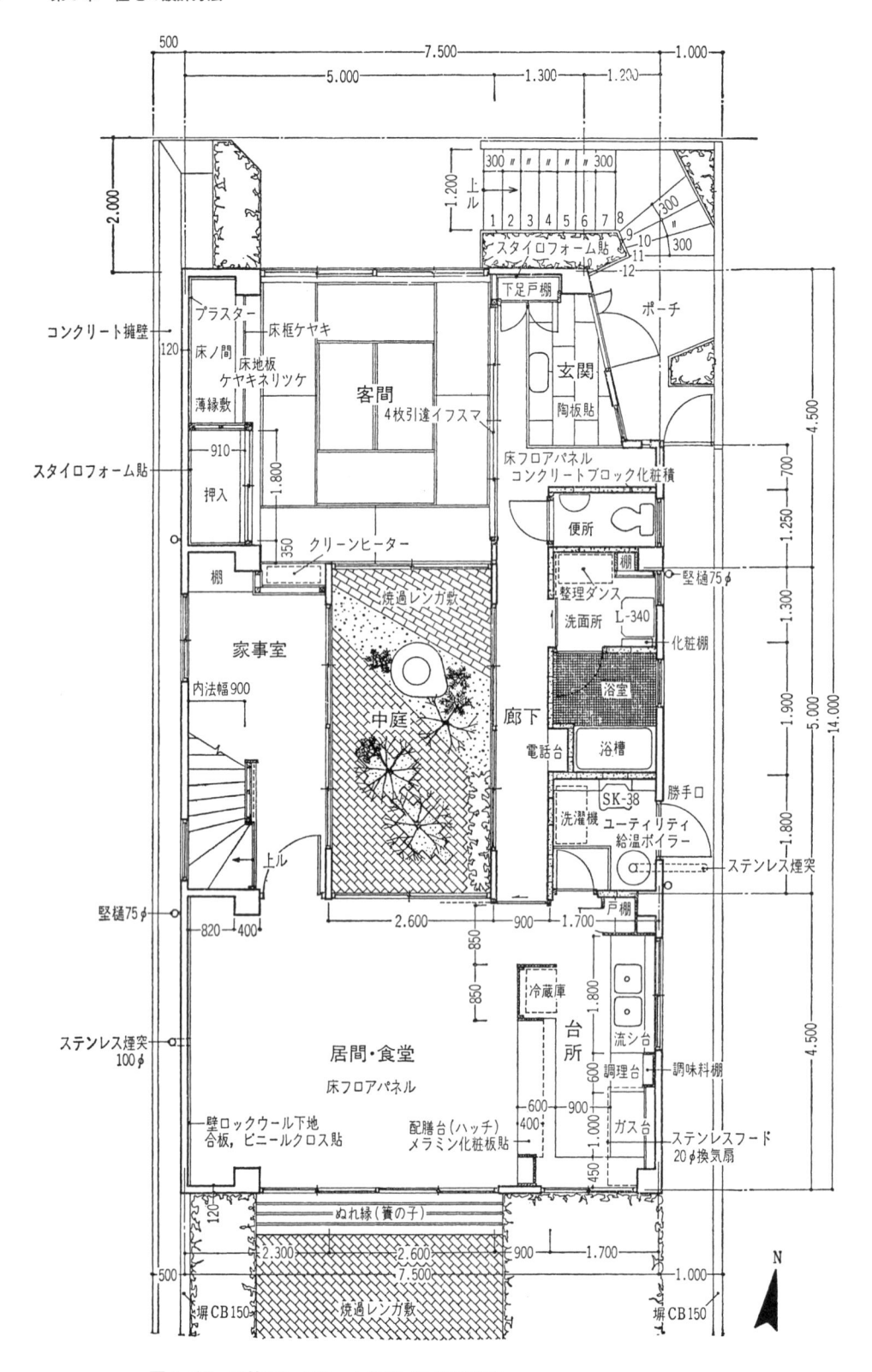

図 8.1(b) 鉄筋コンクリート住宅（1 階平面図）

8-2 寸法計画の考え方　**89**

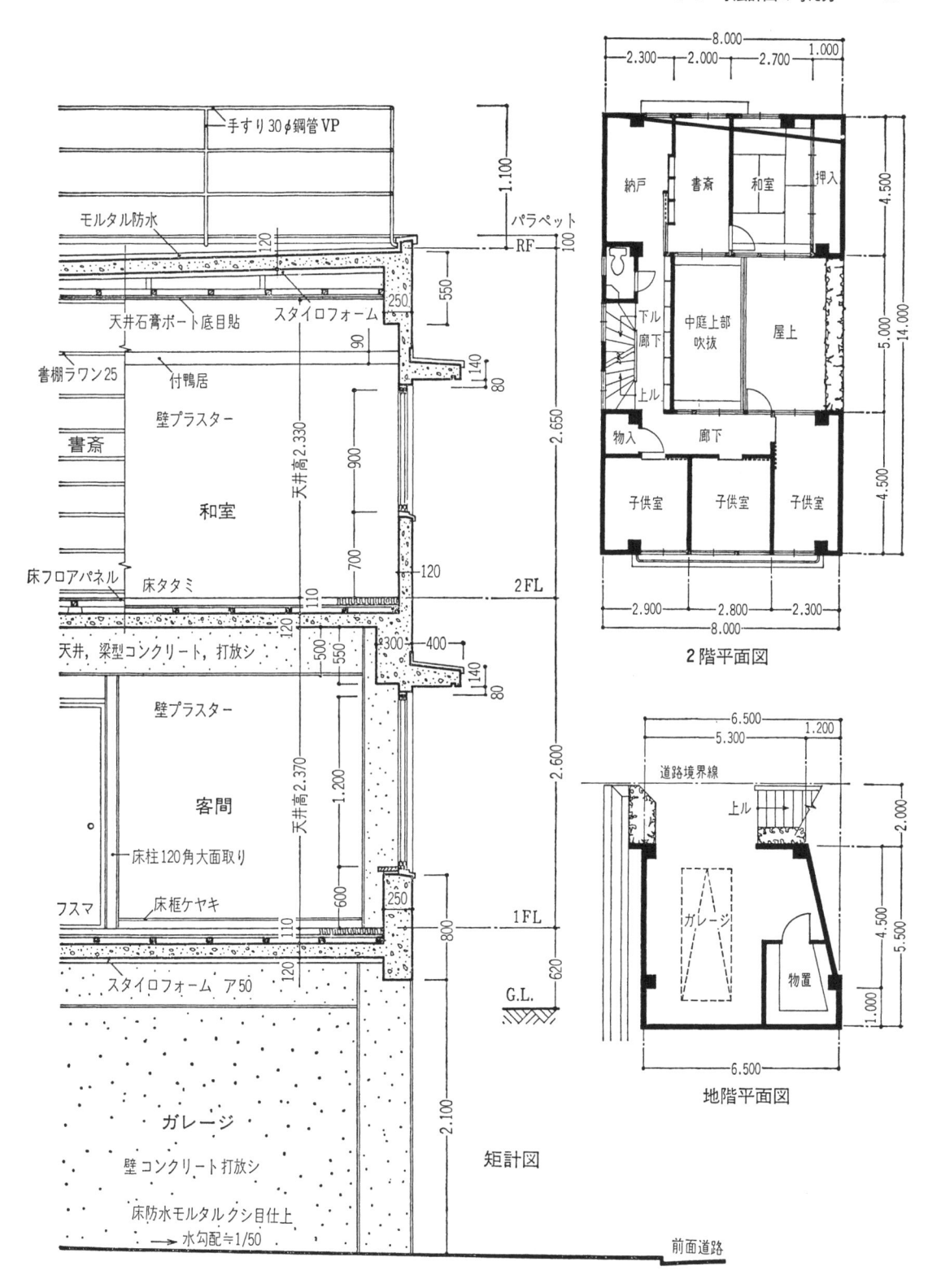

図 8.1(c)　鉄筋コンクリート住宅（矩計図，2階／地階平面図）

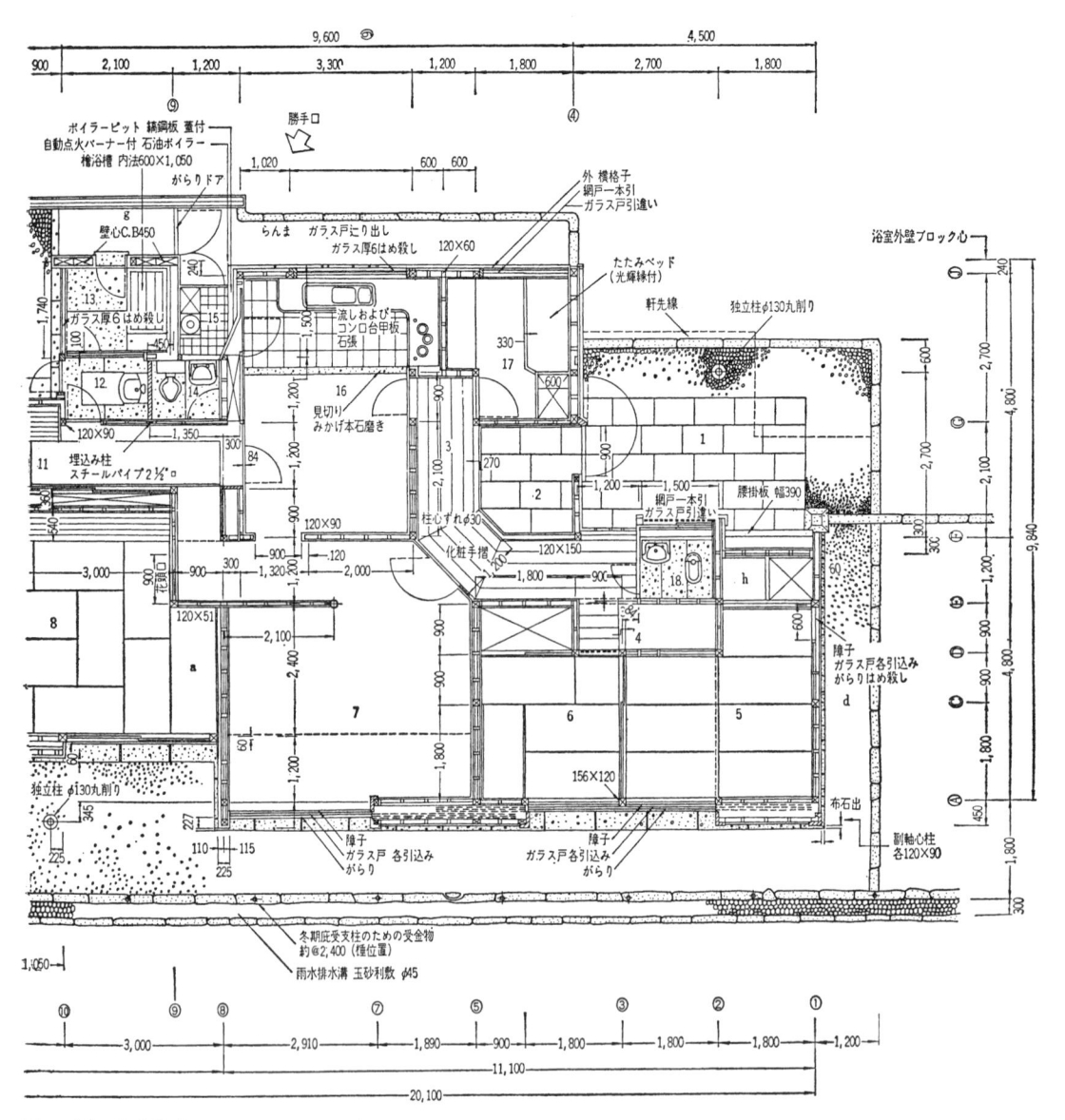

図 8.2(a) 木造住宅（平面図）（設計：白井晟一）

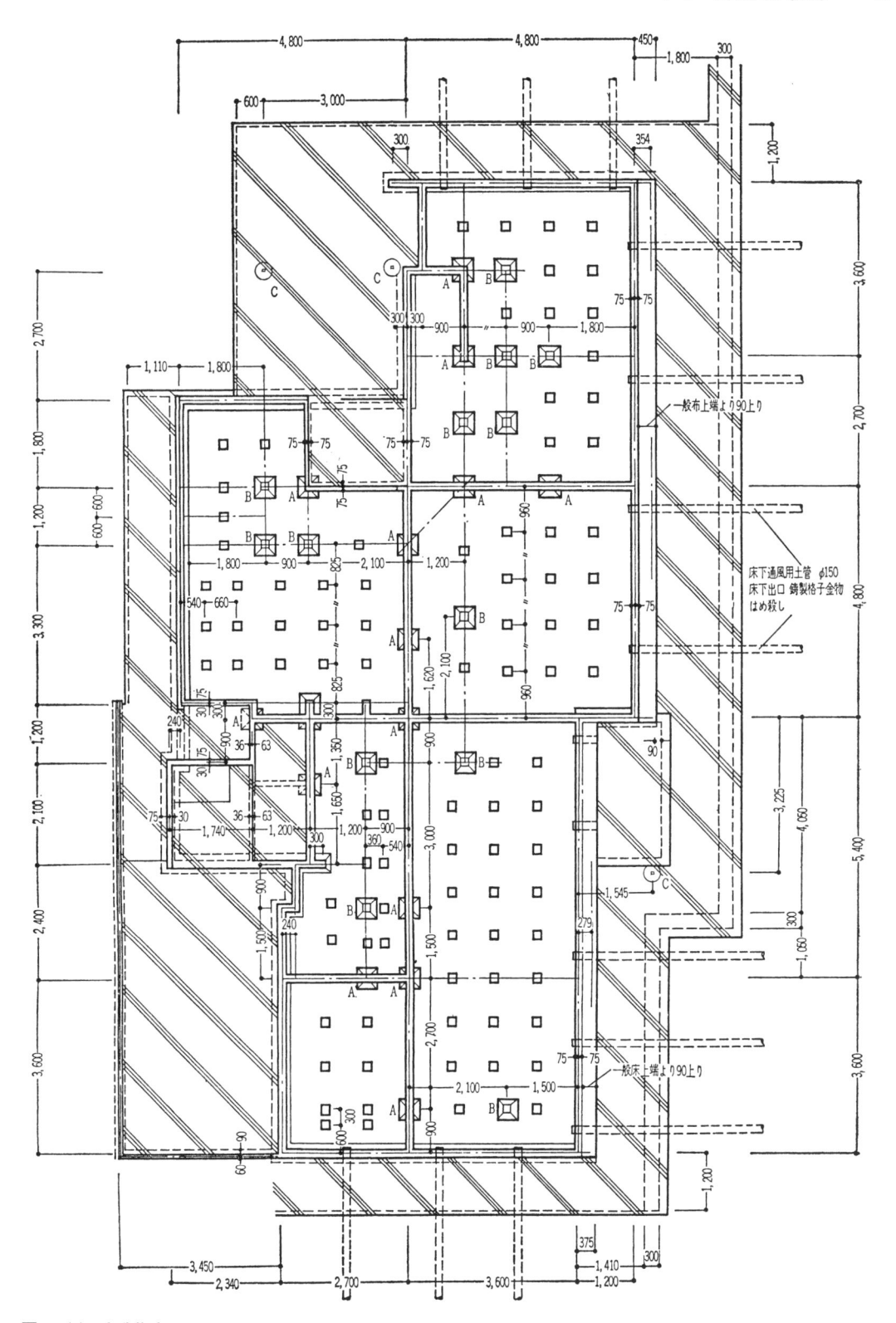

図 8.2(b) 木造住宅（基礎伏図）

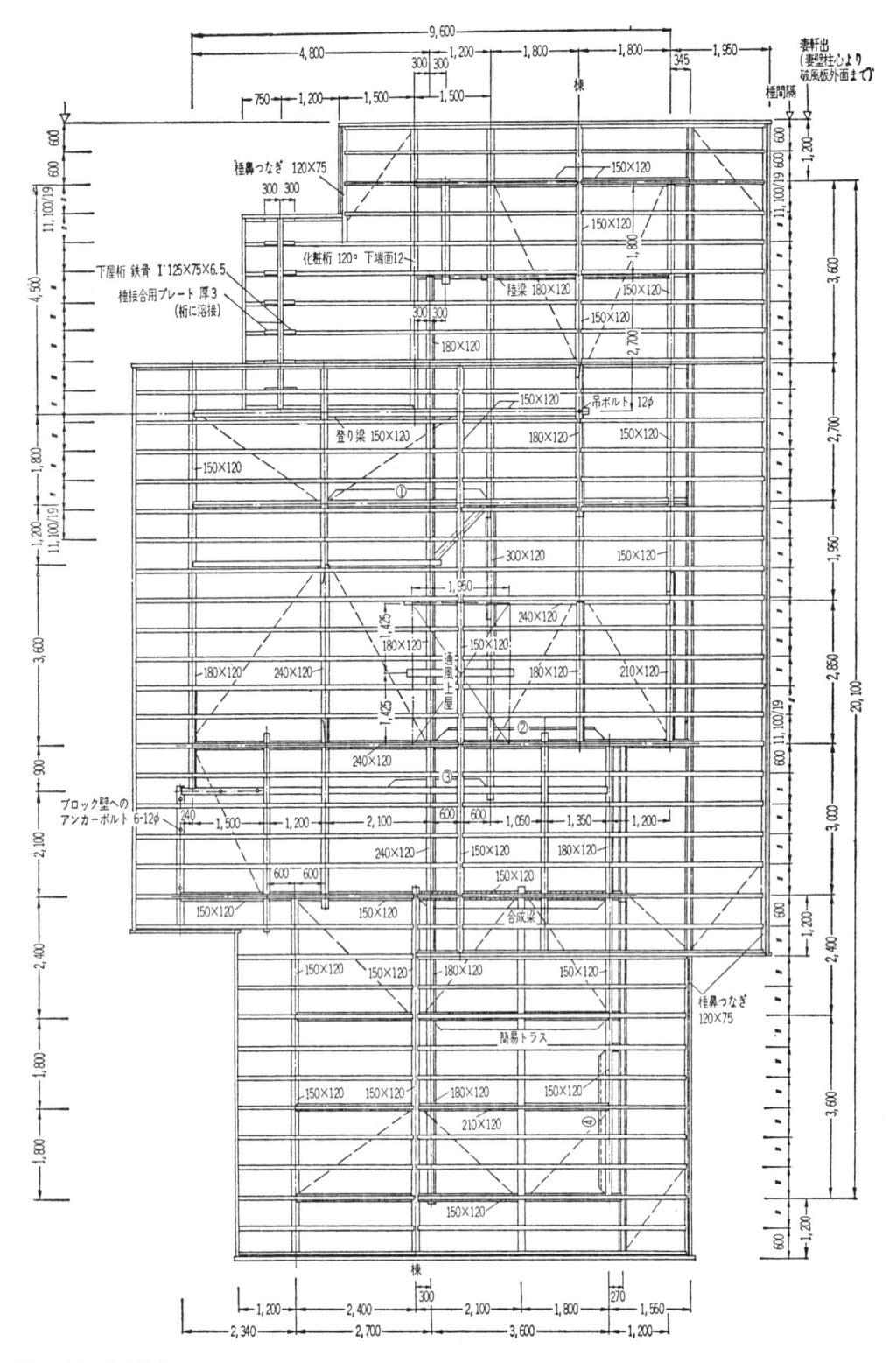

図 8.2(c)　木造住宅（小屋伏図）

図 8.2(d) 木造住宅（軸組図）

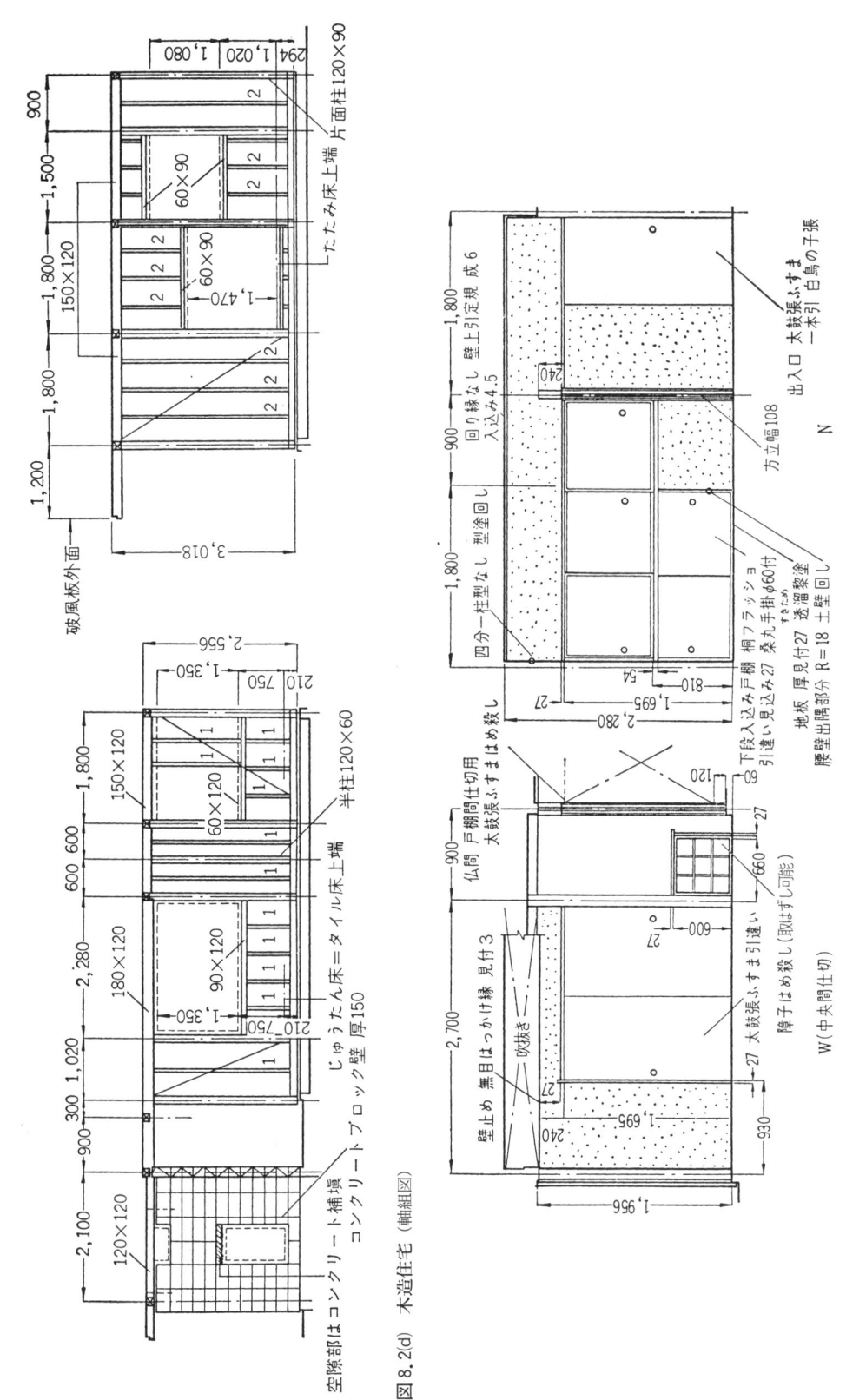

図 8.2(e) 木造住宅（展開図）

94　第8章　住宅の設計方法

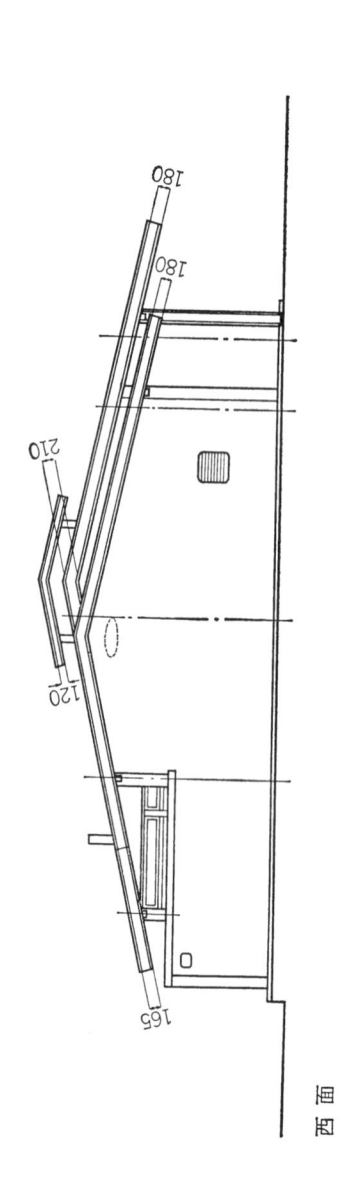

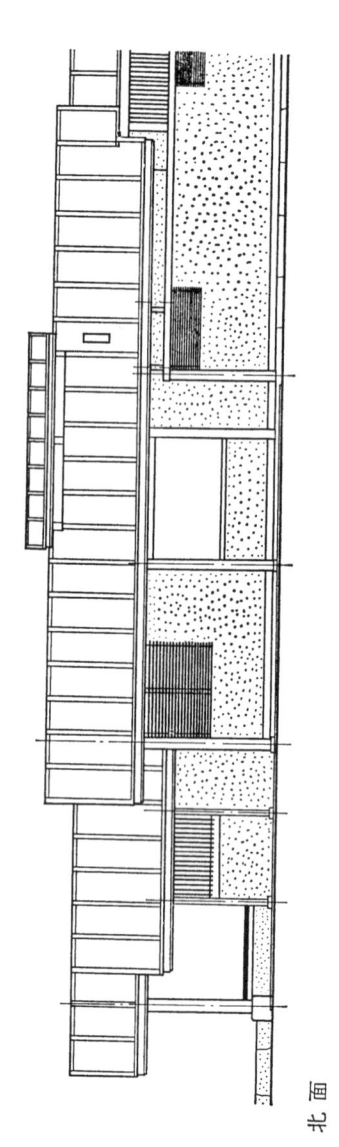

西面

北面

図8.2(f)　木造住宅（立面図）

8-2 寸法計画の考え方

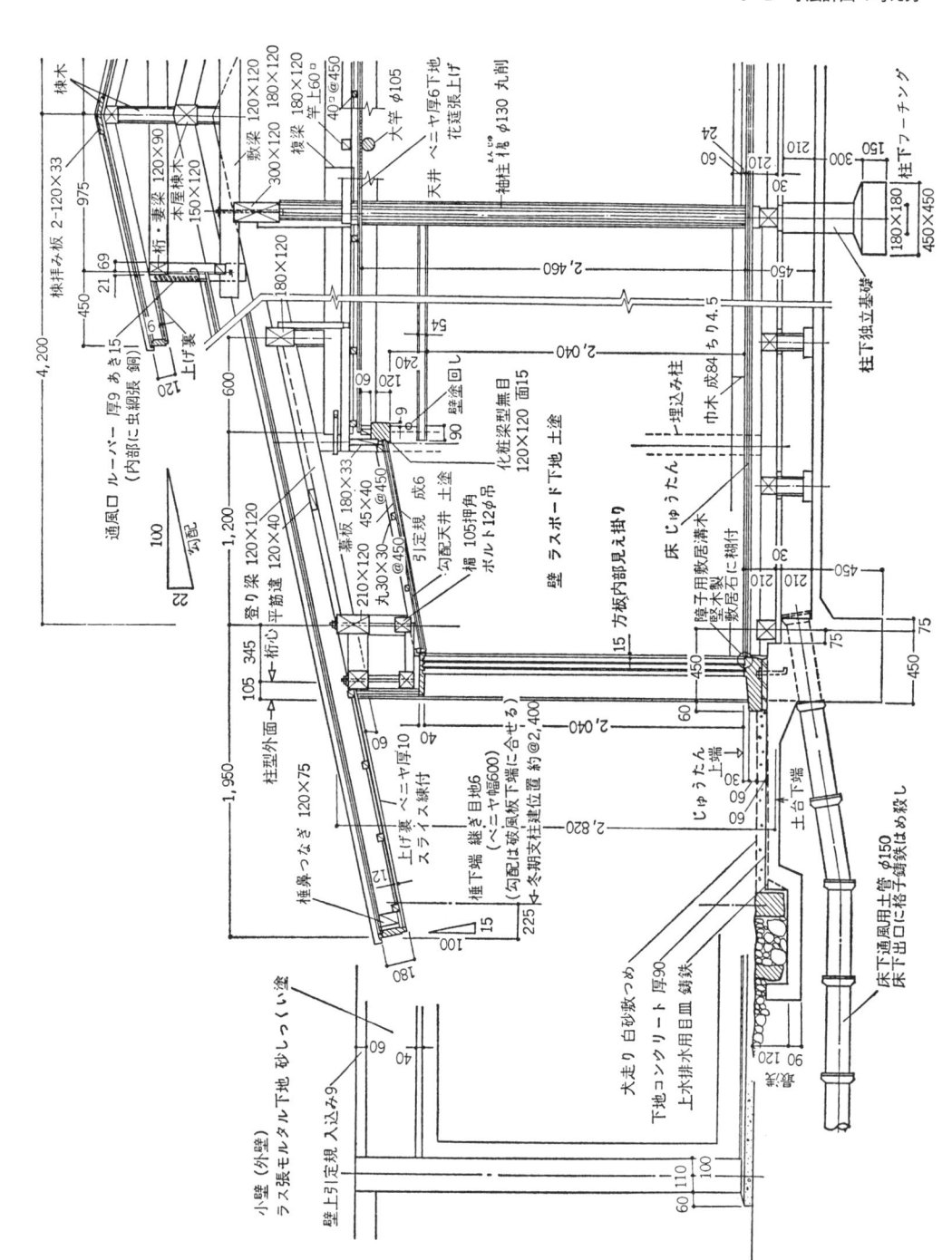

図8.2(g) 木造住宅（矩計図）

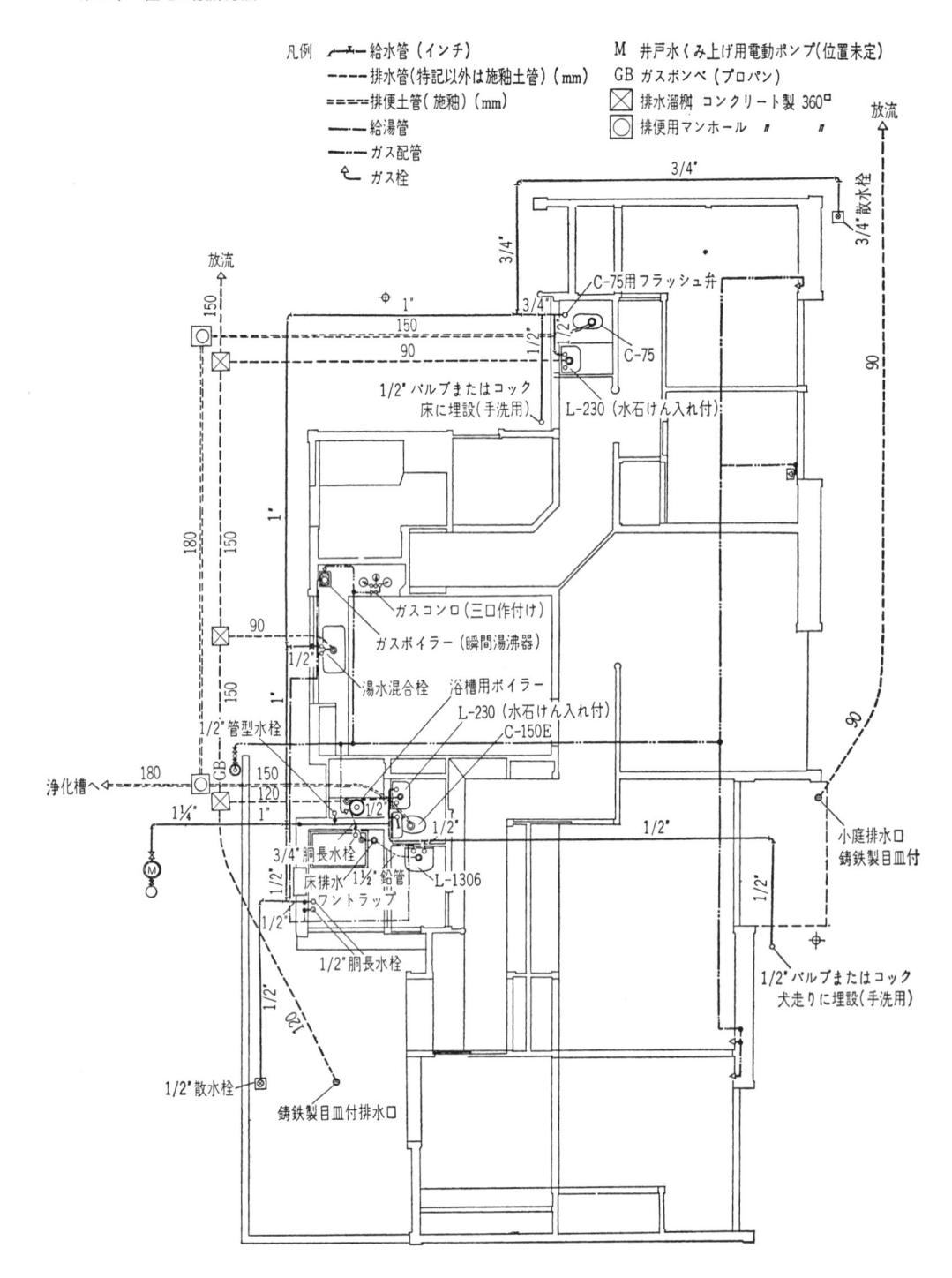

図 8.2(h) 木造住宅（給排水設備図）

よう。リビングでは，いすは腰を下ろして座るだけではない。その上にクッションを置いて寝ることもあるだろうし，子供は，きちんと座らずにいすの上に立ったりする。したがって居間のいすは，ゆったりした寸法があればよいのである。

廊下やドアの幅など，総じて水平方向の寸法は大きいほうがよいが，洗面器や棚の高さなどは，子供や高齢者の使用を考えると低めのほうがよいだろう。

家族の成長や高齢化などによって住み方は経年的に変化していくので，ある時点の条件だけを考えて，こまごました個別の要求に合わせた設計をすると，かえって融通性がなくなり使いにくいものになってしまうこともある。設計条件としての寸法も，固定的に考えるのはよくない。

設計では，空間のかたちや大きさに関わる寸法感覚も大切である。空間の寸法感覚を養うには，たとえば自分の家の居間や個室など，日常的に接する空間の寸法を手はじめに，ホテルやレストランや劇場などで体験する種々の空間について，寸法に関心を持つことが大切である。住宅では天井高が空間デザインのポイントだが，高さ方向の寸法は計測が難しいのでドアの寸法などを手がかりに目測するしかないこともある。

なお，住宅の寸法計画で注意すべきことは下記のとおりである（図 8.3(a)，(b)）。
① 流し台の高さは，主婦だけが使う場合には当然その家の主婦に合わせることになるが，高齢化すれば身長は低くなるし，主婦以外の家族も台所に立つケースも想定される。はじめから主婦のみを対象とするのはよくない。
② 幼児や高齢者および身障者に対する，寸法計画には十分注意しなければならない。うっかりすると重大な事故をもたらすことがある。たとえば，エレベーターのスイッチの高さがわずか 5 cm 高かったために，車いすの女性が，その中に一晩閉じこめられたという事故も発生している。在宅生活で足が不自由になったが，車いすを動かすには廊下幅が 5 cm 狭かったため，寝たきりになってしまったというケースもある。
③ 外国人など，とくに背が高い人が同居する場合は，出入口の内法高や浴室，便所などの寸法を大きくする必要がある。
④ 将来の変化に対応するために，できるだけ大きな「ゆとり」をもたせるべきである。たとえば，自動車や家庭用の電器製品などは機種によって寸法が違うが，買替えのさいには，ひとまわり大きなサイズになることが多いので，安全をみて置き場所は大きめにしておかねばならない。棚や物入れも同様で，はじめから一杯になっているようでは困る。

（2） モデュール（Module）

モデュールには，プロポーションのためのモデュールと生産の合理化のためのモデュールがある。歴史的にはギリシヤのモドゥルス（Modulus）や，わが国の「木割法」（図 8.4）のように，プロポーションのためのモデュールが本来の意味だった。しかし，モデュールは量産化のためという意識が強くなり，JIS 規格によれば，モデュラー・コーディネーションの目的は「建築生産の合理化と建設費の引き下げにある」とされている。

モデュールの数列としては，多くの種類が提案されている。ル・コルビュジエは，人体寸法を黄金比の等比数列に展開したモデュロール（Le Modulor）を提案して，工業化と造形とを個性的な方法で扱い，以後のモデュールの考え方に多くの影響を与えた。

わが国の住宅では，畳の寸法が平面計画の基準としてモデュールになっている。ちなみに，1 尺は 303 mm，1 間（＝ 6 尺）は 1,820 mm である。

畳には種々の大きさがあり，「京間」「田舎間」などの区別がある。京間は畳の大きさ

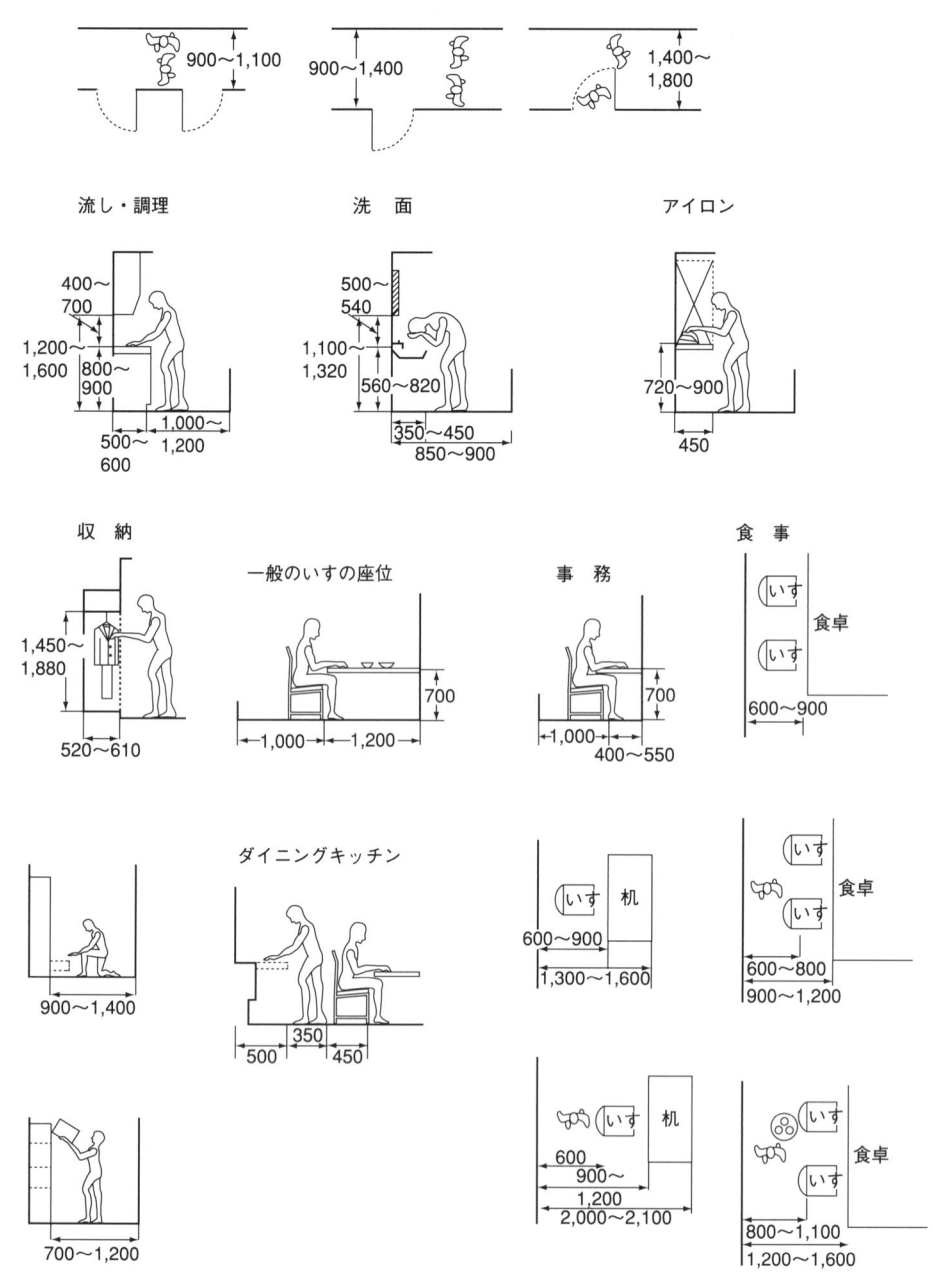

図 8.3(a)　動作空間寸法（単位：mm）
（小原，内田，宇野：建築・室内・人間工学，鹿島出版会，その他による）

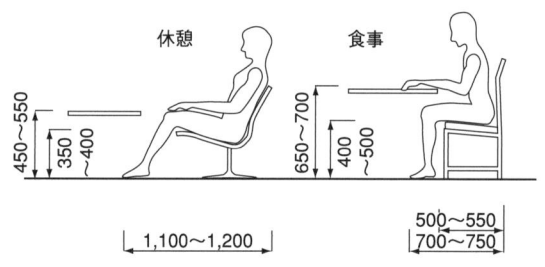

図 8.3(b)　休憩（喫茶）と食事の寸法の違い（単位：mm）

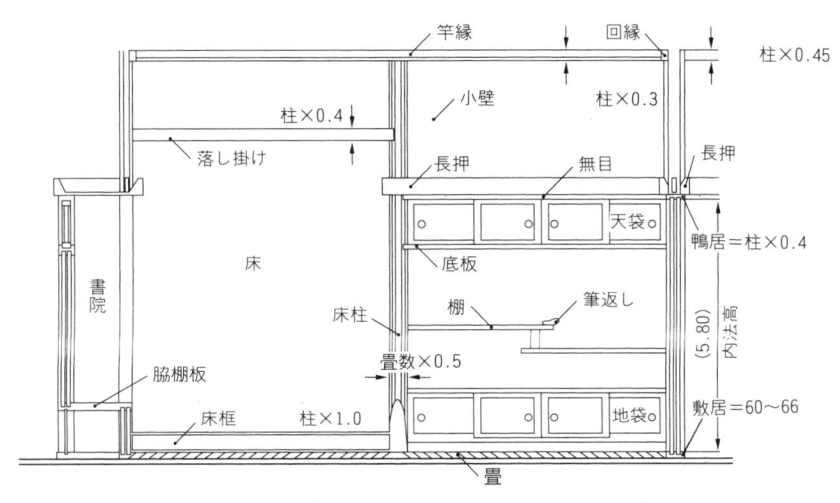

図8.4 木割法による寸法と名称（雑工三編大工棚雛形座敷向略木割に加筆）

3.15尺×6.3尺を基準にして室の大きさと柱の間隔を決める「内法制」で，関西以西と北陸に多い。「田舎間」は「江戸間」とか「関東間」などとよばれて東日本に多く，柱の中心間隔を3尺，6尺と決めているので，畳は京間より小さく，その寸法は1枚ごとに違う。いわゆる「心心制」である。その結果，同じ畳数でも京間は広く，田舎間は狭い。

集合住宅などでは，田舎間よりもさらに狭い畳が使われたこともあり，団地サイズなどとよばれた。これは住宅の販売や賃貸に当たっては，部屋の広さを畳の畳数で表すことが多く，そのさい，畳の寸法が問題にされることはないので，小さい畳でも枚数を多く敷くほうが有利だからだ。

日本人の人体寸法が大きくなったこと，および部品の生産と取替えには内法制が優れていることを考えると，京間の伝統を今一度，見直すべきではないだろうか。

（3）設計寸法の決め方

動作寸法から設計寸法を決めるためには，次のようなレベルがあることを知っておかねばならない（図8.5，図8.6参照）。

A：苦しいが動作可能な寸法
B：比較的楽な寸法
C：余裕のある寸法

将来の変化を考えると「ゆとり」は大きいほどよいが，全体の面積が限られている場合が多いと思うので，とりあえずは次のように考えておけばよいであろう。

① 引越し，葬祭，事故，災害など，めったにない条件に対しては，「苦しいが動作可能な寸法」による。
② 生活のうえで重点を置きたい行為に対しては「余裕のある寸法」とする。
③ バランスのよい寸法にする。

8-3 開口部の設計

開口部には「窓」と「出入口」がある。床まで開いた「掃き出し窓」などは出入口といってもよいが，ここでは一応，出入りを主目的としない場合を「窓」としておこう。

（1）窓のデザイン

窓の機能には，採光，通風，換気，排煙といった物理的機能と，外が見える，声が聞こえるといった心理機能とがある。物理的機能につい

モデュロール（Modulo'r）1948

コルビュジエの考えたもので1,130 mmという人間のへその高さとその2倍の2,260 mmから黄金比を使って上下に展開したもので，実用上四捨五入してある（黄金数列は初項が1で公比を $r=1.61802$……とする等比数列であるが，前2項を加えれば次の項が導けるという性質がある。このモデュロールの場合四捨五入があるため厳密にこのことは成立しない）。これが赤数列で，それを倍にしたのが青数列である。黄金比を人体寸法をもとに展開しているため，建築がより人間的で美しい比例をもったものであるべきだという理念にもとづいてつくられたもので，彼の作品に用いられている。

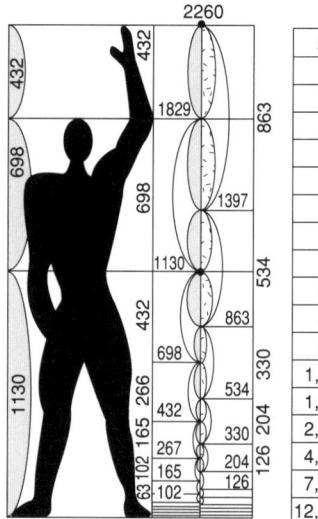

図8.5 モデュロール

赤	青
6	
9	11
15	18
24	30
39	48
63	78
102	126
165	245
267	330
432	534
698	863
1,130	1,397
1,829	2,260
2,959	3,658
4,788	5,918
7,747	9,576
12,535	15,494

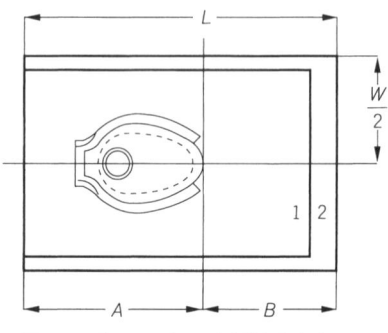

取付け標準寸法洋風大便器
1　$L_1=1,200$　$B_1=500$　$W_1=800$
2　$L_2=1,400$　$B_2=700$　$W_2=900$
A：ハイタンクまたはフラッシュバルブの場合 650～690，ロータンクの場合 700～730
L は $A=700$ の場合の寸法である。

2種の寸法表示は次のとおりである。
　1：最小限寸法
　2：比較的，楽な寸法

図8.6 「ゆとり」と取付標準寸法

ては設備機器で代用することもできるが，心理的機能を人工照明や映像などによって置き換えることはできない。窓のデザインでは心理的機能のウエイトが大きい。

物理的機能を満たすための窓の設計は比較的簡単である。たとえば，便所の窓の条件を考えてみよう。「嵌殺し」などは換気のためには別途に装置を付けなければならず不適切である。網戸の取付けが可能な形式であればよく，開閉の容易な高さでなければならない。以上の条件から，「引違い窓」をやや高い位置に設ける例が多く，空間が狭いため「ジャロジー窓」も使われる。

では心理的機能を満たすための窓のデザインとしては，どこに注意すればよいかを考えてみよう。

① 外部の景色を取り入れる

部屋に入ったとき窓があると，誰でもまず外を見るだろう。素晴らしい景色が見える窓があれば，それだけでインテリアは豊かになる。だから見せたい景色のあるところには，プレーンな大きな窓を開け，目の高さを考えて最も景色がよく見える位置に座る場所を設定する。逆に見せたくないところがある場合には，視線を遮ることも必要になる。

窓枠によって景色が切り取られたように見えることを「額縁効果」という。額縁である枠そのもののデザインや窓のかたちによってもインテリアは違ってくる。図8.7はアルハンブラ宮殿の窓である。イスラム風の窓のデザインが，外の景色をいっそう魅力的に見せていることがわかるであろう。

図 8.7 アルハンブラ宮殿の窓
(写真：山下馨)

② 光と陰のデザイン

　ステンドグラスを用いたゴシック寺院のバラ窓は最も美しい窓のひとつである。住宅では，これほどドラマチックな表現はできないが，窓の開け方やガラスの種類，ルーバーなどを工夫して光をコントロールし，インテリアに光と陰をつくりだすことができる。

③ 外部とのコミュニケーション

　通路や道路などに面して設けられた窓は，外部に向かって開いた住宅の目のようなものである。家にいる母親は窓から外で遊ぶ子供の様子を見ることができる。外からも窓を通して，その家の気配がわかる。窓辺に飾られた花は，道行く人にも楽しい気分を与える。

　家の中の様子が外部にもれるのを嫌って，道路からは内部が全く見えないようにする設計も少なくないが，プライバシーが保持される程度に開けられた窓にはコミュニケーションの機能はあるので，住宅に親近感を与える効果がある（図8.8）。

④ 外観のデザインへの影響

　窓は立面のデザインにおける重要な要素である。立面のエスキースでは，窓の位置や形を工夫して，いろいろ変えてみる必要があるが，その場合は同時にプランを練り直してみなければならない（図8.9）。

(2) 開口部の材料

　窓や出入口の枠と建具には，木製と金属製があり，金属製としてはアルミ，スチール，ステンレスなどが用いられる。建具の枠材を框（かまち）といい，面材で枠をおおって框が見えないようにし

図 8.8　窓から笑いかける子供（ハンガリーのリョプロン）

図 8.9 外観デザインとマッチした装飾的な木製窓枠
（チェコのチチマニの住宅）

た建具をフラッシュ戸という。

　ガラスはふつうの透明ガラスのほか，型ガラス，網入りガラスなどがある。型ガラスは浴室や便所などのような，採光は必要だが見えないほうがよいところに用いられ，網入りガラスは外部に面して延焼のおそれのある部分に使用される。強度が必要な場合には合わせガラスを，断熱性能を高めるにはペアガラスなどが使用される。

　紙障子，カーテン，ブラインドなどは，視線や光の一部を遮る機能を持ち，さらに軽く仕切りたい場合には，暖簾（のれん），簾（すだれ），格子，プラントボックスなども用いられる。このほか襖や網戸などもあり，ドアだけでも図 8.10 のように多くの種類があるので，要求される機能とデザイン上のねらいから適切なものを選定しなければならない。

　また，引き手や握り玉は直接，人の手がふれるので，機能上適切なものを選ばなければならない。デザイン上も，洋服のボタンのように，建物のアクセントとして大きな役割がある。これらは，蝶番（ちょうばん）やヒンジ，戸車（とぐるま），錠前（じょうまえ）なども含めて建具金物とよばれている。

（3）出入口のデザイン

　住宅の出入口に使われるのは，「引戸」「開き戸」「引込み」である。引戸は溝の上を滑らせるタイプで「引違い」「片引」「引分け」などがあり，引戸の数によっては「2本引」「3本引」などがある。また開き戸には「片開き」「両開き」「親子開き」などがある。

　引戸の長所は次のとおりである。
・開いたとき場所をとらない
・戸の材料や開く程度によって遮蔽度を変えることができる
・取外しが容易である
・幅広く開口することができる

一方，短所としては次のようなことがある。
・建具のまわりに隙間ができるので音・空気・水などが漏れやすい
・錠前は鎌錠とか差込み錠になるので，施錠がスムーズにできないことがある。
・戸当り金具を用いて取手が引き込まれないような工夫をする。

　開き戸の長所と短所は引戸の反対になる。

　玄関の戸は外部から容易に，しかも完全に施錠できることが必要だから開き戸が多い。便所や浴室のように臭気や湯気が漏れないほうがよいところも片開き戸になる。

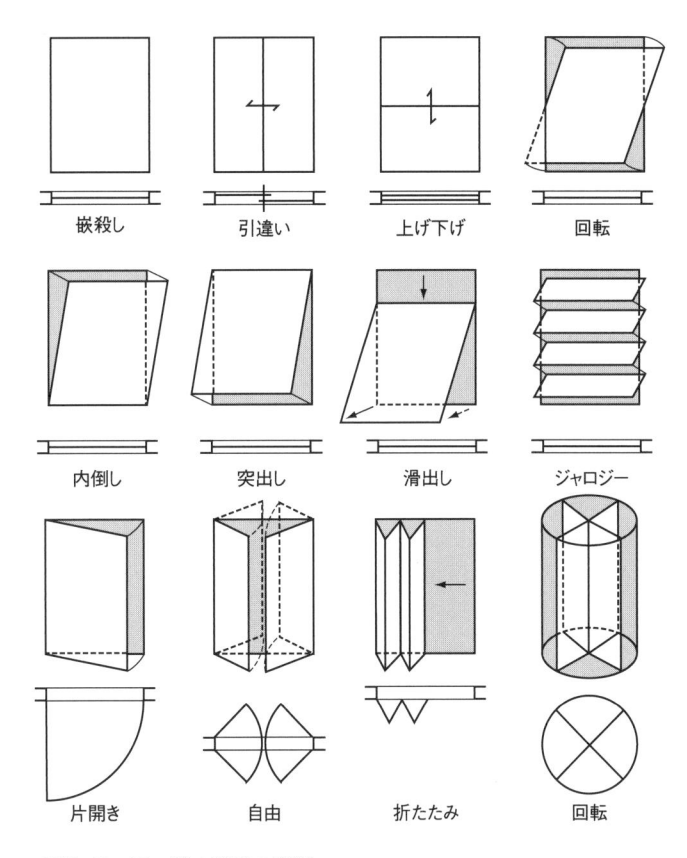

図 8.10 扉・窓の建具の種類

一般に，洋風のデザインには開き戸，和風には引戸がなじみやすい。また続き間や南面の窓は大きく開いたままにしておくことが多いので引違いや両引戸がよい。

8-4 ディテールの計画

建物を構成する壁や床，屋根，天井などのエレメントには，それぞれ要求される性能がある。エレメントを構成する部材相互の接合状態を示すのがディテールであり，それを表す図面が詳細図と現寸図である。

ディテールを考えるうえで必要な原則を列記すると，次のとおりである。

① 雨仕舞

雨仕舞とは，屋根やバルコニーの防水層の納まりとか，軒の水切りや開口部周辺の処理など，雨水が内部に入らないようにするためのテクニックである。浴室や台所などのように水を使う場所の防水処理は，とくに「水仕舞」とよばれることもある。

② 見かけをよくするための手法

「逃げ」「ちり」「見切り」「目地」は材料の伸縮を吸収し，施工上の誤差が目立たないようにして，見かけをよくするためのテクニックである。また，窓や出入口の額縁の「見付け」の幅など細部の形を検討するのも，見た目を考えたデザインである（図 8.11）。

③ 構造的な強度

構造的な安全性を確保するために必要な納まりで，木造の在来構法における「仕口」や「継手」のディテールは，その一例である。

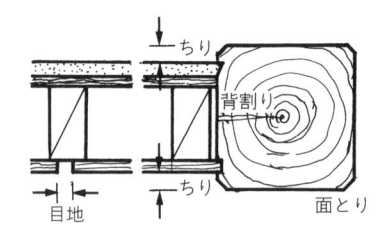

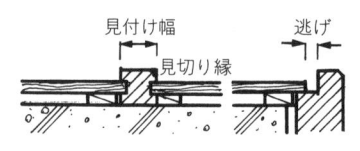

図 8.11 ディテールの例

④ 物理的な強度

柱の角や壁の出隅などのような欠けやすいところには，コーナービードを入れなければならない。壁のクラックを防止するためには，メッシュを塗り込んだり，下地に補強材を入れる。階段の手すりなども，あまりスマートにデザインすると，強度不足になるので気をつけなければならない。

⑤ 安全性

バルコニーの手すりを竪格子にするのは常識だが，さらに隙間から子供が落ちないように手すり子の間隔にも留意しなければならない。また，ガス台の近くの吊戸棚の下には不燃材を張るなど，安全性に配慮したディテールが必要である。

⑥ 断熱，遮音，吸音，通気，結露防止などの性能

要求される性能を実現できるような材料を選ぶだけでなく，それをどのように組み立てるかについても，詳細図で指示する必要がある。保温，断熱と結露防止のためにはグラスウールや発泡ポリスチレンなどを使用することが多いが，その厚さと入れ方が適切でないと，十分な効果を発揮することができない。

⑦ 施工上の要求

作業がしやすいかどうかの問題である。仕事の手順を知らないと，施工不能のディテールを指示したりして施工者に軽蔑されることもある。つねに現場をよく見て施工の実際を勉強しなければならない。

⑧ 維持管理と取替え

電球やガラスのように取替えを前提とした部品がある。高い天井に不用意に照明器具を取り付けると，専門の人を呼ばないと電球の取替えができないこともある。また，高いところに窓を設けると，同様にガラスが拭けないこともある。これはディテールというよりも基本設計の問題だが，よくあることで注意しなければならない。

材料や部品の寿命は意外に短く，老化や変形，性能の低下が起こるのは避けられないので，そのときのことを考えて設計しておく必要がある。

⑨ 経済性

建築工事においては，予算はつねに厳しいと考えなければならない。したがってディテールについても，材質や性能を確保しながら，なおかつコストを下げられるように工夫しなければならない。

このようにディテールには，同時に考えなければならない数多くの要素があり，どの要素を重視するかは，考え方や立場によって異なる。たとえば施工者は，施工性のよいことや経済性に優れていることを要求し，クレームの原因となる雨仕舞なども重視する。デザイナーは，やはり見た目の美しさを求めるし，住み手にとっては，耐久性があり維持管理が容易なことが重要である。

設計者は，それらをバランスさせてディテールを決めなければならない。良いディテールが書けるようになるには，少なくとも数年の経験

が必要である。最近は施工者まかせで,「ディテール不在」の若い設計者が多いという。建築は空間のデザインだから,ディテールにこだわる必要はないという考え方かもしれないが,古今の名建築はディテールまで含めて美しいのであって,すっきりしたディテールを書けない者が美しい空間をつくれるはずがない。

8-5　コストプランニング

建築の設計で予算の制約を受けないものはない。「力を入れて設計をしたところなのに予算の関係で実現されなかった」とか,「建設費があがって予算をオーバーした」というのは,むしろふつうのことである。

小さな独立住宅を例にとれば,まず敷地と予算総額から大体の延床面積を決める。クライアントと打合せを重ね,経験上これくらいでいけるとにらんで実施設計を行い,見積をする。見積書をチェックして,予算と一致するように業者に折り合いをつけてもらうか,予算を追加してもらうか,仕様を一部変えるかして帳尻を合わせ,契約するというのがふつうの手順であろう。

集合住宅や量産住宅の設計においては,コストプランニングは極めて重要であり,コストの裏づけなしに計画決定を行うことはできない。この場合はコストプランニングとはよばないで,事業計画といわれることが多い。

具体的には「使用可能な土地と資金を,どのように運営すれば最も資金効率を上げることができるか」という問題である。これは本来,クライアントが考えるべきことだが,最近は大手の建設会社や設計事務所では営業活動の一環として,企画段階のコンサルティングを行い,それに設計者も参加することが多くなった。

そこで検討される内容は,用地費,建設費,面積効率,借入金の金利,賃貸料,税金などのような経営計画に関するものと,合理的なコスト配分に関するものとがある。

経営収支の計算はデザインのまとめ方と深い関係がある。従来は単価を安くするという目的と,安くした場合に予想されるディメリットのバランスから計画が決まることが多かったが,最近は地価高騰の影響で相対的に建設費のウェイトが軽くなり,より効果的な土地利用に重点が置かれるようになった。

コストの配分については,エレメント別のコストが問題となる。総額が決まっているときには,既往の事例によるエレメント別の標準的なコストを目安にして材料や工法を選ぶことができる。無神経なコスト配分のアンバランスは全体としての評価を下げることになるだろう。

バランスのとれた配分を一応,頭に入れたうえで,あとでやり替えることの難しい構造や設備には十分コストをかけ,仕上げの一部を省くことなどは,デザイン上の見識であって,ここにいうアンバランスとは違う。

8-6　チェックリスト

手慣れた設計者は,設計に必要な条件を計画の各段階で確認するためのチェックリストを頭の中に持っている。だが独立住宅の場合はともかく,集合住宅の設計では,用地関係だけでもチェックすべき項目は非常に多いので,うかつに計画を進めると思いがけないミスをすることがある。

それを避けるためには,チェックすべきことをリストアップしたものを用意しておくと便利である。このようなリストを総称してチェックリストとよぶ。

戸建住宅の基本設計におけるチェックリストには,敷地条件や関連法令など調査した結果を記入する事項と,居住者の家族構成や生活慣習などのように,打合せや面接ヒヤリングによって確認すべき項目がある。

敷地などの外部条件のチェックリストについ

表8.2 基本設計のためのチェックリスト

計画概要		敷地所在地，敷地面積形状，計画建物の面積，構造，概算予算，資金計画，竣工希望時期，工事の範囲等
家族情報		構成員各自の年齢，性別，職業，趣味，生活時間等
現状の生活スタイル		現在住居している住宅の概要，食事の場所，就寝方法，団欒スタイル，来客(数，関係，接客内容)，収納，等
新居のイメージ		様式，○○をしたい，好きな住宅，関連する言葉，等
客室ごとの希望	所要希望室	
	居間	広さ，様式，食事室・入口・個室等との関係，最大使用人数，使用内容(団欒，接客，パーティー，稽古，等)，使用予定家具(含む TV，ピアノ等)，仕上げ材，その他の特記意事項
	食事室	広さ，様式，台所・居間との関係，食事スタイル(朝，昼，夜)，飲酒の有無，客との食事，使用予定家具，仕上げ材，その他の特記意事項
	台所	広さ，同時使用者，機器の要望(シンク，レンジ，冷蔵庫等)，収納，仕上げ材，(含むカウンタートップ，所有電化製品，その他の特記事項
	寝室	面積，スタイル(和洋)，個室・共用，雨戸，併設室・スペース(納戸，便所等)，使用予定家具，その他の特記事項
	浴室	面積，スタイル(和洋)，浴槽材質，設置設備，洗面所・便所との関係，仕上げ材
	以下略	
設備の希望		全体(優先すること，たとえばランニングコスト)を安く，故障がない等
		・各室の冷暖房方式 部屋別の優先順位，熱源の希望
		・通信機器，インタフォン機器，TV受信波，インターネットの使用場所，ホームセキュリティシステム

ては，現状のみを問題とするのではなく，将来の予測も必要になる。南側の隣地に建物が建って，居間に日が当たらなくなったというのでは困る。

いきとどいた設計をするためには住み手の生活を細部まで知る必要があることから，生活内容のチェックリストは質問の内容が細かくなりがちである。しかし，事前にあまり細部にわたって聞いても意味がないこともある。というのは，新しい住居に移ってからのことは住み手自身にもわからないことが多いからだ。

だが，工事がはじまってから，具合の悪いことに気が付いて設計変更するのは，設計者と施工者だけでなく，クライアントにとっても損失が大きい。したがって，基本設計案の段階でひととおりのチェックを行い，矛盾する要求を調整しておかねばならない。

実施設計においては，設備や構造のスタッフとともに，それぞれの関連する条件を洗いだし，チェックを重ねる必要がある。その後，さらに実施図面の全体について食い違いや見落としがないかどうかを調べなければならない。

第9章
住宅の構造技術

建物を設計するには構造や設備に関することを多少は知っていなければならない。ただし構造も設備も，すこしばかり勉強したからといって，すぐに構造計画や設備計画ができるようになるわけではない。プロの設計者でも，きちんと建物を設計する場合には，構造や設備の専門家と協同して仕事を進めるのが普通である。

したがって，本章では，これから設計を学ぼうとする人にとって必要な構造の基礎知識について述べることにしたい。

9-1　住宅の構造

住宅は図9.1に示すように，大きくは仕上げ材と構造体に分けることができる。ただし，煉瓦造や石造とか和風の木造建築のように，構造体が仕上げ材にもなるという建物もある。

①　外部の仕上げ材

外部の仕上げ材は建物の表面をおおって外観を構成するが，風雨や暑さ，寒さから住宅を守り，木造住宅では延焼しないための防火性能も必要である。最近の住宅では，スレート系の材料で葺いた屋根とサイディングボード（不燃材を羽目板状に成型したボード）やガルバリウム鋼板による外壁仕上げが多いが，これは妥当なコストで上記の条件を満たしているためである。

②　内部の仕上げ材

内部の仕上げ材は日常生活で人が直接に接する部分である。床材は衝撃や摩耗に強く，浴室には防水性が必要なことなど，内部空間の機能によって要求される性能は違ってくる。内部の仕上げは，インテリアの雰囲気を形成するデザイン的要素として，居住者が最も重視するポイントのひとつである。

③　構造体

「空間」をつくるには，まず空間を取り囲む「構造体」をつくらなければならない。構造体は仕上げ材におおわれて見えないことが多いが，建物のかたちが成立し，台風や地震にも壊れないのは構造体がしっかりしているためである。

（1）　建物にかかる力

「建築物は自重，積載荷重，積雪，風圧，土圧及び水圧並びに地震その他の振動及び衝撃に対し安全な構造でなければならない」。これは構造強度に関する建築基準法の条文の一部であるが，このことからも建物には多くの力がかかることがわかるであろう。

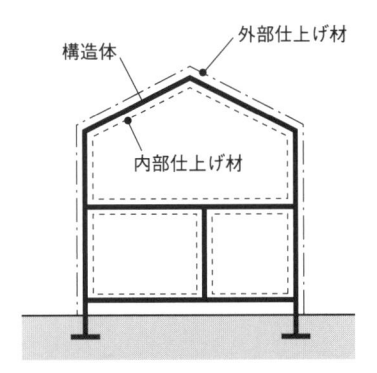

図9.1　建物の構成

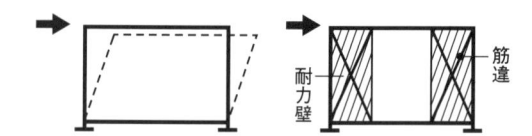

図9.2 水平力への対応

① 鉛直荷重

建物自体の重さ，つまり自重は，それぞれの部分ごとにかかる。積載荷重は建物の中に入る家具や人の重さで，床全体に乗っているとみなす。積雪は屋根全体にかかるが，積雪荷重の大きさは地方によって異なる。

鉛直荷重は建物の用途や構造などによって，建築基準法に数値が決められている。ちなみに，住宅の床の積載荷重は m² 当たり 180 kg，積雪は 50 cm なら m² 当たり 100 kg，木造床の自重は m² 当たり 35 kg と定められている。

② 水平荷重

風力は横方向にかかる力であり，地震も横方向から力がかかるものとして計算する。柱と梁で構成される軸組構造は水平力には弱いので，水平力による変形を防ぐために，しっかりした耐力壁や筋違を入れる（図9.2）。戸建住宅は壁が多いので比較的，容易に耐力壁をつくることができるが，片寄らないようにバランスよく耐力壁や筋違を配置しなければならない。

集合住宅では南面の開口が広いので，桁行方向には耐力壁をとりにくい。そのため柱は，壁の少ないほうに断面を大きくするなどの工夫がいる。

（2） 鉛直荷重の流れ

鉛直荷重は，床→梁→柱→土台→基礎→地盤へと伝達される（図9.3）。

1) 鉄筋コンクリート造では鉄筋の入ったスラブが，木造では根太や垂木といった骨組みと床板や野地板を合わせたものが鉛直荷重を受ける面である。

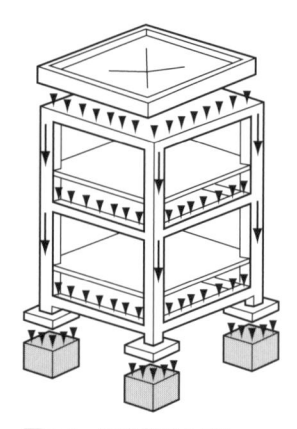

図9.3 鉛直荷重の流れ

2) 梁は床の荷重を受けて柱に伝える。したがって，梁が負担する面積が広いほど，大きな力が梁にかかる。小梁がある場合は，小梁が受ける床の荷重と小梁の自重を大梁が受けることになる。

3) 柱は梁からの力を受けて，それを基礎に伝える。柱には大きな鉛直荷重がかかるので，荷重を受ける構造柱を梁の上に乗せることはできないというのが原則である。柱の断面を円形などの変形柱にする場合には，その中に必要な断面積の柱が入ると考えれば安全である。

4) 基礎梁（地中梁）は建物の底辺を固め，架構と基礎をつなぐもので，ラーメン構造では柱脚にかかる大きな曲げ応力を吸収する役割を持つ。木造では土台が，その役目をする。

5) 基礎は建物の重さを地盤に伝えるものである。地盤の強さは場所によって大きな差があり，軽い木造でも傾くような軟らかい地盤から，高層の建物でも支えられる堅い地盤もある。実際にはボーリング調査をして基礎の形状を決めるのが望ましい。木造では逆Ｔ型の布基礎が一般的だったが，近年は支持面の広いベタ基礎にする場合が多くなった。鉄筋コンクリート造の集合住宅では，杭を打って支えることが多い。

（3） 部材の形と寸法

「1本の矢は折れるが，3本にすれば折れない」ということは，矢にかかる力が大きくても，矢の太さつまり部材の断面積を増やせば，その力に耐えることができるからである。建物の場合も同じで，部材にかかる力が大きくなれば，その部材の断面積を大きくすればよい。

柱や梁の断面積は構造計算で決める。構造計算では，ある構造体を仮定して，各部材にかかる荷重と，それに対する応力を計算し，設定した部材断面がその応力に耐えるかどうかを判定する。はじめに構造体を仮定するには，部材の標準的なかたちと寸法を知っていなければならない。なお，建物の各部材が構造的に十分な強度がある場合を「もつ」といい，逆の場合を「もたない」という。「梁はもつが，柱がもたない」などというように使う。

9-2 架構のしくみと構法の種類

住宅の構造体には軸組構造と壁構造があり，使われている材料と構法によって，次のような種類がある。

（1） 軸組構造

① 在来軸組構法（木造在来構法）

木造ではパネル構法などによるプレハブ住宅が主流になっているように見えるが，戸建住宅では伝統的な在来軸組構法の木造住宅も依然として健在である。この構法の場合，軸組は，土台，柱，間柱，桁，胴差，梁などで構成され，水平力に対しては，原則的には壁に筋違を入れて対抗するが，筋違の代わりに壁の両面に構造用合板を張って壁が変形しないようにすることもある。

軸組構法の利点のひとつは，壁が主要な構造体ではないから，間仕切壁の位置を変えること

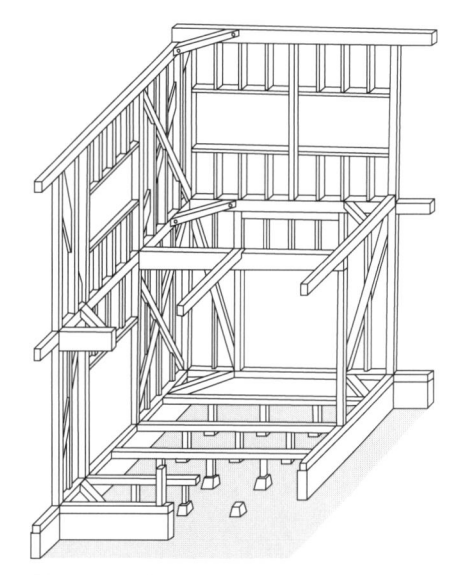

図9.4 在来軸組構法の軸組
（日本建築学会「構造用教材」p.24参照）

などが比較的自由で，大規模な改造や模様替えもできることである（図9.4）。

木造在来構法では，熟練した大工棟梁や工務店に依頼すれば，簡単な間取り図だけで住宅が建ってしまうほどだから，構造計算はしないことが多い。しかし常識的には柱は10.5cm角以上，土台は12cm角程度とする。梁は2階の床梁（2階梁）の寸法が問題で，梁成はスパンの1/8〜1/10程度が必要である。したがって，スパンが3.6m（2間）の場合，12cm×36cm〜40cm程度の梁にしなければならない。

小屋組みとしては和小屋が一般的である。

② 鉄筋コンクリート（RC）ラーメン構造

RCは鉄筋コンクリート（Reinforced Concrete）の略称である。ラーメン（Rahmen）はドイツ語で，本来は額縁といった意味だが，建築構造でいうラーメンとは，柱や梁などの各部材が接点において剛に接合されている構造形式のことである。

RCのラーメン構造は耐震性，耐火性に優れているだけでなく，振動が少なくて居住性がよいことなどから，中層以下の集合住宅では広く

採用されている．さらに最近では，高強度コンクリートと高強度鉄筋を用いて超高層のビルや集合住宅もRCで建てられるようになっている．ただしコンクリートの重量は相当なもので，自重が重いことがRC構造の最大の欠点である．

RC2階建のラーメン構造で，スパン（梁間）6mていどであれば，柱は45cm角，梁は35cm×60cm，床スラブの厚さは12cm～15cmとすることが多い．

RC造の場合，構造上の合理性および経済性の面から，スパンは5m～8mが適切とされ，梁成はスパンの1/10ていどが目安である．

③ 鉄骨造（鋼構造）

住宅に用いられる鉄骨造には2種類ある．その一つは戸建のプレハブ住宅に採用される「鉄骨系パネル住宅」で，軽量鉄骨の軸組を構成し，壁にはパネルを使うというタイプである．

もう一つは，高層ないし超高層の集合住宅において最も一般的なラーメン構造による鉄骨造である．これは，H形鋼，山形鋼，鋼管などをボルトや溶接により接合して柱や梁を製作し，現場で組み立てて架構を構成するものである．ただし，鋼材は耐火性能が低いのが欠点で，たとえば，450℃では強度が約2/3に落ちるとされている．そのために，柱や梁など主要な部材には耐火被覆として，珪酸カルシウムなど耐熱性のあるボードで包むとか，耐火性のある材料で被覆する必要がある．戸建住宅を鉄骨造でつくる場合もある．

④ 鉄骨鉄筋コンクリート構造（SRC造）

鉄骨造の骨組みを鉄筋コンクリートで包んだもので，鉄筋コンクリートの中に鉄骨を入れた構造といってもよい．鉄骨の代わりに鋼管を用いたものを鋼管コンクリート構造とよぶこともある．SRC造は，下層階でもRC造よりは柱も細くてよいので高層化しやすいし，建物の変形や振動も少なくて居住性がよく，耐火性能も優れているので，従来の高層建築では支配的な構法だったが，最近では高強度のコンクリートを用いたRC造の高層集合住宅が多くなっている．

（2） 壁構造（壁式構造）

住宅のように壁の多い建物では，柱や梁を使わずに壁と床だけで建物の構造体をつくることができる．これが壁構造で，材料や構法によって次のような種類がある．

① RC壁構造

RCの壁構造は，ラーメン構造のように柱型や梁型が室内に出ないので室内がすっきりするし，平面計画のさいにも，ラーメンのグリッドに拘束されないという長所もあるので，戸建住宅だけでなく，5階建程度までの低層または中層の集合住宅に，よく用いられている．

ラーメン構造では柱と梁が荷重を支えるが，壁構造では耐力壁と壁梁がその役目を果たす．壁構造といっても，平面上の壁の部分だけで，荷重を支えるのではない．耐力壁は壁成45cm以上の壁梁でつながっていて，一体となった壁全体で鉛直，水平両方向の荷重を支えるのである．

構造上，上階の耐力壁の下には耐力壁が必要で，これは軸組構造でも，重要な柱の下には柱がなければならないのと同じである．耐力壁の厚さは15～18cm以上，壁の量はX方向，Y方向それぞれについて，床面積1m²当たり12～15cm以上の長さが必要である．

1階をピロティ形式の駐車場にするとか特別な場合でないかぎり，普通の住宅であれば壁量を確保できないことはないだろう．壁構造だから壁さえあればよいというのではなく，壁の内部に柱が隠れていると考えてバランスよく壁を配置しなければならない．

② 組積造（煉瓦造・石造・補強コンクリートブロック構造）

煉瓦造・石造（masonry structure）は欧米では古い歴史を持ち，耐久性，耐火性に優れているが，元来，地震の少ない国で発達した構法であり，耐震性に欠けることから関東大震災では多くの建物が崩壊した。そのため，今では建物の主要構造に用いられることは，ほとんどなくなり，間仕切壁や外壁の一部などに使われるていどである。

補強コンクリートブロック構造は中空のコンクリートブロックを積み重ね，縦横に鉄筋を入れて，目地と鉄筋の周囲にモルタルを充塡する構法である。経済的で工期も短く，耐火性もあるので小規模な住宅には使用可能だが，外壁としては防水性が十分でないのが欠点であり，そのためラーメン構造のカーテンウォールとか間仕切壁に使われることが多い。

③ ツーバイフォー（2×4）構法（枠組壁工法）

北米から移入された構法で，主として2インチ×4インチの断面寸法に製材された木材を使用することからツーバイフォー（two by four）構法，または2×4工法とよばれている。2インチ×4インチといっても，製材後の断面寸法は 38 mm×89 mm で，ほかに 38 mm×140 mm，38 mm×235 mm などの材料が用いられる（図9.5）。

この構法は，木材で組まれた枠組に構造用合板などを釘打ちして壁，床，屋根を構成するもので，柱はなく壁構造の一種である。在来の軸組木構造と違って，接合部に枘や枘穴などをつくらなくてよいから加工も組立ても単純で，工期も短くてすむという特徴がある。わが国でも 1974 年（昭和 49 年）の建設省告示によって認められている。

(3) パネル構法

これは主としてプレハブ住宅に用いられる構

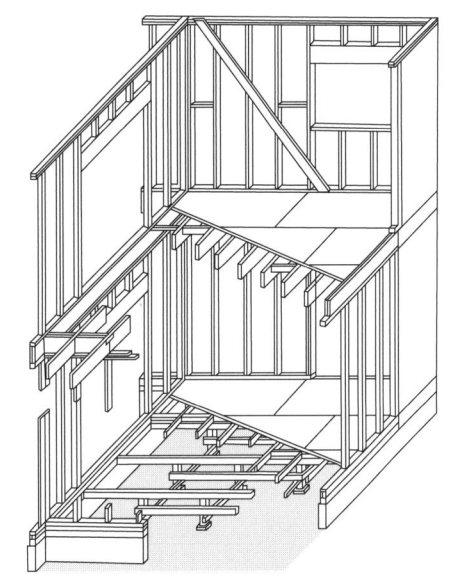

図9.5 ツーバイフォー構法の枠組
（日本建築学会「構造用教材」p.24参照）

法である。プレハブはプレファブリケーション（prefabrication）の略で，プレハブ住宅とは部材のほとんどすべてを工場で生産し，現場では組み立てるだけという生産方法による住宅のことである。

パネル構法には，材料と構法によって次のような種類がある。

① 木質系パネル構法

これは柱がなく，工場生産のパネルを建て並べて上階の床や屋根を支える構法で，壁構造の一種である。材料としては，やはり木質系が多く，ツーバイフォーの部材を用いたパネルもある。パネルの大きさには，幅 900 mm 程度の小型パネルとルームサイズの大型パネルがあり，小型パネルの場合は，生産や運搬とも容易で，敷地や進入路が狭くても施工できる。

一方，大型パネルは，現場の組立てにも大型のクレーンなどが必要になるが，工場で内装や外壁の仕上げなどをすませておくことができる（図9.6）。

② 鉄骨系パネル構法

柱や梁に鉄骨を用いる構法で，戸建住宅では

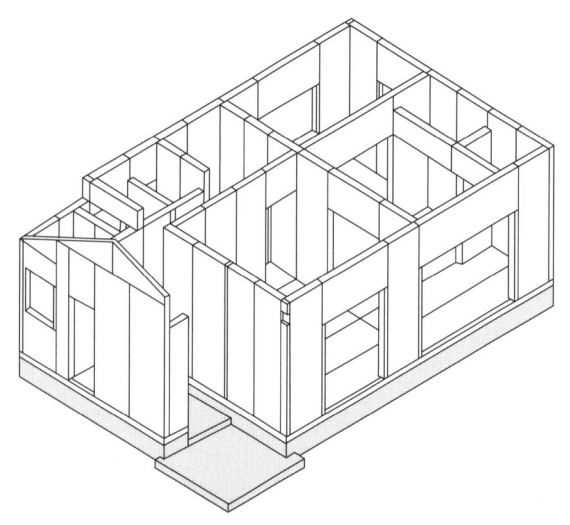

図 9.6　木質系パネル構法（1階壁）
（日本建築学会「構法計画」p.31参照）

軽量鉄骨（軽量型鋼）を用いるタイプが多い。軽量型鋼とは厚さが 1.6〜6 mm の鋼材を加工したものである。壁や床は工場生産のパネルで構成するものが多い。この場合，パネルの材料は合板だけでなく，ALC（軽量気泡コンクリート autoclaved light‐weight concrete の略）などのボードも用いられる。この構法では，ルームサイズの箱型のユニットにサッシや設備機器なども工場で組み込んだ状態で現場に搬入するというシステムもある。ただし，ユニットの大きさが，道路の幅員などによって制約されるのはやむをえない。

③　コンクリート系パネル構法

プレキャストコンクリートのパネルを組み立てる構法で，戸建住宅では少なく，主として集合住宅に採用される。工場生産された PC 版（precast concrete のパネル）を施工現場で組み立てるもので，工期の短縮化や品質管理上のメリットが評価されている。

9-3　屋根の架構

アーチ（arch）やヴォールト（vault），ドームからシェル（shell）構造や膜構造にいたるまで，屋根の架構技術は空間を大きく，かつ魅力的に見せるために極めて有効である。これに対して，RC 造のビルや集合住宅では，陸屋根（フラットルーフ）が支配的で，屋根のデザインが意識されることは少ない。

RC 造の場合，コンクリートが打ちやすいのは陸屋根で，RC で勾配屋根をつくるのは容易ではない。陸屋根は合理性のシンボルとして，近代建築のトレードマークでもあった。ところが木造建築の場合，よほど降雨の少ないところでないと陸屋根を架けるのは困難である。わが国の寺社建築や民家では，傾斜が大きく庇の深い屋根が一般で，それが日本的で魅力のある外観をつくっている。

木造住宅では図 9.7 に示すように，同じプランでも屋根の架け方には，さまざまな方法があり，屋根のかたちによって外観のデザインは全く違う感じになることがわかるであろう。ただし，屋根のデザインを考える場合，重要なことは雨仕舞のよいかたちでなければならないことである。陸谷（水平に近い谷）のできるバタフライ屋根やのこぎり屋根とか，陸屋根など，水はけの悪いかたちは避けるべきである。

ところで木造の場合，屋根の架構方式には洋小屋と和小屋がある。

①　洋小屋

洋小屋は三角形を組み合わせたトラスに屋根を架ける形式である。トラスは，引張と圧縮に強い木材の性質を生かした合理的な形状で，小断面の木材で大スパンを支えるという利点がある。ただし外側の柱でトラスの両端を支えるので，体育館のように単純なプランになりやすい（図 9.8，図 9.9）。

洋小屋は従来，一般の住宅にはあまり使用されなかったが，最近，間伐材などを使って新しい洋小屋をデザインし，これまで天井裏に隠されていた小屋組を，積極的に室内空間に現して見せる事例もある。

9-3 屋根の架構 113

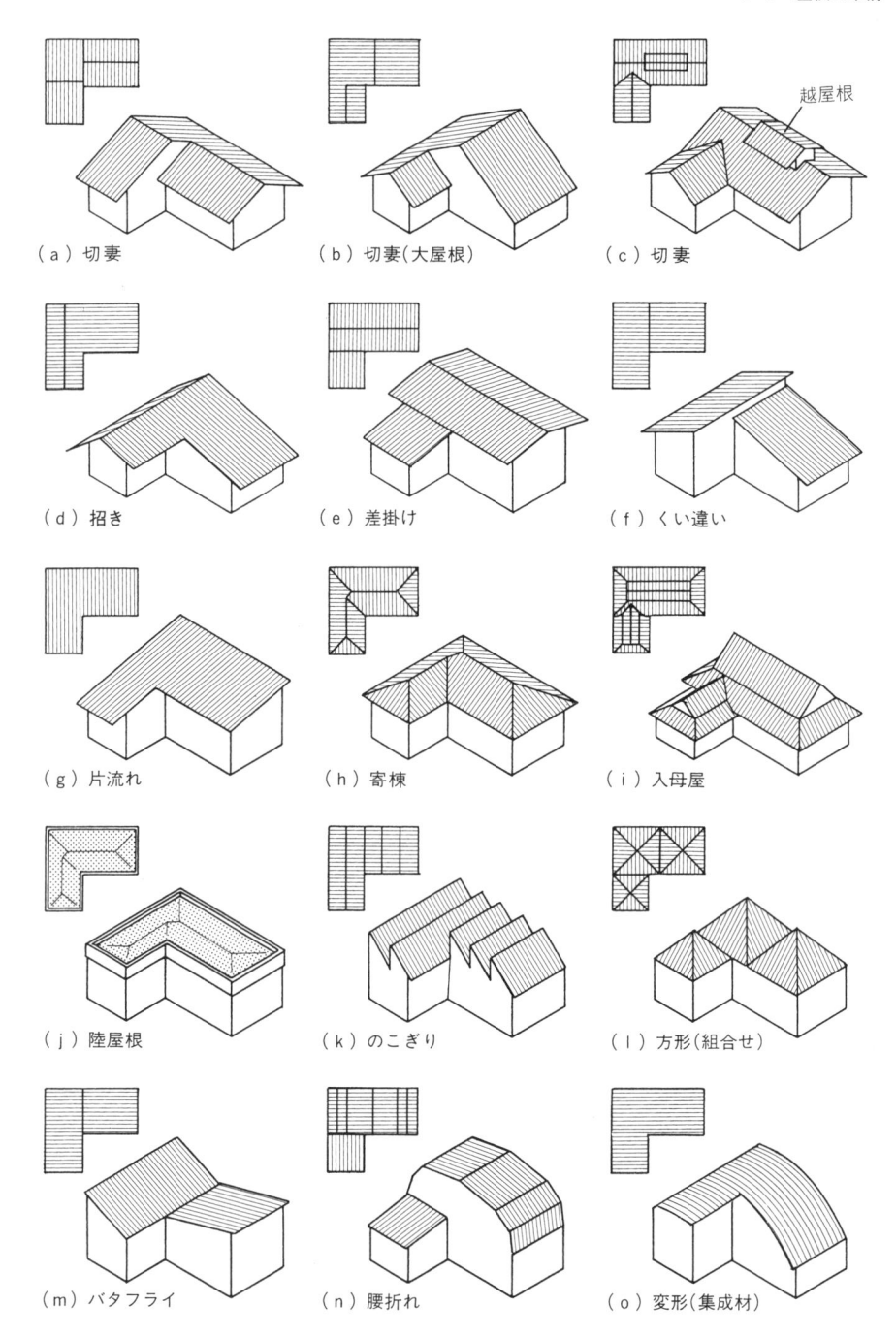

(a) 切妻　　(b) 切妻(大屋根)　　(c) 切妻　越屋根

(d) 招き　　(e) 差掛け　　(f) くい違い

(g) 片流れ　　(h) 寄棟　　(i) 入母屋

(j) 陸屋根　　(k) のこぎり　　(l) 方形(組合せ)

(m) バタフライ　　(n) 腰折れ　　(o) 変形(集成材)

図9.7　同じプランに対する屋根のかたち

② 和小屋

　和小屋は，柱の上部を敷桁や小屋梁でつなぎ，その上に束を立てて屋根のかたちをつくる形式である（図9.10）。

　和小屋の特徴は，どんなかたちの屋根にも対応できることで，プランの自由度も高い。在来構法による木造の住宅は原則として和小屋を用いる。当然のことながら梁間に応じて小屋梁の断面は大きくなり，洋小屋よりは使用する木材量が多くなるが，天井を張るので，小屋梁には

図9.8 洋小屋の例（設計：連合設計社市ヶ谷建築事務所）（写真：木寺安彦）

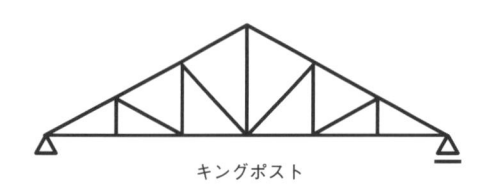

図9.9 洋小屋

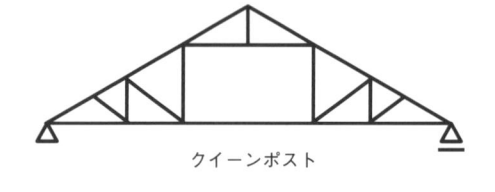

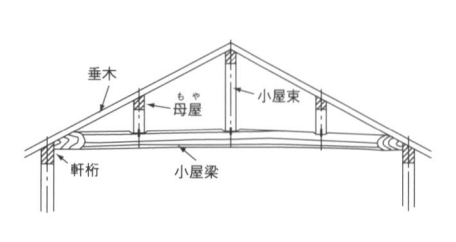

図9.10 和小屋の例

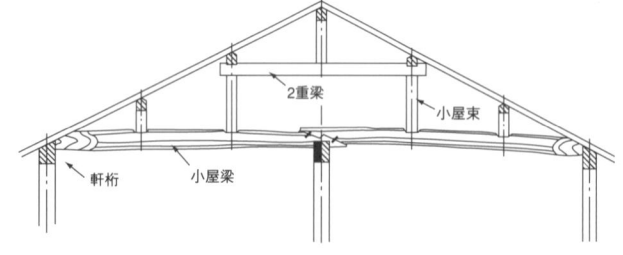

松丸太などの製材していない材料を使うこともできる。したがって，コストはむしろ洋小屋より安いことが多い。

　和小屋のかたちは「切妻」と「寄棟」が基本である。プランに凹凸があって，どのように屋根を架けてよいかわからなくなったときには，細かい凹凸を無視して，「切妻」か「寄棟」で考えてみると，全体のかたちが見えてくる。「招き」や「大屋根」「越屋根」「方形」「入母屋」は「切妻」と「寄棟」の変形や組合せと考えてよい。

9-4　構造体の安全性

（1）耐震構造

　地震によって建物が受ける力は，地震力の大

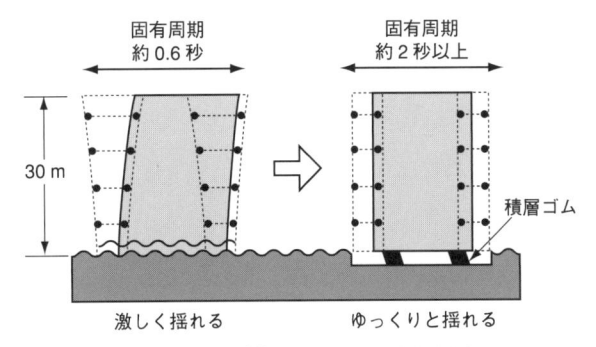

図9.11 免震構造と免震装置のしくみ（鹿島建設）

きさや地盤の固さなどによって違ってくる。地震力の大きさは初歩的には水平力に置きかえられるので，想定される水平力に抵抗できるように，強度の高いフレームや壁を配置して建物の変形を防ぐようにしなければならない。地震力のかかる方向は予測できないので，耐震要素としてのフレームや壁は，各方向にバランスよく配置することが重要である。

水平力に抵抗するためには木造や軽量鉄骨造では，壁に筋違（ブレース）を入れるのが基本である。パネル構法の場合には，パネルの両面に構造用合板を釘打ちして，変形しないようにすることも多い。耐震用の補強金物を必要に応じて適切に使用しなければならない。

（2） 免震構造

通常の建物は，建物全体で地震による振動エネルギーを吸収するが，構造体の強度が足りないと建物は損傷を受け，場合によっては全壊，半壊という結果になる。構造体に十分な強度があれば，建物本体の損傷は避けることができるが，地震による振動を少なくすることはできないので，各種の設備やコンピュータ関連の機器類などが損傷して，場合によっては重大な損害を受ける可能性がある。

免震構造は，それを避けるための技術で，「積層ゴム」などによる免震層を基礎と上部構造の間に挿入して振動エネルギーを吸収する構造である。高層住宅ないしは超高層住宅に採用されることが多いが，戸建住宅でも採用されるようになってきた。積層ゴムは数mm厚の薄いゴムのシートと鋼板を，それぞれ30枚程度交互に重ねたドラム状のもので，高さは50cm程度，直径は50cmから1m以上のものまである。

図9.11に示すように，免震構造は建物の重さを支えながら，地震時には水平方向に変形する左右の揺れと上下に働く鉛直荷重時の振動を抑えるというアイディアだが，今のところまだ，振動周期の長い巨大地震を経験していないので，その場合の有効性については，多少の不安がないわけではない。

最近は，戸建住宅の免震構造として，基礎部分に水平振動を和らげるようなスライド式の装置を取り付けるシステムなども開発されている。

（3） 耐風設計

台風による住宅の被害として代表的なケースは，屋根が吹き飛ばされる，瓦などの屋根材がめくれる，窓ガラスが割れるなどであるが，軽い建物では全体が倒れることもある。地震のさいには，屋根の重いのは不利であるが，風に対しては，屋根の重いほうが吹き飛ばされるおそれが少ないので有利である。また，強風のさい，勾配屋根では風上側よりも風下側のマイナスの力（吸い上げる力）が大きいので，風下側の屋根材がめくれることが多い。

なお，積層ゴムなどを用いた上記のような免震構造は強風に対しては効果がなく，かえって揺れが大きくなる可能性があるので，超高層住宅の場合，台風の常襲地帯では注意しなければならない。

都市部ではマンションやオフィスビルなどの高層ビルが集中して建設される場合があり，近隣の低層住宅や商店街などでは，通常の風の通り道によっては「ビル風」による風害が発生し，突風などで屋根や植栽などに間接的な被害を及ぼすこともある。そのため高層集合住宅の建設においては，条例などによって計画時点での環境影響評価が義務づけられている場合もある。

第10章
住宅の設備と環境技術

　住宅の環境条件としては，その快適性を考えることからはじまる。ここでは，まず日常生活をするうえで最も基本となる必要条件について，関係する項目をわかりやすく説明することにした。またリサイクル時代の到来など，住環境の将来にとって考慮しておかねばならない省資源や省エネルギー問題についても触れておくことにした。

10-1　住宅の快適性

(1)　室内気候の調節

　夏は風通しがよく，冬は日当たりがよい住宅は快適である。太陽の光は室内に暖かさや明るさを与え，湿気を排除したり殺菌作用もある。また冬でも十分な日照があるということは，建物の南側に十分な空地があることを意味するから通風も得やすい。したがって，冬至に何時間の日照が得られるかが住宅の室内環境の快適さを示す指標となる。

　しかし現在の都市では，住民のすべてが十分な日照と通風の得られる住宅に住むことは難しい。宅地が狭いと部屋のすべてを南面させることはできないので，どうしても日の当たらない部屋ができる。集合住宅の計画では，日照時間と戸数密度は相反する要素である。

　戸建住宅の設計では，想定されるボリュームの建物を敷地に置いてみて，周囲の状況から日照の最も多く得られる位置に居間をもってくるのが設計のスタートである。宅地が狭いときには，居間を2階に設ける場合が少なくないのは，そのためである。

　忘れてならないのは，設計する建物が周囲の日照に与える影響である。高層住宅の場合は近隣に対する説明が必要だから忘れることはないが，個人の住宅では建主の願望が先行して，周囲に対する配慮が欠けることもある。敷地の北側に寄せて建物を配置するとか，3階建にすることもあるが，その場合には，背後の住宅の日照にも配慮しなければならない。図10.1の例では，3階建の住宅の2階3階は日照を受けられるが，背後の住宅は日影になってしまう。

①　体感温度

　人間の体温は約36.5度で常時身体から放熱している。その放熱量が適切でないとき，「暑い」「寒い」というシグナルを発する。湿度が高ければ体表からの水分蒸発は減少し，気化熱によって体温を下げることができなくなる。つまり暑さ寒さの感じ方は，たんに気温だけで決定されるのではなく，温度，湿度，風の3因子が関係する。気温が高くても，湿度が低く通風があればしのぎやすい（図10.2）。

　太陽の輻射熱は有力な採暖手段なので，冬は十分取り入れなければならないが，夏は遮光しなければ暑いので，その遮蔽方法を考えねばならない。部屋の配置によっては，日の当たる面の窓に遮光カーテンや遮光スクリーンを必要とするが，輻射熱はガラス面の外側で遮るのが有効で，庇やルーバーはそのためのものである。また落葉樹，藤棚，簾などは，夏の輻射熱を遮り，冬は日当たりを確保することができるの

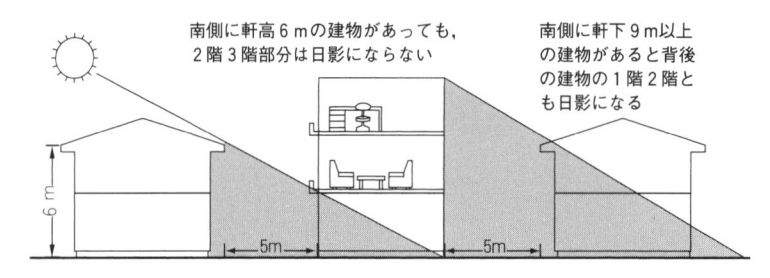

図10.1　冬至における午後1時頃の日影

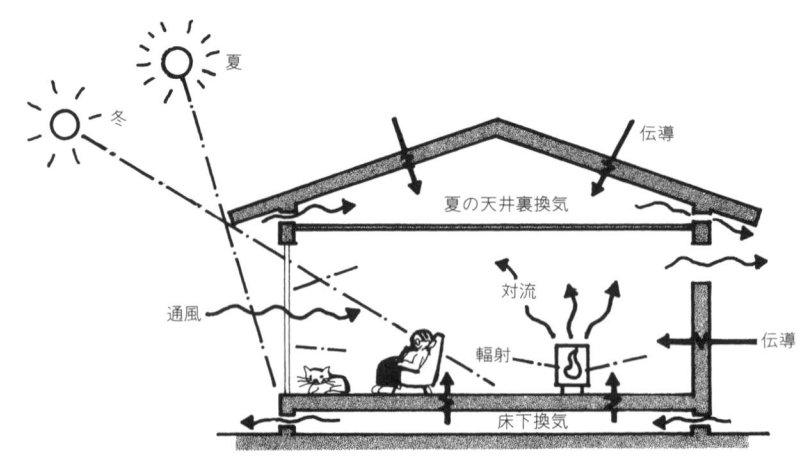

図10.2　自然換気と体感温度

で，適切な工夫といえる（図10.3）。

② 通風と換気

通風と換気はどちらも空気の流れであるが，通風は涼しさを感じるためのものであり，換気は湿気や汚れた空気などを除くことなどを目的とする場合である。

室内を閉めきって換気しないと，酸素が不足して「酸欠」状態になり，不完全燃焼で有毒な一酸化炭素を発生する。二酸化炭素はそれ自体有毒ではないが，二酸化炭素が多いときには，空気が汚染している場合が多いので，二酸化炭素の含有量は空気の汚染度の指標になっている。換気が悪いと，ほこりや水蒸気が出て行かない。ほこりは喘息などの原因になるし，水蒸気は結露して壁や天井にかびを発生させる。

夏に通風のない家は住みにくい。地方によって常風方向（風の吹く方角）は違うが，風上と風下に窓を設け，冷たい空気は下から入り，暖かい空気は上のほうに抜けるようにすれば，風道ができて効果的である。

いずれにしても自然換気ができるような計画・設計が最も好ましく，通風口や換気口の配置や設置方法にも工夫しなければならない。

③ 地下室の通風と換気

住宅の居室つまり居間，台所，食堂，書斎，寝室などを地下階に設けることは禁止されていたが，地価の高騰や住宅敷地の狭小化により，地下空間を活用することが重要な課題になってきた。そのため，1998年（平成10年）に建築基準法の改正で一定の条件を満たせば，地下階にも居室をつくることができるようになった。その条件とは，室内への水の浸透を防ぎ，湿気を排出するための措置で，たとえばドライエリア（空堀）を設けるとか，空調機器などを設置して常時，機械換気や除湿ができるようにすることである。

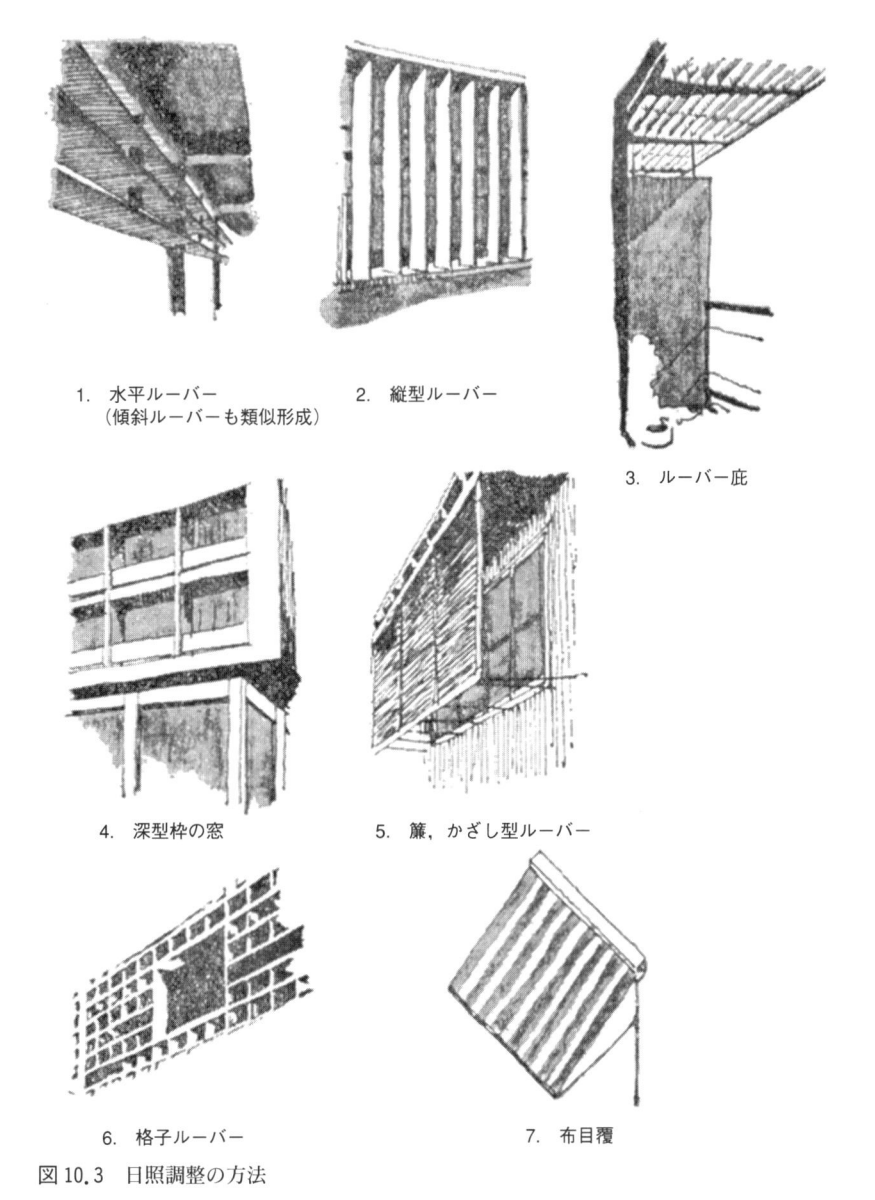

1. 水平ルーバー
   （傾斜ルーバーも類似形成）
2. 縦型ルーバー
3. ルーバー庇
4. 深型枠の窓
5. 簾，かざし型ルーバー
6. 格子ルーバー
7. 布目覆

図 10.3　日照調整の方法

しかし地下室は，壁や床の防水にも特別の工事費がかかるため，地上に同じ面積の部屋をつくる場合に比べて数倍の費用がかかるのがふつうである。また，壁からの漏水や集中豪雨などによる浸水もありうるから，安易に考えてはならない。

(2) シックハウス問題
（シックハウス症候群の防止）

シックハウス症候群とは，新築住宅に入居したとき，白蟻駆除剤のクロルピリホスや接着剤に含まれるホルムアルデヒドなどの揮発性物質とか，ダニやカビなどの微生物などにより，喘息やアトピー性皮膚炎が悪化するとか，内分泌系機能に異常をきたす症状のことである。

被害が多発するようになったため，2002年の建築基準法改正により，人体に有害な揮発性有機化合物のうち，クロスピリホスは使用禁止，ホルムアルデヒドは使用が制限され，機械換気設備の設置が義務づけられるようになっている。

(3) 光の調節（採光と照明）

室内の明るさは昼光と照明によって得られる。昼光には天空光と太陽の直射光がある。直射光は方向性が強く、著しい輝度の差をつくり、不快なグレア（まぶしさ）を生じるので注意しなければならない。

同じ大きさの窓でも、形状と位置によって室内における明るさの分布は違ってくる。部屋の片側だけに窓が設けられる場合、窓の位置が高いほど部屋の奥まで明るくなる。屋根の天窓（トップライト）は垂直面の窓の3倍の明るさになると考えてよい。したがって高い位置の窓は採光には有利だが、その一方、掃除しにくいので、汚れてもそのままになりやすいという欠点がある。

照明器具の照度はますます高くなる傾向にある。室内全体を照明するのを全般照明、作業面のみを照らすのを局部照明という。作業面の明るさは照明器具までの距離の2乗に反比例するので、たとえば同じ明るさの照明器具でも、机の表面から 50 cm の位置に置けば、1.5 m 離れた天井灯の9倍の明るさになる。

住宅の採光計画には、光を遮ったり、室内空間を演出することも含まれる。わが国では以前は雨戸を使用する住宅が多かったが、最近は、雨戸を設けずカーテンやブラインドで遮光する家も多い。カーテンには防炎加工されたものもある。カーテンは操作が容易で演出性に富み、吸音や冬のガラス窓からの冷放射を防御するためにも多少は有効だが、材質によって遮光性などに差があるので、寝室に使用する場合は注意が必要である。

(4) 騒音防止

騒音とは好ましくない音の総称で、美しい音楽でも自分が聞きたくないときには騒音になってしまう。音に対する感じ方は物理量だけでなく、音の発生する時刻や周辺環境、慣れなど、さまざまな要素が関係する。昼間は気にならない自動車の音も夜間は気になって眠れないこともある。他人の話声や足音も、親しい人の場合と嫌いな人とでは、気になる度合が違ってくるという。外部の騒音が大きい場合は、建物による「防音」を考えなければならない。「防音」には「遮音」と「吸音」という二つの側面がある（表 10.1）。

「遮音」とは、音が壁を通過することによって騒音レベルが減少することで、石や煉瓦、コンクリートなどのように重量の大きな材料ほど、遮音性が高い（図 10.4）。しかし、いくら厚くて重い壁で遮音しようとしても、壁には窓があり、隙間もあるから、音はそこから漏れてしまう。

集合住宅の窓や出入口の枠と建具の隙間から音が漏れるのを防ぐための防音サッシや防音ドアなどの製品も開発されているが、意外に気がつかないのが換気孔や郵便受け、配管用の開口（スリーブ）などである。騒音はわずかな隙間

表 10.1 騒音のレベル（許容限界値）

騒音レベル (dB)	20	30	40	45	50	55	60
うるささ	無音感	非常に静か	とくに気にならない		騒音を感じる		騒音を無視できない
会話・電話への影響		5m離れて囁き声が聞こえる	10m離れて会議可能		普通会話で（3m以内）電話可能		大声会話で（3m）電話やや困難
建物の種類	無響室	特別病室	田園地の寝室や客室	郊外住宅地の寝室や客室	都市住宅地の寝室や客室	若干の工場や商店がある	市街地

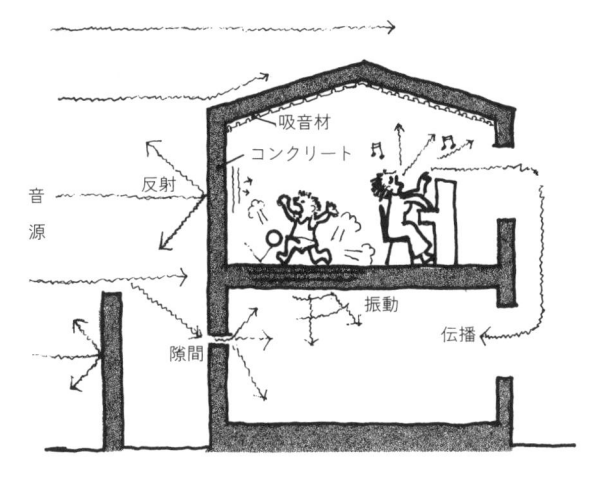

図10.4 音の伝播経路

からも侵入するので細心の注意をしなければならない。

騒音には，ドアの隙間などから入ってくる空気伝播音のほか，機械の振動などが構造体を伝わってくる固体伝播音がある。固体伝播音の音源は空調機，足音，ドアの開閉音などで，集合住宅では近隣トラブルのもとになる。上階の足音などについては，防振ゴムを使うとか，振動音を軽減するような床構造も開発されている。

一方，「吸音」とは反射する音を少なくすることである。吸音性の低い状態とは，トンネルの中で声が反響するような状態であり，声が聞き取りにくい。吸音性が高いのはグラスウールやロックウールのような柔らかい材料で，吸音ボードとして製品化されたものも多いが，一般の住宅では，窓や隙間から入る騒音を防ぐため，厚手のカーテンなどで吸音するのが現実的であろう。

10-2 住宅の設備

(1) 電気, 給排水, ガス設備

住宅の設備としては，電気，給湯・給排水，ガス設備，冷暖房・空気調和設備，エレベーターなどがある。

① 戸建住宅

かつては家庭の風呂は家の中にある場合でも薪で焚き，プロパンガスなどでも外から着火する方式だったので，台所の勝手口と風呂の焚き口を隣接させるのが，プラニングでは必須の条件だった。そういう家に住んでいたからであろうか，新築や改築時に台所と浴室を隣接させたいと考える人がいるが，現在はリモートコントロールで操作できるようになり，給湯装置付きが一般家庭でも普及しているので，両方を隣接させる必要はない。

同じように，洗濯機を洗面，脱衣所に置かないと気がすまない人がいる。通常では，洗濯機の給排水が可能な場所は，置く場所が決まっていたからだが，あらかじめ給排水の配管を分岐しておけば，洗濯機自体はどこにでも置くことができる。

設備機器は年々進歩し変化するので，$2 \sim 3$ m^2 でよいから，外部に接した場所にサービスヤードをつくっておけば，設備機器の変化に対応するのに役立つであろう。

② 集合住宅の設備

集合住宅では，電気，ガス，水道は共有の本管からメーターを経て各住戸に引き込まれる。そのため，廊下または階段室に面する場所に本管とメーターを取り付けるためのメーターボックスのスペースを設けなければならない。給湯機も入ることが多いので，メーターボックスの有効面積は幅 60 cm，奥行き 30 cm 程度は必要である。

集合住宅で重要なことは，流しや便器，洗濯機などの設備機器と排水竪管の位置関係である。図 10.5 は排水系統の略図だが，いうまでもなく排水は下方にしか流れない。それぞれの器具から排水された汚水や雑排水はトラップから横引き排水管を経て竪管に流れ，地中の排水管を経て処理場にいたる。

トラップは器具の排水口と排水管の間を封水でふさぎ，排水管からの臭気が室内に入るのを

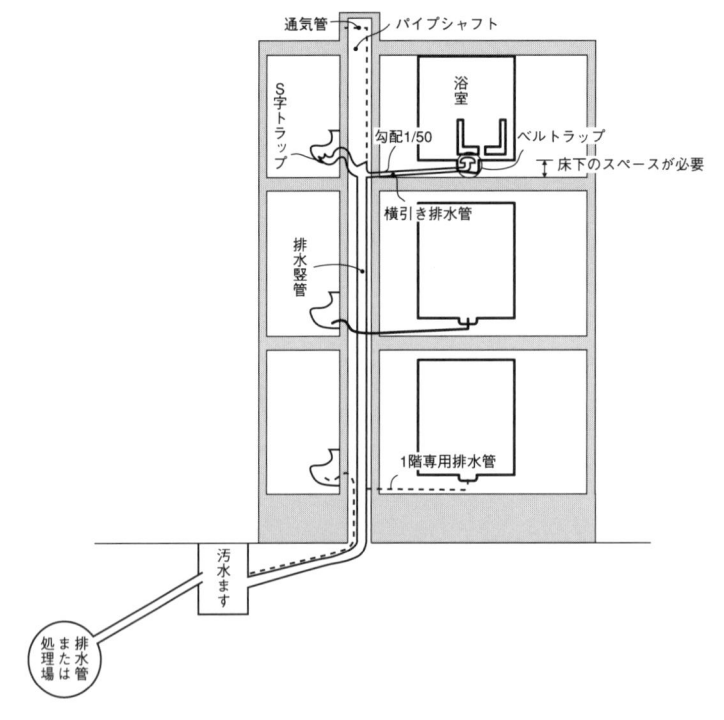

図10.5 集合住宅の排水系統

防ぐものである。排水管は給水管に比べて径が太く，内径は台所の流しで 5 cm，便器で 7.5 cm くらいになる。汚水が自然に流出するように，横引きの配管に 1/50 ていどの勾配が必要である。だから，流しや便器を排水竪管と離れた場所に設けると，横引き管を敷設するための床仕上げから床スラブまでのスペースがさらに必要になるだけでなく，漏水の危険性も大きくなる。

原則として，設備機器の排水口の近くに排水竪管の入るパイプシャフトを設けなければならない。竪管の本数を多くしないためには水まわりをまとめることである。上下階のプランを変えて別のものにする場合でも，排水竪管の近くに設備機器を配置する。

維持管理の点から各戸の配管は，その住戸が所有する空間の内側で納め，共用配管も外部から修理交換できることが望ましい。設備機器は今後も進歩して小型化するであろうが，パイプシャフトの広さは，維持管理や機器の交換を考えて広めにしておくべきだろう。

なお，浴室，洗面所，便所，台所などの，いわゆる「水まわり」について，従来は床や壁にタイルを貼るなど，現場の手づくりで仕上げることが多かったが，最近とくに集合住宅の浴室の場合，システムバスとかユニットバスとかいうような既製品の中から適当な製品を選び，現場で組み立てるというプレハブ方式が主流になっている。そのほうが仕上げもきれいでトラブルも少なく，工期も短くなり，リニューアル工事もしやすいからである。

(2) 室温の調節

① 暖房と冷房

熱の伝達には，対流，伝導，輻射，の三つの種類があるが，外気の暑さ寒さもこれらの方法で室内に伝わってくる（図10.2参照）。わが国の伝統的木造住宅は隙間が多く，冬にはいくら暖房しても，暖かい空気が外に逃げ，室内全体を暖めることは難しかった。アルミサッシや新建材を使用した住宅は気密性が高く，外気との

対流による熱の損失は少ない。

壁や天井，床を通して外部の熱が伝わるのが伝導である。伝導による損失を防ぐには外壁などに断熱材を入れる必要がある。断熱材とは簡単にいえば，空気を多く含んだ材料で，グラスウールや合成樹脂，発泡して板状にしたフォームポリスチレンなどがある。

一方，ソーラー・システムやガス，電気による床暖房（フロアヒーティング）を取り入れる住宅もある。

② 暖房と結露問題

最近は高気密・高断熱の省エネルギー住宅が増えてきている。とくに冬は，暖房による窓面など開口部周辺の結露が多く，外壁の内部や天井との間の断熱材に過剰なカビが発生する場合もある。なお，暖房による室内空気の流れの関係で，トイレや押入れの天井や床にはカビが発生しやすいので，長期間収納する物入れなどの壁や天井なども定期的に検査することが必要である。

(3) 空気調和設備

冷暖房の設備は機器の種類によっては，かなりのコストの差があり，予算配分に関係する。電気代やガス代などのランニングコストにも違いがあり，基本設計の段階からその方式を検討しておかなければならない。ルーム・エアコンやストーブのように，竣工後に室単位で個別の機器を設けて暖冷房する場合は，壁にスリーブ（配管用の開口）を用意しておく必要がある。

(4) 放射暖房設備

パネルヒーティングともいわれる。近年多く採用されるようになった床暖房は，この一種で，元来は床に埋め込んだパイプに温水を通して床を暖める方式だが，給湯ボイラーや配管などの要らない電熱を利用するタイプもある。

床暖房は，空調機器による温風暖房に比べて上下温度の差が少なく，風が直接，身体に当たらないこと，および「頭寒足熱」の原則にも合うので，床の表面温度が30℃以下と比較的，低くても快適である。

なお，朝鮮半島のオンドル（温突）は温水ではなく高温の空気を通すもので，伝統的には，竈の煙を床下の煙道に導いて床を暖める暖房方式である。また，ロシアのペチカは壁の内部に煙道をつくり，その中に焚口からの煙を通して壁面からの放射熱を利用する設備で放射暖房の一種であるが，床暖房ではない。だが，いずれも炊事やパンを焼くときの排熱を有効に利用するもので，寒い地方に生きる人びとの優れたアイディアである。

(5) エレベーター

6階建て以上の集合住宅には，エレベーターが必要なことはいうまでもないが，中層や低層の住宅でも，高齢者のためにはエレベーターがある方がよい。戸建住宅を対象にしたホームエレベーターも製品化されている。

エレベーターには巻上げ式（ロープ式）と油圧式があり，巻上げ式には機械室が必要な方式と機械室レスの方式がある。機械室ありの場合，電動の巻上げ機などを設置するため，普通は屋上に突出した機械室を設けなければならない。

一方，機械室レスの方式では，エレベーターの昇降路の下部（ピット）または最上部（オーバーヘッド）の空間に巻上げ機を設置するので，機械室は不要である。今のところ機械室レス式は速度も105 m/分以下の中速で，昇降行程も60 mまでということが多いので，超高層には無理だとしても，中層から15階程度までの高層住宅では一般的な方式になっている。

油圧式では，エレベーターに近いところに機械室が必要である。（図10.6）

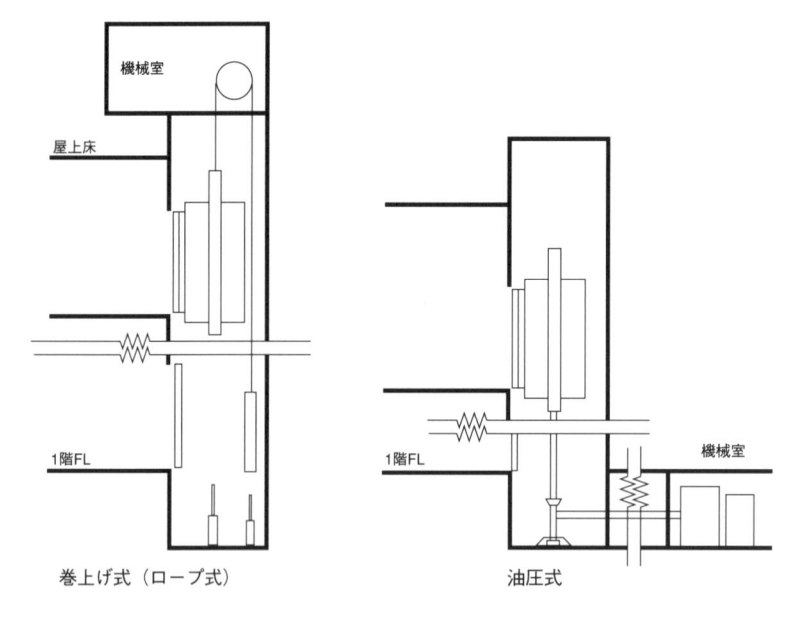

図10.6　エレベーターの種類

10-3　省資源・省エネルギーの技術

　省エネルギーの概念は当初，資源の枯渇に対応するためのものだったが，現在は地球規模の環境保全に重点がおかれている。省エネルギー住宅とは，太陽熱などの新しいエネルギー資源や夜間電力などを有効に利用することを考えた住宅のことである。

（1）　断熱性能を高める

　省エネルギー技術の第一歩は，外壁や屋根などに断熱性を十分に確保することである。それによって暖冷房などのための消費エネルギーを少なくすることができる。また，それは同時に室内を，冬は暖かく，夏は涼しく保つためにも有効である。

　断熱とは「対流」や「伝導」によって熱が伝わるのを防ぐことを意味する。そのためには，外部に面する壁，床，天井または屋根に適当な断熱材による断熱層を隙間なく設けて，熱が伝わらないようにしなければならない。断熱材としては，グラスウールやロックウールなどの繊維系のものや発泡ポリスチレン（発泡スチロール）やウレタンフォームなどのような多孔質の材料をボード状にしたものがある。なお，冬季，壁の内部で結露が発生するのを防ぐために，室内側に防湿フィルムなどによる防湿層を設けるのが望ましい。

　ところで，わが国では，このような断熱層を外壁の内側に設ける「内断熱」の構法が採用されることが多い。これに対して外側に断熱材を取り付ける「外断熱」が有利とする意見もあるが，外壁として必要な強度と防水性を備えた材料が少ないこと，およびバルコニーや庇などの張出しがある場合には施工が複雑になることから，北海道などの寒冷地を除き普及が遅れている。しかし今後，適当な材料や工法が開発されると増える可能性はある。

　なお，屋上や壁面の緑化（図10.7）も実用化段階にあり，断熱に効果があるとされるが，長期にわたって良好に維持管理することができるかどうかが問題である。都市気候の要因となるヒートアイランド解消には多少は役立つとしても，地上から離れたところで植物を育てるた

図 10.7　壁面緑化による冷涼化工法の例

め，手入れをおこたればすぐに枯れてしまうので，維持管理とコストが今後の課題である。

(2) パッシブ・システムを取り入れる

省エネルギーの観点から，周辺の気候を最大限に利用し，給気や排気にかかるエネルギーを無理なく少なくするのがパッシブ・システムである。できるだけ日照を取り入れ，風が通り抜けるように窓などを設けて涼しい空気を取り入れ，適切な材料を使用して断熱をはかるなど，できるだけ自然の状態に沿ったかたちで住む方法である。これは日本の伝統的な住宅の考え方と同じで，それがあらためて見直されたということであろう。

(3) ソーラーシステムを採用する

ソーラーシステムは太陽のエネルギーを利用するシステムである。これには「太陽熱」を熱源として利用するものと「太陽光」による発電を利用するものがある。

太陽熱を利用するためには，屋根の上などに集熱用のパネルを乗せて，パネルの内部に水を通し，太陽熱で温度の上がった水を給湯に利用するのが一般的である。太陽光を利用するタイプとしては，太陽電池を並べたパネルを屋上などに並べて，得られた電気をエネルギーとして用いるシステムが一般的である。

なお，ソーラーシステムは建物のデザインに影響することが多いので，気をつけなければならない。屋根にパネルなどを取り付ける場合，太陽エネルギーを効率よく取り込むことができるように棟の方向や勾配が決まることが多いからである。

(4) 水資源の有効利用

水不足になることの多い地域では，水資源を有効に利用しなければならない。そのために，まず考えられるのは雨水を利用するシステムである。屋根面に降った雨水は，普通は樋を通して排水されるだけだが，これを集めて利用するシステムで，以前から離島とか山小屋では貴重な水源になっている。節水のためのもう一つの手法は，排水を浄化して再度，利用する循環型の水利用システムである。もちろん飲料水には使えないが，洗濯や掃除とか，便器の洗浄水などのような雑用水としては利用可能だから，今後は積極的に採用すべきであろう。

第11章
集合住宅の計画

11-1 住宅問題の発生と団地計画の手法

　単体の住宅がどんなによくできていても，それだけでは居住するのに十分な条件を備えているとはいえない。近隣の家や公園などがよい環境を形成し，道路，学校，店舗などが整備されていることも，快適な住生活を営むためには欠かすことのできない条件である。

　伝統的な市街地や集落は，生活上の要求を受けとめながら淘汰を重ね，長い時間をかけて形成されてきたものである。だが，現代の社会状況からは，のんびりと長い時間をかけて熟成することは許されない。住環境を野放しにしておけば，虫食い状の開発や権利の乱用により，短期間に劣悪な状況になってしまう（図11.1）。

　集合住宅の計画とは，住戸が相互に良好な関係になるような集合体をつくることであり，さらに近隣や地域などの快適な日常生活の場をつくることである。ここでは，自分の住居もまた，他人にとっては住環境の一部を形成していることを忘れてはならない。

　集合住宅を「他の家と躯体を共有する住宅」と定義すれば，集合住宅の歴史は古い。わが国においては，1200年も前から長屋式の集合住宅があり，ヨーロッパでは紀元前から重層式の集合住宅があったという。しかし，住宅問題の対象としての集合住宅は産業革命以後のものである。

　19世紀の前半，イギリスではロンドンをはじめとする工業都市が，農業人口を吸収して急激に拡大した。子供まで働かせるような劣悪な

図11.1　郊外の住宅地開発状況

労働条件を改良するために，労働運動や社会主義思想が生まれたが，住宅政策としての集合住宅の建設がはじまったのも，この時期であった。

当時の住宅は，隙間なく建て込んだ集合住宅の1室に家族全員が折り重なって寝るような状態で，共同便所のまわりには汚水があふれていた。いわゆる「スラム」である。非衛生的な環境からコレラなどの疫病が大量に発生し，良心的な工場経営者の中には，これを改善しようとして労働者のための住宅を計画する人も出てきた。これが計画的な住宅団地のはじまりである。

有名なE.ハワードの田園都市構想は，都市と田園，双方の利点をかねそなえたもので，具体的には人口32,000人に対し，1,000エーカーの市街地と5,000エーカーの農耕地をもつ田園都市の提案であり，その後の集団住宅地の建設や都市計画に方向を与えた。ハワードの提案は，ロンドン北方のレッチワースに実現され，その後，ウェルウィン，ハムステッドなどを経て，今日のニュータウン建設につながっている。

欧米諸国は，このようなイギリスの状況から大きな影響を受け，わが国においても例外ではなかった。アメリカでは民間資本の導入がうまく行われたのが特徴で，フランク・ロイド・ライトのブロードエーカーシティの提案が注目される。ドイツにおいては，G.フェーダーが「日常生活圏」の考え方を確立し，生活の日，週，月という時間的な段階構成と，公共施設の種類や配置の基準をこれに対応させることを提案した。C.A.ペリーの「近隣住区（Neighbourhood unit）」という計画技法を発展させたものである。

1938年，ル・コルビュジエを中心とするCIAM（近代建築国際会議）は，都市機能の中心は住宅であるとし，近隣の単位を人間的なスケールのもとで計画すべきことを主張した。

緑，太陽，空間をキーワードとするル・コルビュジエの都市理論は，その後，各国の都市計画や住宅地計画にも影響を与えた。

11-2 わが国における集合住宅の歴史

初期の集合住宅としては，通称「軍艦島」とよばれた海上の炭坑住宅があった。これは建て込んだ高層住宅の下にある労働者住宅で，日もささない1室住居であった。労働者向けの軍艦島に対し，高級インテリ層向けにつくられたのが，西洋直輸入型の「お茶の水アパート」（1925年）である。こちらは純西洋式で，下足，ベッド式のモダンなものだったが，このような純西洋式はわが国には定着しなかった。

関東大震災後の復興のために同潤会が設立され，不燃アパートの建設に当たった。同潤会はRC造の共同住宅に，畳や押入れに低い腰窓など，和風の暮らし方を取り入れ，わが国の集合住宅の計画に大きな影響を与えた。とくに「代官山アパート」は共同施設として，食堂，娯楽室などを設けたもので，コミュニティを強く意識したものであった。その後，同潤会は住宅営団に改組されたが，第二次大戦の激化とともにすべての住宅建設は停止した。

戦後は戦災による住宅不足が厳しく，建設された公営住宅は極小規模のバラックであった。1948年，建設省が発足して，「住宅金融公庫法」（1950年），「公営住宅法」（1951年）が成立し，1955年には，住宅営団の流れをくむ日本住宅公団が発足した。その後に住宅都市整備公団となり，現在は都市開発機構（UD）となっている。

この時期に，51C型という住宅の間取りの標準タイプがつくられた。これは西山夘三博士による庶民住宅の調査をもとに，「食寝分離」と「就寝分離」を極小住宅で実現するために鈴木成文博士などによって提案されたものである。この平面は年々改良され，そこから生まれたDKスタイルは，新しい生活のシンボルと

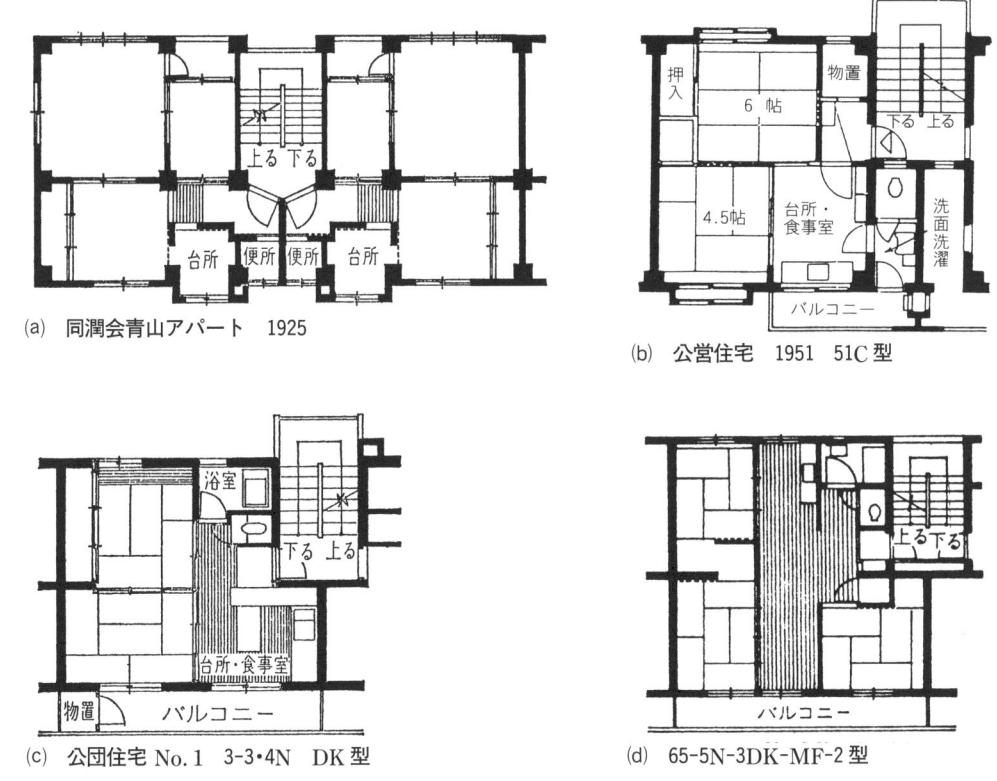

図 11.2 住戸型の系譜（(a)はキッチンのみ，(b)はDKのはじまり，(c)は浴室付，(d)は居間が加わる）

(a) 同潤会青山アパート　1925
(b) 公営住宅　1951　51C型
(c) 公団住宅 No.1　3-3・4N　DK型
(d) 65-5N-3DK-MF-2型

して大流行し，公営の集合住宅から戸建住宅にも広がっていった（図11.2）。

1960年頃からの高度成長期には，新住宅5カ年計画も策定され，「一世帯一住宅」を目指して，住宅の需要を量的に充足することが目標となったが，経済発展は都市への人口集中と地価の高騰をもたらし，大都市圏での住宅地を取得は困難になった。結果として住宅地は都心から離れ，「スプロール的開発」とか「ドーナツ化現象」とよばれる大都市周辺の人口集積が生じた。時代とともに次第にドーナツの輪が大きくなり，逆に都心部の夜間人口は少なくなった。とくに首都圏では，長時間通勤と混雑による通勤地獄は年を追って激しくなった。

この時期，住宅公団は大都市の郊外に草加松原団地，香里団地など，数千戸の大規模団地を数多く建設した。これらの団地は店舗や教育施設などの生活施設を持ち，「団地族」とよばれる階層を形成した。

1965年頃から，近郊の取得可能な用地は少なくなり，広い土地を郊外に求めて，千里（大阪），高蔵寺（愛知），泉北（大阪），多摩（東京）などのニュータウンが建設された。これらはイギリスのニュータウンなどをモデルとしたが，職場と遠く離れたベッドタウンだったから，通勤者に対する負担は大きくなった。

団地の入居者は年齢構成が著しく片寄っているため，とくに大型団地では，たちまち幼稚園や学校などが不足し，プレハブ校舎やマンモス学校なども出現した。公共負担の増加に悩んだ地方自治体は「団地お断り」を表明し，「宅地開発指導要綱」などを制定して開発を規制するようになった。

郊外の中層団地開発に並行して「面開発」とよばれる高層高密度団地も開発された。工場跡地を利用した大島4丁目団地（東京），森ノ宮団地（大阪）などで，地上階には店舗や保育所などの生活施設が設けられた。高島平は5万戸

図 11.3　高島平団地（巨大な高層住棟群）

の高層団地であるが，均一な住戸を積み上げた板状の住棟によってできた巨大な外部空間は，高度成長時代を象徴するかのようなスケールを持っている（図 11.3）。

公的な住宅供給は一定の成果をあげたが，量的に住宅需要を満たしたのは民間資本であった。住宅ローンが一般化し，マンションとよばれる民営中高層集合住宅が盛んに建設される一方，いわゆる「ミニ開発」による小規模住宅が都市郊外の隙間を埋めていった。

オイルショックのあった 1970 年代前半は，集合住宅の計画においてはターニング・ポイントとなった時期である。「つくれば売れる」時代は終了し，画一的な住戸の設計や非人間的な高層化への反省から，量よりも質へ目が向けられるようになった。建設の目標は「一世帯一住居」から「一人一室」へと拡大し，建設省の第 6 期 5 カ年計画では，4 人家族で最低居住基準は $50 m^2$，一般型の誘導居住水準は $123 m^2$ になった。

1980 年代後半には土地価格の値上がりとバブル景気は車の両輪のように集合住宅の建設を促進し，湾岸の埋立地や都心の遊休地，再開発地域などに超高層住宅が次つぎに建てられた。バブル崩壊によって土地価格は下落し，建設費も下がったが，不況によるローンの破綻，郊外の空洞化など新たな問題も発生している。

11-3　集合住宅における新しい試み

現在，集合住宅は単に住むところがあればよいということではなく，戸建住宅とは異なる集合住宅としての質の向上を目指すようになっている。過去の失敗や実績を積み重ねて，さまざまな手法が試みられており，そのいくつかをあげてみよう。

① 美しく楽しい街並みをつくる

集合住宅は大きなボリュームを持った建物であり，地域全体の景観形成にも大きな影響を与える。したがって，そこに住む人や周辺住民にとって美しく楽しい街並みをつくるものでなければならない。代官山にあるヒルサイドテラスは，街路に面した部分に，店舗やレストラン，画廊などを設け，魅力的なオープンスペースとともに美しい街をつくっている。

② 地方性を生かす

地方によって気候風土が違い，生活習慣が異

図11.4 ウィーンのフンデルトワッサーハウス

なるのだから，全国画一の集合住宅が建てられるのはおかしい。雪の降る地方では，屋根のかかった共用スペースが不可欠だし，日射の強い地方の集合住宅には，日陰をつくる装置が欲しい。HOPE計画は公営住宅の地方性を生かしたデザインを補助する制度である。

③ 居住者参加の建設方式

集合住宅では建物を発注する会社と居住者が違うのが普通だが，コーポラティブハウスは居住者が発注者となる集合住宅である。持ち家としての住戸を求める人たちを組合として組織し，デザインから建設・運営までをまとめていくことで成り立つのがコーポラティブハウスである。設計段階から居住者が決まっているので，各居住者の意向を反映した住宅をつくることができる。そのため入居前から居住者同士が集まる機会があり，コミュニケーションが成立するので，入居後の近隣関係や維持管理の面でも，よい結果をもたらすといわれている。

④ 多様な生活スタイルへの対応

現代の家族は核家族だけでなく，単身者や高齢者の夫婦，共働きなど多様になっており，職業や生活スタイルも幅広くなっている。集合住宅は立地条件や価格などが決まっているので，居住者は似通った層になりがちだが，一般社会と同様に，多種多様な人びとが混在したほうが望ましい。東雲集合住宅では住戸の規模や階高，方位などにバラエティを持たせ，SOHO付きなど多様な住戸を混在させるようにしている。

⑤ 個別性と位置特性の尊重

集合住宅の設計では，類似の住戸で構成するほうが設備や装置が揃えやすい。図11.4のフンデルトワッサーハウスは1軒1軒，違ったデザインの住宅を寄せ集めた集合住宅で，個々の家の違いを強調したものである。このように極端なデザインが，どの街にも合うとはいえないが，同じ住戸ばかりが並んだ集合住宅は，住宅らしさがなく，自分の家として愛着を持ちにくい。

1棟の建物でも，最上階と中間階と1階では各々異なる利点があるし，方位や景色も位置によって違っている。そうした位置による特性を生かせば，より個性的で魅力的な住戸ができる。

⑥ スケルトン・インフィル（SI）住宅

複数の所有者によって区分所有される分譲型の集合住宅の建替えは難しい。長い間には，居

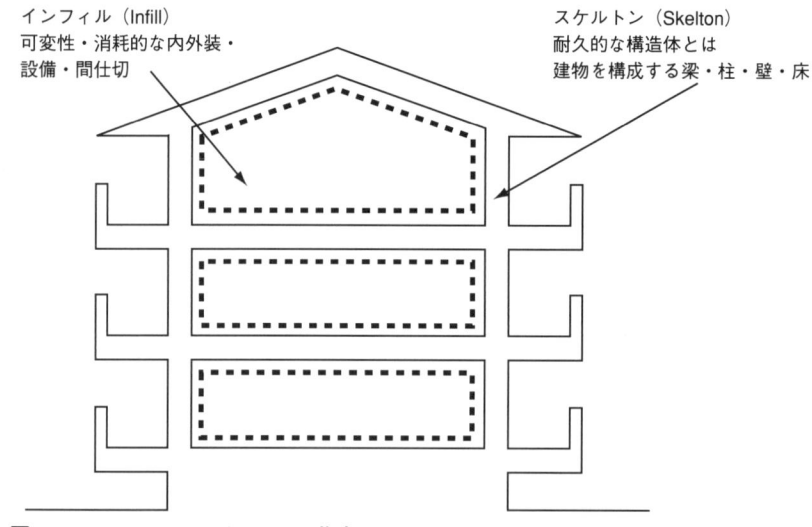

インフィル（Infill）
可変性・消耗的な内外装・設備・間仕切

スケルトン（Skelton）
耐久的な構造体とは建物を構成する梁・柱・壁・床

図11.5　スケルトン・インフィル住宅

住者も加齢や介護を必要とするなど，各人のライフスタイルやライフサイクルによって変るし，経済や社会も変化するので，建物には変化に対応できるフレキシビリティが必要になる。

水まわりだけを固定化し，家具や間仕切壁によって間取りを変更できるような順応型の住宅や，構造体と室内造作を分離したスケルトン・インフィル住宅などは，そうした試みのひとつである（図11.5）。また建物の長寿命化もこれからの省資源時代の重要な課題であり，SI住宅もこれに対応するものである。

⑦　コミュニテイへの開放性

過疎地の住まいを考えてみれば，集合住宅の身近に隣人がいる生活のほうが，安全や楽しみにつながっていることを理解できるだろう。また広いオープンスペースや店舗などの利便施設も住戸の多さが成立条件である。

集合住宅のメリットは集まって住むことで，相互のコミュニケーションが基本となっている。だが一方，居住密度の高い集合住宅では，互いのプライバシーが守られることも必須条件で，コミュニケーションとプライバシーという相対立した要求を満足させなければならない。そのためにはドア1枚でオンオフするようなデザインでは不十分で，気配が感じられる，顔が見える，話ができるなど，段階的に変化する建築的なしくみが必要になる。

⑧　コモンを持つ住棟配置

低層集合住宅や戸建住宅の集合体では，共用の庭（コモン）を中心にして全体として統一感のある住環境と景観をつくるものがある。グループの大きさは10数戸〜50戸で，駐車スペースを各戸に設けるものと集合するものとがある。わが国には根強い戸建嗜好があるが，地価高騰から敷地は細分化され，住宅の周囲の小さな残地の連続は貧弱な住環境を生み出している。コモンは各戸に住環境の重要性を意識させ，維持管理を通じて住み手のコミュニティ参加を促すことにも効果がある。

11-4　集合住宅の今後の問題

新築住宅における集合住宅の比率は年々増加しており，都市の住まいとして定着した。同時に新たな問題も発生している。

①　超高層住宅の居住性

超高層住宅は年ごとに増加しているが，はたして長期間にわたって超高層が健康で安全な住

宅になるのだろうか。巨大なスケール感やガラスに閉じ込められた室内など感覚的問題はさておき，すべてを電力に頼る住居だから，災害などによる電気供給停止や電気代の高騰などは考えられる不安材料である。幼児は付き添いなしでは外に出られないし，高齢化すれば高額な管理費が負担になるだろう。

② 集合住宅の建替え問題

分譲集合住宅の維持管理問題は社会問題となり，メンテナンスの必要性は社会的理解を得たようであるが，今後は団地の老朽化と建替えがより大きな社会問題となるだろう。立地条件に恵まれ，容積に余裕のある集合住宅ならば居住者の負担なしで建替えができるが，現存の集合住宅のほとんどはそうではない。居住者が高額な改善費用や建替え費用を出費できないため，改善も建替えもできず，徐々にスラム化していく集合住宅の出現が予想され，いかに再生していくか模索されている。

③ 団地の高齢化対策

大量建設時代の郊外住宅団地は，住戸の規模が小さいため3世代の同居は不可能で，どこも老夫婦や単身者の多い高齢者の街になっている。台所や浴槽，物干しなどが高齢者対応になっていないという問題があるが，共用部分もエレベーターがないため階段の昇り降りが大変であったり，坂道が多く，近くに店舗がないなど，生活に支障が生じている。今では高齢者にとって団地は住み慣れた故郷であり，長年培われた近隣関係も貴重である。高齢者の生活支援は公共の役割である。

④ セキュリティ問題

日本ほど安全な国はないといわれてきたが，近年は住宅地の近くで，盗難や傷害事件が多くなってきた。集合住宅の団地は人目が多く，一見安全に見えるが，大規模高層団地では人数が多すぎて，居住者と外来者の区別がつきにくいため，犯罪に使用された車が捨てられたり，子供に関わる犯罪が発生しやすい。犯罪を防ぐには人目があると思わせることが大切で，顔見知りが挨拶したり，住戸の窓が共用部分に向いていると防犯効果がある。

⑤ 地球環境問題と維持管理

地球環境の保全は生活のあらゆる側面で意識しなければならなくなった。集合住宅であっても，この点では一般の建物と基本的には同じことである。長期間，快適に住み続けられる設計と良い施工，さらには既存の緑を残し，屋上を緑化し，省エネルギーの設備，断熱構法を採用することが望ましい。一般の商業ビルや公共建築と違って，維持管理に関わるお金と人のシステムがきちんとしていないと，いくら良い建物でも荒れ果ててしまうことになる。

11-5 団地設計のプロセス

住宅団地の設計は一般に，図11.6のような順序で進められる。設計のプロセスは，飛行機が着陸するとき地上に近づくにつれて建物のかたちがはっきりし，最後は人の顔まで見えるようになるのとよく似ている。はじめは団地の位置や地形，全体のかたちなどが問題となり，次には学校，センター，公園などの位置や住宅の並び方，最後は住宅の配置から街路樹の種類までわかる。

設計プロセスはまた，不確定要因が徐々に確定化していくプロセスでもある。団地建設は多くの分野の人たちが共同で進める仕事であり，すべての条件が確定しなければ仕事が進まないというのでは何もできない。たとえ人口が決まらなくても，あるいは未買収地が残っていても，いくつかの可能性を想定しつつ計画や積算を進めてゆかねばならない。すべてが確定するのは設計完了の時点である。

11-6　住宅団地の企画

「企画」は団地の規模，立地，開発の時期，事業として成立するかどうかなどの段階である。この段階では事業を行うかどうかわからない。用地については，すでに獲得している場合と，これから取得する場合がある。候補地が決まると，まず第一に次のような設計条件を調査，確認しなければならない。
① 周辺状況，地盤，地形，文化財，植生など，敷地に関わる各種の基礎的な問題
② 都市計画区域，容積率などの法的条件
③ 関係自治体や鉄道，上下水道などの関連機関への打診

事前協議に入る前に，ネックとなる問題の所在を探る。自治体の基本計画との関係，給排水や鉄道容量の問題で開発できない場合もある。

調査と並行して事業計画を立案する。事業計画の中心は採算計画である。これは公共事業でも必要で，次のようなことを検討しなければならない。
① 使用資金と区画整理か再開発かなどの事業方式
② 政策的な位置づけ（分譲か賃貸か，安く大量供給するか，モデル団地にするかなど）
③ タイム・スケジュール。これは金利に関係する。事業の進行とともに変化するにしてもネックとなる条件の読みが大切である。
④ 容積率，土地利用率など，採算計画に必要な計画単位の設定
⑤ 建築費，造成費，負担金などの概算費用

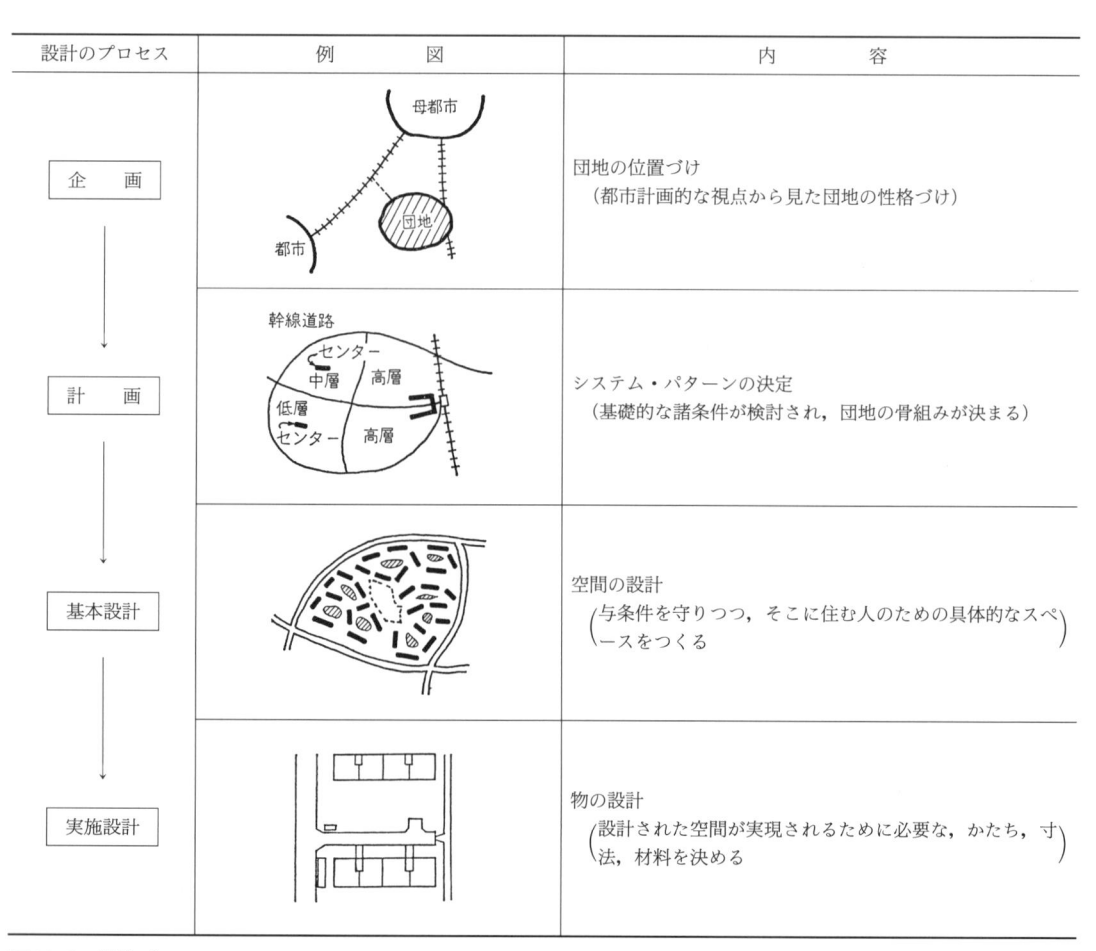

設計のプロセス	例　図	内　容
企　画	（母都市・都市・団地の図）	団地の位置づけ （都市計画的な視点から見た団地の性格づけ）
計　画	（幹線道路・センター・中層・高層・低層・センター・高層の図）	システム・パターンの決定 （基礎的な諸条件が検討され，団地の骨組みが決まる）
基本設計	（団地配置図）	空間の設計 （与条件を守りつつ，そこに住む人のための具体的なスペースをつくる）
実施設計	（建物平面図）	物の設計 （設計された空間が実現されるために必要な，かたち，寸法，材料を決める）

図 11.6　設計プロセス

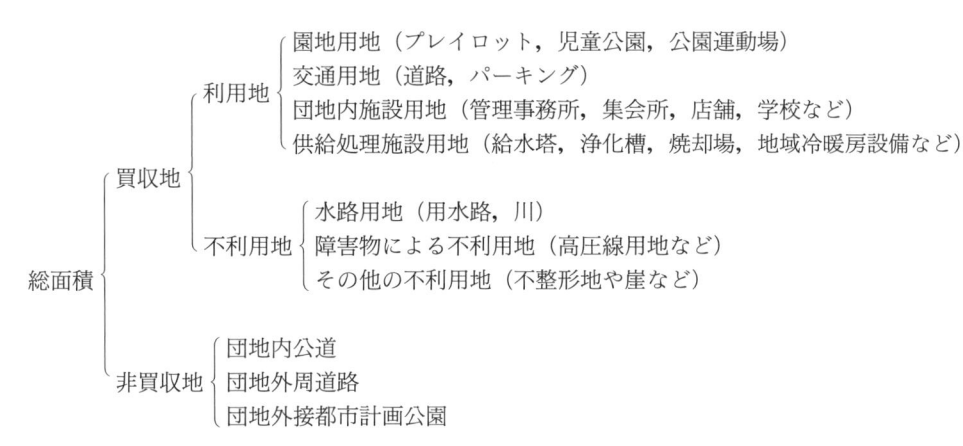

```
                    ┌─────┬ 園地用地（プレイロット，児童公園，公園運動場）
             ┌ 利用地│     │ 交通用地（道路，パーキング）
             │     │     │ 団地内施設用地（管理事務所，集会所，店舗，学校など）
             │     └─────┴ 供給処理施設用地（給水塔，浄化槽，焼却場，地域冷暖房設備など）
      ┌ 買収地│
      │     │     ┌ 水路用地（用水路，川）
      │     └不利用地│ 障害物による不利用地（高圧線用地など）
総面積 │           └ その他の不利用地（不整形地や崖など）
      │     ┌ 団地内公道
      └ 非買収地│ 団地外周道路
            └ 団地外接都市計画公園
```

図11.7 集合住宅地の土地利用区分

⑥ 付近の住宅供給の実勢などのマーケティング調査

調査や事業計画を進める段階で,「たたき台」として団地のマスタープランが必要になる。団地の企画には，建築や土木の技術部門だけでなく，管理や営業用地など，いろいろな分野の人が参加するので，具体的なもののかたちがないと，意見が噛み合わず，互いの検討結果を積み上げにくいからである。

最近は用地費が高いので，団地のマスタープランでは容積率を目一杯に使い，都心から遠く離れた独立住宅の団地でも，宅地率を高くするのが一般的である。

団地の立地特性や社会全体の動向などについても，調査，検討したうえで，事業化するかどうかを決定する。ただし，この段階では，団地全体の性格つまりコンセプトが決まっているだけで，具体的なかたちについては何も決定していない。

11-7 住宅団地の計画

企画で検討した結果，事業として進めることになれば「計画」に入る。計画は基本設計のための具体的な条件を決める段階である。ここでは企画の段階よりも，さらに具体的な団地全体の骨格やイメージ，つまり本当のマスタープランがつくられる。自治体などとの事前協議も，この段階で行われる。マスタープランの内容は以下のとおりである。

① 団地の性格づけと全体の景観イメージ

たとえば，地形や文化的背景などから山岳都市をイメージするとか，斜面開発型，低層高密度などのようなコンセプトを設定する。都市のアメニティとか高福祉団地などのような，抽象的なスローガンの場合もある。

② 土地利用計画

盛土などは，地盤改良や沈下を考慮して先行的に行う場合がある。土地利用計画で，団地の幹線道路，センター，公園の位置などが決まり，団地の骨格ができる。

集合住宅地の土地利用区分は，図11.7のとおりである。

③ 住宅地の構成

住宅地計画の代表的なパターンをまとめたのが図11.8である。

④ 供給処理施設の計画

給排水，ガス，電気の容量と方式，幹線ルートなどは基本計画の段階で決められる。

第11章 集合住宅の計画

	生活行動のパターン	フィジカルパターン	実例	特徴
A 段階構成型	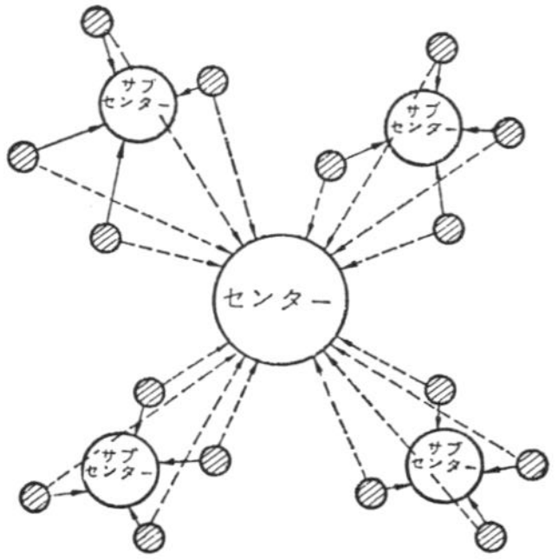 センター・サブセンターと住戸群	中心地区・地区中心・住宅地区(近隣住区)・緑地・工業地区	ハーロー(イギリス)千里丘陵(日本)	(長所) 全体施設への距離は近く、通過交通的なルートが生じにくい。 (短所) 全体の拡張計画はあらかじめなされていなければならない。近隣施設に多様性が乏しい場合がありうる。
B ワンセンター型	センター・サブセンターと住戸群	住宅地区・中心地区・工業地区・緑地	フック(イギリス)高蔵寺計画(日本)ラドバーン(アメリカ)	(長所) 住宅から、大きなセンターへ直結できるので、多様性のある買物や地域施設の利用が日常的にできる。 (短所) 全体があまり大きくなると、センターの形が変形し、線状にのびやすく、大センターの利点が薄れてくる。施設への距離は平均して長くなる可能性がある。
C 等質連続型	○印に斜線は住戸群 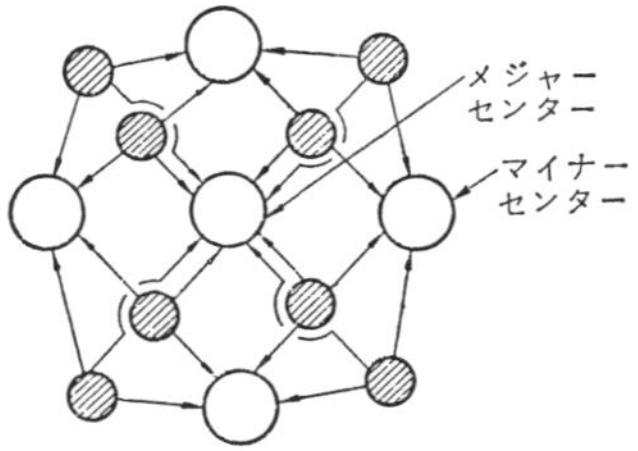 メジャーセンター・マイナーセンター	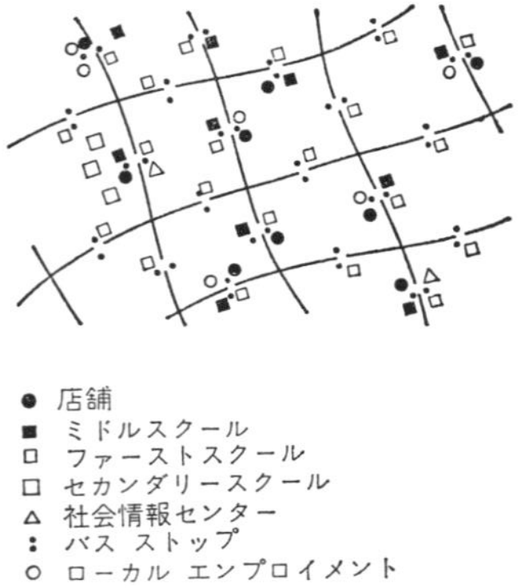 店舗・ミドルスクール・ファーストスクール・セカンダリースクール・社会情報センター・バスストップ・ローカルエンプロイメント	ミルトンケインズ(イギリス)	(長所) 日常的な近隣施設の利用に選択の余地があって、地区間の交流がきやすい。拡張に対応しやすい。 (短所) スケールが適当でないと、施設数がかなり多くなる。全計画がこの形式でつくられているケースはない。

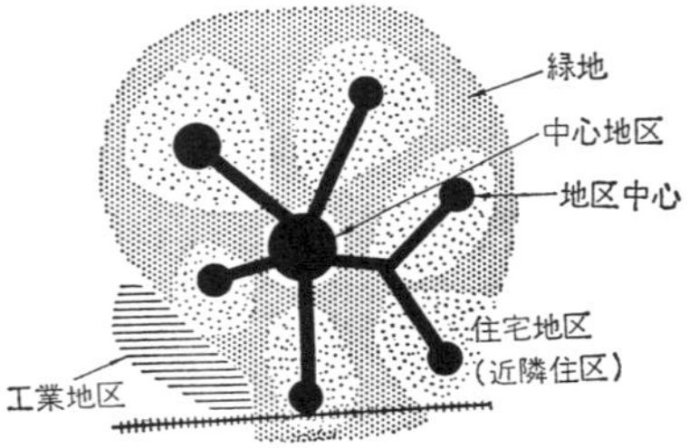

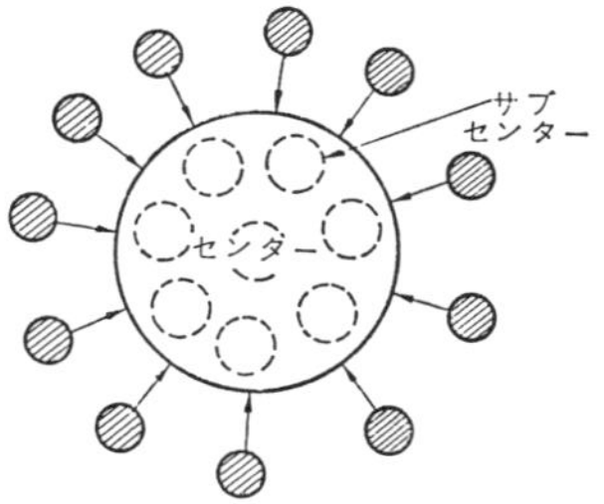

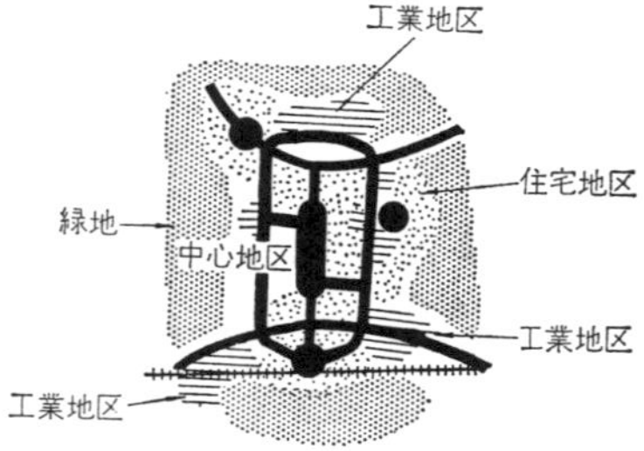

図11.8 ニュータウンの形式

⑤ 居住密度の計画

　高層か中層か低層かによって居住密度が異なるのは当然だが，敷地の規模，形状，レイアウトなどによってもかなりの差がでる。敷地面積が確定すれば，採算計画のうえから戸数密度や容積率が決まってくる。ただし，容積率を上げることと戸数密度を上げることは同じではない。

　1戸当たりの用地費を安くするため，住戸の規模を小さくして戸数を多く入れることもあれば，住居規模を大きくしたり，間口（フロンテージ）をつめて奥行きを深くした住居タイプを採用して容積率を上げ，床面積当たりの用地費を安くすることもある。

　ニュータウンのような大団地でなければ，標準タイプの住棟を平行配置でレイアウトしてみると，戸数の見当がつけやすい。こうして住戸の密度，容積率，生活関連施設の数と配置，駐車場率など，基本設計に必要な数値を設定する。

⑥ 設計の進め方

　内部のスタッフで設計するか，外部の設計事務所に依頼するか，コンペ形式にするかなどを決める。

11-8　住宅団地の基本設計

　基本設計は具体的な生活空間を設計する段階である。計画段階で示された条件を満たしつつ，より魅力的な内外の空間をつくり出すように努力する。どの住戸も最低条件を満たすことが必要だが，すべての住戸の条件を平等にすることは難しい。平均点を上げるべきか，最低点を上げるべきか，あるいは評価の視点が違うものは，むしろ差を大きくするかなど，計画内容によって考え方を整理しつつ，全体的なバランスをとるのが設計である。

　設計のさい目標とする条件の中には，安全性，利便性，快適性，表現性，融通性，経済性など，相反するものがある。たとえば，住棟のあいだに駐車場をつくれば，利便性や経済性の面ではよいが，安全性や快適性には欠けることになる。団地の外部空間は，こうした多面的な評価項目を総合的にバランスよく満足させたものでなければならない。

(1) 住棟の配置

　同じ容積率でも，それを実現する住棟の階数や組合せ方は，いくらでも考えられる。与えられた設計条件のもとで，どのような外部空間をつくるかというのが基本設計の課題である。

　最低の条件として次のことが必要である。
① 団地内のすべての住戸に，定められた規準以上の日照時間を確保すること。住戸の日照時間は，単に日当たりだけでなく，採光や通風に関する指標にもなるので重要である。
② 防災，消火，避難およびプライバシーの点から見て，住棟相互の位置関係や道路への取りつき方に不都合な部分がないようにする。

(2) オープンスペースの計画

　図11.9は，同じ面積の敷地に同じ数の住戸をレイアウトしたものだが，配置の仕方によって，オープンスペースの量と質には大きな差がある。

(3) 地域施設

　店舗や診療所などの地域施設は，団地の基本計画では建物のアウトラインを示す程度のことが多い。ただし，100戸単位の小規模団地では，集会所のように日常，住民が使用する施設は，各室の構成がわかるところまで設計するほうがよい。基本設計は生活空間の設計であり，共用施設も重要な生活空間の一部である。

(a) 平行配置　　　(b) 囲み配置

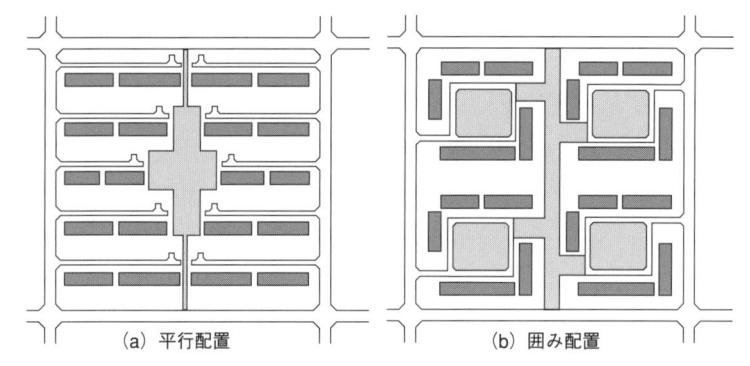

図11.9　オープンスペースの計画

図11.10　団地内公園の例

(4) 公園緑地

　基本設計では，住棟間の植栽や公園は，高木，灌木，芝生といった全体の形態を図面に書き込むが，個々の樹種や高さまでは指示しないことが多い。低層高密度団地のように，外部空間の質が設計の意図に大きく関係する団地の場合は，基本設計でも，舗装の種類や主要な植栽の樹種を指定する。公園緑地の設計ではメンテナンスを考えることが大切である（図11.10）。

　なお，街路樹と都市公園は，団地の設計とは別の設計組織が行うのが一般的である。

(5) 交通計画

　鉄道，駅といった大量輸送機関やバスなどによる駅からの交通手段と幹線道路については，計画の段階で決定ずみだから，基本設計では住区内部の生活道路をデザインする。

　歩行者，自動車，自転車の動線を分離するのは常識であるが，歩行者は健常者だけでなく，高齢者，幼児を連れた主婦，学童なども多い。高齢者には車いすの人もいれば，ゆっくり歩く人，自動車を運転する人もいるので，できるだけ具体的に対象となる人を頭に置いて設計しなければならない。

　道路の基本的なパターンとしては，グリッド，T字型，クラスター，ループなどがある（図11.11）。

　ラドバーン・システムは歩車分離の典型で，歩行者と自動車の経路を住棟の両側から互いに分離してアプローチする通路方式である。ボン

11-8 住宅団地の基本設計

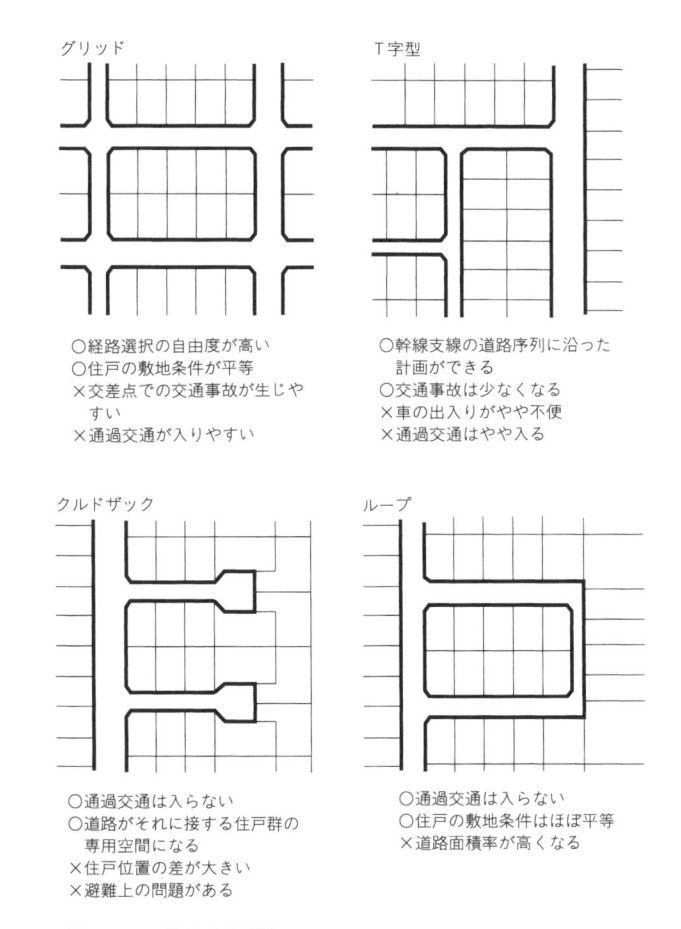

グリッド
○経路選択の自由度が高い
○住戸の敷地条件が平等
×交差点での交通事故が生じやすい
×通過交通が入りやすい

T字型
○幹線支線の道路序列に沿った計画ができる
○交通事故は少なくなる
×車の出入りがやや不便
×通過交通はやや入る

クルドザック
○通過交通は入らない
○道路がそれに接する住戸群の専用空間になる
×住戸位置の差が大きい
×避難上の問題がある

ループ
○通過交通は入らない
○住戸の敷地条件はほぼ平等
×道路面積率が高くなる

図 11.11　敷地内交通路のパターン

エルフは道路を湾曲させたり，路面を盛り上げたり，舗装を変えるなどして車のスピードをおとし，車と歩行者を共存させることを考えた道路形態である（図 11.12）。

郊外団地の駐車場供給率は 100％にするのが常識になったが，用地費が高いため多層化したり，遊水池や児童公園などと組み合わせるなどの工夫が必要である。

（6）供給処理施設

供給処理のシステムについては計画段階で決められているので，住棟の具体的なレイアウトと並行して施設設計を行う。給排水，電気，ガス，ごみ処理などは，基本設計の段階で，それぞれの関係機関と協議しなければならない。

図 11.12　ホンエルフタイプの例

第12章
集合住宅の設計

12-1 設計のプロセス

　集合住宅には賃貸と分譲があるが，どちらの場合も土地を有効活用するために建てられるもので，建設費も多額である。個人の住宅であれば，発注者は同時に住む人であり，どんな建物を建てても住む人がいないということはない。しかし集合住宅では，設計時には居住者が決まっていないので，ニーズにあった建物で，かつ相応しい賃貸料や分譲金額でなければ，借りる人も購入する人も現れない。そのため設計をはじめる前に，賃貸や分譲の事業として成立することを確かめなければならない。ひとりよがりで設計することは許されないのである。

　敷地を調査し，事業タイプ（賃貸，分譲，等価交換，再開発など）を決定する。建設費や土地代，金利，販売経費，設計料など，建物にかかるすべての費用を計算し，その合計と周辺の事例から推測される賃料や分譲価格などの予定収入の総額を比較し，プラスになることを確認する。この計算には建物の広さや戸数など建物の概略が必要である。

　通常は，法規と周辺の状況から可能な最大の床面積を想定する。その設計を企画設計（あるいはボリュームチェック）という。南面2室住戸のフロンテージ（幅）とスパン（奥行き）を敷地一杯に並べ，数棟になる場合は建物高さと日照時間から隣棟間隔を決めて平行配置にする（図12.1）。公園，駐車スペースなども比率で面積を決める。

　この採算計画で，事業成立の見当がついたら，さらに詳しい市場調査を行い，建てるべき集合住宅のタイプを検討する。これが基本計画である。最低の仕様で容積率一杯に建てると，1戸当たりの価格は下がるが，住宅の質は低下し，近隣にも悪影響を与える。また戸数が多くなれば事業費も大きくなり，需要を読み誤る危険度も増大する。立地条件によっては高級仕様のほうがよい場合があるし，低層住宅にしたほうが事業的に安全という場合もある。

　そのために種々のアイディアが出され，いくつかの案が検討される。基本計画では，より多くの案を比較検討するために概略設計になる

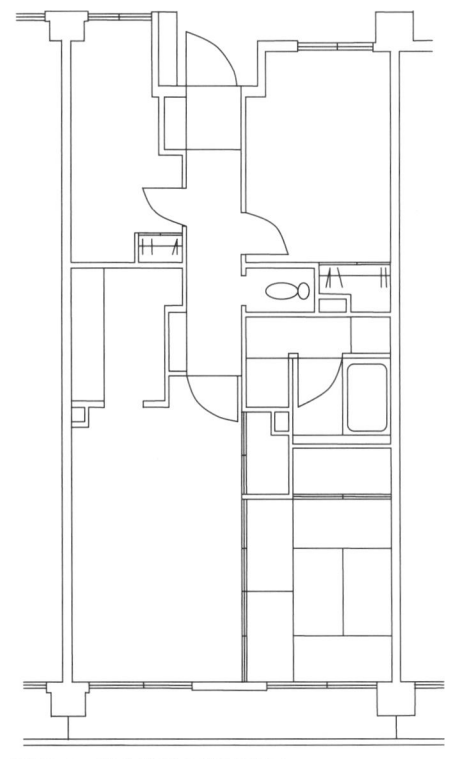

図12.1　集合住宅の住戸プラン

が，頭の中で出来上がる建築空間や外部空間の質がイメージできなければ，最も妥当な案を選ぶことはできない。検討の結果，住戸タイプや戸数，階数，駐車台数などが決まり，並行して自治体やファイナンスなどの関連機関と打合せを行う。

決定案については，外構や建物のグレードも加味した金額で，もう一度，採算計画をチェックし，その結果，決まった建物の骨格が基本設計の与条件となる。小規模な集合住宅では，企画設計と基本計画，基本設計がほとんど同じ場合もあるが，一般的には採算計画時の設計を，そのまま基本設計にすることは望ましくない。

与条件をもとに，生活空間となる具体的な建築のかたちを設計するのが基本設計である。そのポイントは住戸と住棟配置，アクセス，立面などを同時に考えることである。たとえば，共用スペースの比率を高くすれば，1戸当たりの価格も高くなるが，価格以上に魅力が増すならば有効で，費用対効果が問題である。魅力的な空間をつくり，かつ入居者を確実にとらえることができるのが良い基本設計である。

以下の項では，実例を参照して基本設計の進め方を説明する。基本設計の後に，工事と見積が可能な図面を作成する実施設計を行う。

12-2 基本設計の考え方

対象とする実例は分譲と賃貸が混在した136戸の集合住宅である。図12.2は実施された標準階の平面図である。この集合住宅が建てられた幕張ベイタウンは，道路に沿って住棟を配置して中庭を設ける街路型集合住宅のコンセプトでつくられた。またどの街区も中心となる建築家（ブロックアーキテクト）と複数の建築家

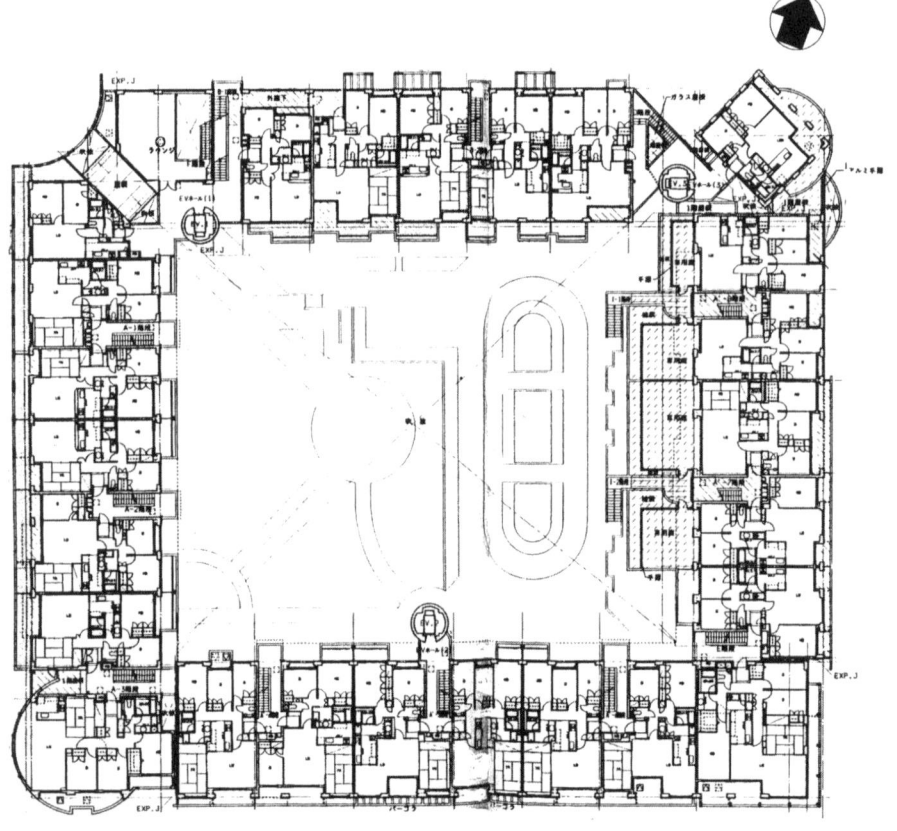

図12.2 標準階の平面図

(サブアーキテクト) が共同で設計するグループ設計方式を採用している。

実例ではマスターが宮脇檀 (以下Mと略称) で, サブは5人の建築家であった。グループ設計であったため, 一人の建築家が設計する通常の設計では, エスキース図面としてしか現れない設計上の検討事項や内容決定の経緯が, 会議に出されて討議された。以下の文章は, すべての会議に出席した学生の記録にもとづいている。

集合住宅は規模や周辺環境, 土地買収状況, 事業主体など千差万別である。与条件すら明快でない場合も多く, 設計方法や期間は状況によって違ってくる。しかし, この敷地は公共事業の埋立地で, 周囲も同様の計画集合住宅地である。与条件も明白に示されており, 設計プロセスとしては比較的シンプルな典型例であろう。

(1) 基本設計のスタート
——住棟配置計画——

この設計では, 住戸規模と住戸数, 階数, 駐車台数などが与条件であった。与条件は基本設計で変更しないのが原則である。

集合住宅の設計は, 住棟配置計画からはじめるのが一般的である。与条件の住戸規模×必要戸数のボリュームを, 日照条件を満たしつつ, いかに配置し, どのようにオープンスペースをつくるかという問題である。

わが国では, 日照条件は売行きと連結しており, 住棟配置計画の基本である。日照計画の詳細は後述するが, 同時に全体のイメージ (あるいは設計コンセプト) も設計の初期に必要とされる。各種の設計者, デザイナー, 事業者が同時に関与する集合住宅の設計では, 全体のイメージがないと設計は進めにくい。自動車のコンセプトカーのようなもので, 設計が進行しかたちが決まっていくにつれ, 現実の集合住宅に近づいてくる。この設計では, 6人が各2ブロックの縦割り住戸群を担当し, アムステルダムの街並みのような, 縦割り立面をつくるということが全体のイメージであった (図12.3(a), 12.3(b))。

与条件の駐車場率は100%＋来客用で, これは分譲では一般的な数値である。駐車場は非常に大きな面積 (1台2.5×5m＋通路面積) を必要とするので, 住棟の配置計画のときに考える必要がある。かつては車と人の動線が交差しないラドバーン型の配置などがよいとされたが, 土地価格の高騰化と駐車場率の高さから, 効率的に設置することが条件となってきた。機械式と自走式, 地上と地下, 半地下, 2～3段駐車, それぞれに利点と欠点があり, 必要面積も違ってくる。

住棟の配置案はできるだけ多く考え, それぞれの案の長所短所を比較検討する。与条件を無理なく満足させつつ, 魅力的な空間を含む案がよい。十数案の中から可能性の高い案をいくつか選び出し, 各案についての欠点を改良した案を比較する (図12.4)。改良された幅広い提案の中から最終案が決められ, さらに改良される。この繰返しは戸建住宅のエスキースと同じで, 配置計画→住棟設計→住戸まわり→住戸内の設計と, スケールの段階別に行われる。

(2) アクセスと住戸ボリュームの計画

改良案の中から最も適切な住棟の配置計画が選ばれた後に, 各棟のアクセス計画が検討される (図12.5)。駅への利便性, 全体の配置計画, 周辺の街並みなどから, 住棟のメインエントランスとサブエントランスの位置が決まる。アクセスとは, 各エントランスから各住戸入口に至る廊下や階段などのことで, 住棟計画のポイントである。エレベーターや廊下を何戸で共用するかは, 住戸のグルーピング単位と密接に関係しているし, 住戸プランに対しては各住戸の入口の位置を決め, 開口部のデザインと関係する。

アクセスタイプは, 大きく片廊下型, 中廊下

第12章 集合住宅の設計

図12.3(a) アムステルダムの街並み

BA：①宮脇　壇
SA：②木下　庸子
　　③杉浦　伝宗
　　④中村　好文
　　⑤中山　繁信
　　⑥諸角　敬

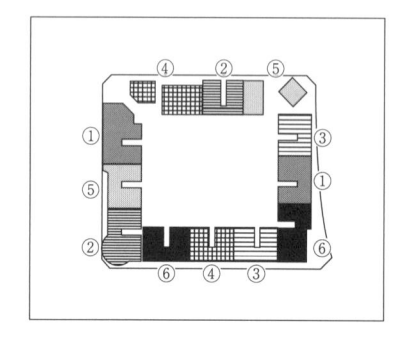

図12.3(b) 縦割りの担当

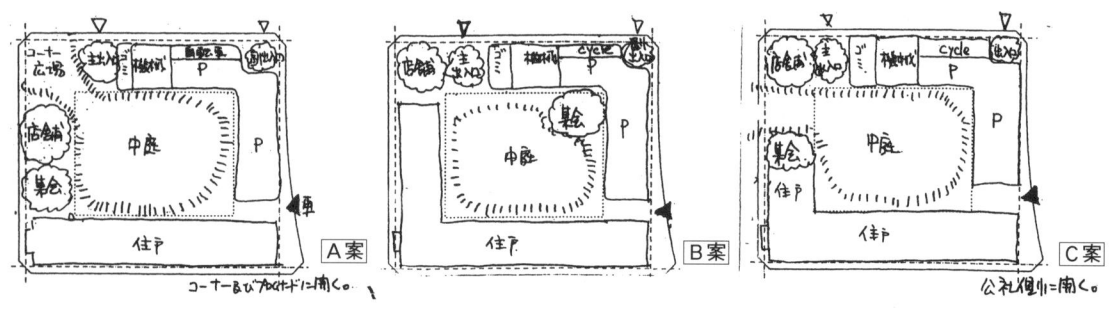

図12.4 複数の配置計画から抽出された3案

戸棟との間に空間を設ける空中タイプがある。平面形態で直線，折れ線，曲線，そこにアルコーブやコリドール，吹抜きなどがつく。住戸への入り方も，南入り，北入り，中央入りがあり，ポーチや勝手口，バルコニー，木戸などの付属物がつく。そして，さらにそれらすべての組合せがある。

従来は住戸専用部分の面積比率を増やすことが重視され，アクセスはコンパクトにまとめられた。しかしアクセス部分の工事費は相対的に低いので，空間を豊かにし，そこに住戸が集合するメリットを表現しようとするデザインも多くなった。

歴史のある街や伝統が息づく村落の魅力的な場所は，路地や道路，広場などの共用空間である。そこには暮らしの気配があふれ，コミュニケーションの場所にもなっている。アクセス空間を豊かで活気あるデザインにすることは，美観上からだけでなく，防犯やコミュニティ形成の視点からも有効である。

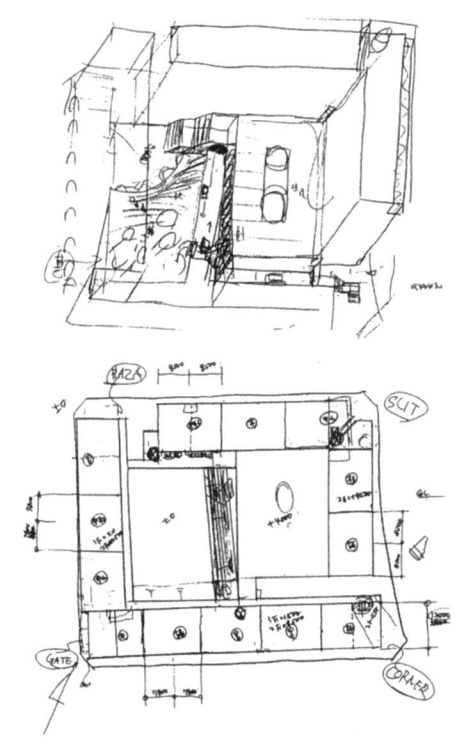

図12.5 決定された住棟配置案（最終）

型，階段室型などに分かれるが，エレベーターや人工地盤の中庭，道路などから直接出入りすることもある（図12.6）。たとえば片廊下の場合でも，屋外のもの屋内化したもののほか，住

(3) 事業者との打合せ

事業者との打合せは，設計の手戻りを少なく

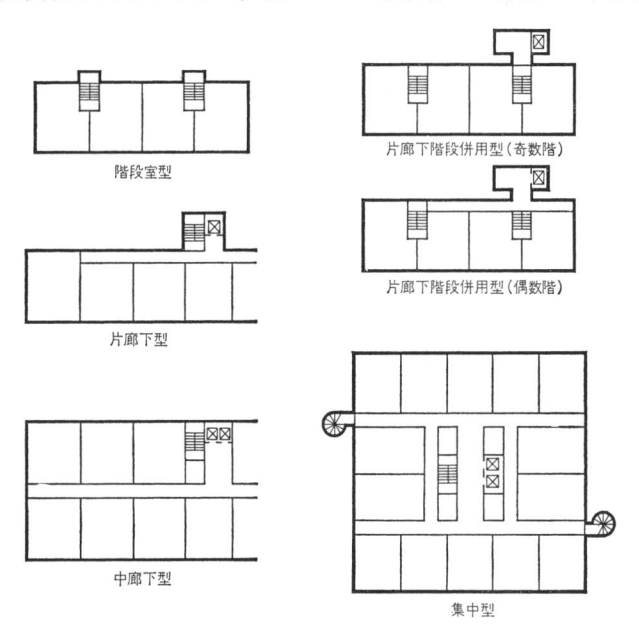

図12.6 集合住宅の廊下と階段の形式

するために，各段階の設計案決定のたびに行われるのが原則である。事業者は企画で確認された採算性を設計者が逸脱しないようにチェックする。また，営業，販売の立場から客を得るための要求やノウハウを伝える。工事費に関する内容のほか，住棟の配置計画や駐車方式，エレベーターの台数，住戸のプランなどは，重要なチェックポイントである。

実際，地下駐車場については，工事費が上昇する（＝分譲価格上昇）と事業者から拒否され，1階＋半地下で検討することになった。また事業者は，売れ行きに関係する住戸プランに関心を持つが，この設計段階では住戸プランを決める必要はない。

（4）中庭と各種サービス施設，駐車場の詳細設計

アクセス計画も前段階までは棟全体のバランス，整合性が問題であり，各アクセスに接する住戸数と延面積が計画された。設計が進んでくると，スパン（柱間距離）やエレベーター，階段の位置が確定し，構造体各部の寸法が具体化する。アクセスは片廊下＋階段室と決まり，各戸の面積も確定する（図12.7）。構造体各部の寸法設計が行われるときには，立面も同時に検討される。

この例では，初期には構造が検討事項になっていない。これは全体のイメージからラーメン構造になることが暗黙の了解を得ていたためである。ラーメン構造の場合，柱や梁の寸法や，できることとできないことなど，常識の範囲で決まってくる。構造に特色のある集合住宅では，設計の初期から検討事項になるのは当然である。

立面についても同様で，全体のイメージが縦割りの立面であったことと，団地全体の街並みデザインコードがあったため，あまり議論の対象とならなかった（図12.8）。中庭タイプの集合住宅では庭側の立面も重要な設計要素である。

設計はつねにエスキースして，改良されなければならない。実例では，棟に並行だった中庭が，メイン，サブのエントランスからの見え方や通風を考慮して45度に軸線を変えることとなる。その結果，中庭の下に入る駐車場やゴミ置き場と収集車のアプローチの位置が訂正された。駐車場出入口の位置は与条件として与えられたが，実際に駐車スペースを配置し，回転半径，床勾配などをチェックすると変更すべき箇

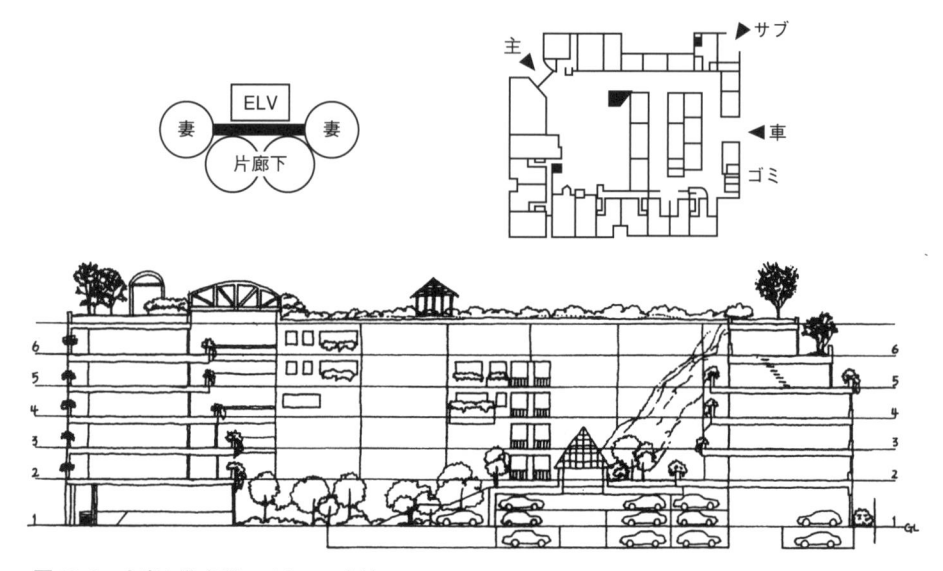

図12.7　中庭と駐車場，アクセス方法

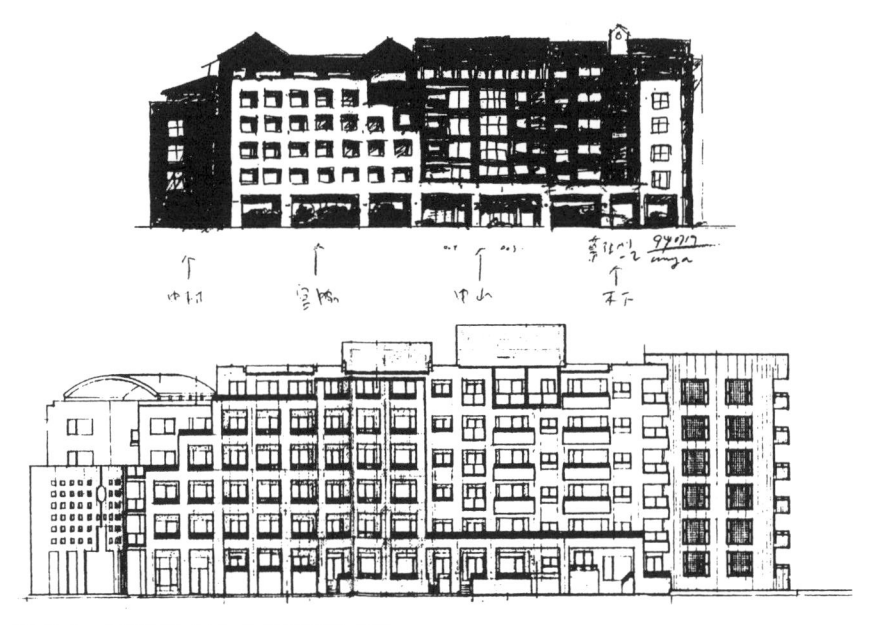

図 12.8　立面計画（上）と実施図面（下）

所も発生する。自転車の置き場も動線や収蔵台数だけでなく，見え方も問題になる。

（5）近隣調整

集合住宅は，ほとんどの場合，近隣の居住者に歓迎されないものである。公共的な集合住宅では，本来なら敷地の中央に設けたい公園や緑地を周辺に向けて設置するなど，近隣に配慮して反対者を説得している。しかし，売れ行きと採算重視の民間の場合，そうすることもできずに各地でトラブルのもとになっている。基本設計の段階に近隣への説明を行い設計に反映すべきだという建前と，そんなことでは事業が進まないという現実を見くらべて時期を判断するしかない。

この例では，周囲も同時期的に分譲される集合住宅用地であり理想的だった。全体的な街並み形成の調整は建物のエントランスを含む外観が決定した段階で行われ，コーナー部の住戸を担当する者には，道路を挟んだ対面街区からの街並み景観についての注文が伝えられた。

（6）住戸と住戸近傍の設計

具体的な寸法が決定し，いよいよ住戸と近傍の設計に入る。全体の床面積が同じならば，建設費も同じなので，近接住戸の範囲では住戸間の面積のやりとりができる。フラット2層分をメゾネットにすることもできるし，階段や出入口の位置変更も可能である。

この計画では各担当がいずれも優秀な建築家だったので，床を抜いた2層の外部空間，1.5階住戸，家形に突出した部屋のある住戸などユニークな案が数多く出た。とくに最上階の設計はどの住戸も変化に富んだプランとなった。

集合住宅の設計を住戸プランからはじめる場合もないわけではないが，通常は，この事例のように，比較的後半になってから住戸の設計にかかる。集合住宅の設計では，住棟やアクセスを設計しつつ，住戸や住戸近傍の空間を同時にイメージできなければならない。設計をある程度，勉強すれば，住戸のボリュームと外気やアクセスに接する面や，方位などがわかれば，頭の中で可能な住戸のデザインがイメージできるようになる。また，そうでないと集合住宅を自由に設計することはできない。

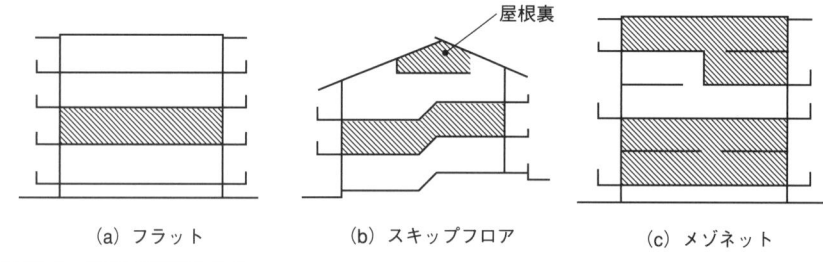

(a) フラット　　(b) スキップフロア　　(c) メゾネット

図 12.9　住戸の断面タイプ

典型的な住戸の断面タイプを図 12.9 に示す。1.5 階×2 の 3 階建もあるし，最上階ならば戸建住宅と同じように傾斜屋根にすることもできる。かつては階高を抑えて建設費を下げることだけが重視されたが，住宅戸数が余っている現在では，天井が高い空間の魅力が他の集合住宅と違うセールスポイントになるなど，居住者の好みやニーズが多様化してきた。魅力的な空間をいかに合理的（経済的）につくり出す力が設計の腕である。

プランについても同様である。家族形態や生活スタイルが変ってきて，かつては分譲集合住宅の購入者として一般的でなかった単身の女性や高齢者の夫婦が集合住宅を購入するようになり，共働き夫婦も多くなった。核家族をイメージした nLDK といったタイプのプランだけでは多様なニーズに答えることはできなくなり，フリープラン，ワンルーム，オープンキッチン，バリアフリー，SOHO などが集合住宅のキーワードとなってきた。ライトコート（光庭）や広い屋上テラス，北側の眺望など，建物の向きや規制の結果，生じる建物の形態に合わせて，メリットとして利用できる部分を各住戸設計に生かすことも大事である。

（7）　最終調整

出来上がった設計を，エクステリアや照明，販売手法など，さまざまな視点から調整する。管理上の問題も，基本設計の最終段階からチェックしなければならない。

設計プロセスでは，設計の各段階で決定内容をチェックし，不都合な点があれば，フィードバックする。直前の段階まで戻るのは当然で，場合によっては，さらにその前まで戻る場合もある。だが，あまり前まで逆行するのは，膨大な労力の無駄であり，設計意欲をそぐことにもなる。各段階の決定事項とフィードバック先を明快にした設計のフローチャートが必要だといわれる所以である。だが現実には，中層で実施設計まで進んでいたのを戸建に変更するなど，企画まで遡ることさえある。決定権者は事業の責任者であり，社会情勢に合わせて，設計フローを無視することも必要だ。

この例では，設計期間の後半 1/3 は，事業者の要望に合わせる大幅な変更調整となったが，通常は各住戸プランが確定した後，設備関係のチェックやエレベーションやエントランスまわりなどの修正を行って全体を整える。

12-3　設計上の基本的な注意事項

設計の進め方で重要なポイントとして述べた内容についてやや詳しく記述する。

（1）　日照計画

住宅の主要な居室に対して，冬至の午前 9 時から午後 3 時の間に日照がある時間数を「○時間日照」という。日照は南側に空地がなければ得られないので，日照があることは同時に通風やプライバシー，景観などの点でも優れている場合が多く，住宅の環境条件を示す指標とされ

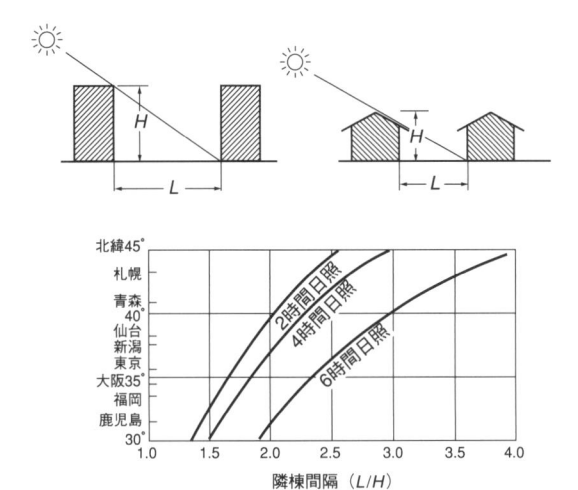

図 12.10　日照のための隣棟係数（冬至）（石堂正三郎，松崎正也「住居環境学」科学同人社）

た。

南向きの並行配置の建物と建物の間の距離を隣棟間隔という。図 12.10 の L である。東京で 4 時間日照を確保するには、前の建物高さの 1.7 倍程度の隣棟間隔 L をとる必要がある。集合住宅の 1 階分の高さ（階高）は 2.8 m 程度なので、L は（2.8×階数＋0.5（最上階））×1.7 の数値を目安にする。最近は以前ほど日照時間を重視しなくなり、午前か午後さえ日照があればよいとするようになったが、真北向きの住戸は避けなければならない。

（2）住戸のグルーピングとコミュニケーション

集合住宅では棟単位に、あるいは広場やアクセスを囲んだ住戸でグループをつくる。これは管理組合や清掃など管理の必要からも機能しているし、災害時の互助単位としても役立つ。「群衆の中の孤独」という言葉があるように、あまりに大きなグループの中では、かえって他人に無関心になってしまう。逆に、あまりに小さなグループだと拘束性が強くて息苦しい。定説はないが、100 戸を超えるようなら 20～30 戸で区切りができるようにし、5～6 戸以下なら入口が近接しすぎないような工夫が欲しい。

近年は過度にプライバシーを重んじる傾向にあり、近所の人と挨拶さえしない人も多いという。だが、完全に他人と関わりたくない人は集合住宅の居住者には向いていない。もとよりある人が守りたいと思うプライバシーを他人が侵すことがあってはならなし、視線や音などのプライバシーには十分に配慮した設計にしなければならない。しかし同じ集合住宅に住むという

図 12.11　中庭を囲んだ住戸（熊本県営保田窪団地）（設計：山本理顕）

ことは一種の運命共同体である。建物の維持管理は全員で行わなければならないし，盗難や火災などの災害は，建物全体で安全性を考える必要がある。子供の泣き声や高齢者のテレビの音など，近隣のトラブルにしても，互いの生活に対する共感や気遣いがあれば，ずっと少なくなるであろう。共感は互いが顔見知りとなることが第一歩であろう（図12.11）。

(3) 共用施設

共用施設には，階段や廊下，玄関ホールなどの交通空間のほか，公園，緑地，車庫や自転車置き場，物置などがあり，これらは戸建住宅の外部空間が持っている機能に相当する。

集合住宅には数多くの住戸があるので，各住戸が負担して，個人では持つことができない共用施設を持つことができる。管理人室や集会室などが一般的だが，近年の超高層集合住宅では，戸数の多さをメリットにして，宅配便や洗濯物を受け付けるカウンターや子供の保育室やプレイルーム，茶室，談話室，来客用の宿泊室，さらには室内プールやトレーニングジムなどを設けているものもある。

高密度に住むメリットは共用施設の利用に，金銭的にも距離的にも負担が少ないことである。なお，集合住宅には，設備関係の受電室や受水槽，ポンプ室のほか，防災用施設を置くこともあり，これらを共用施設に含めることもある。

第13章
住宅の維持管理と再生

13-1 維持管理とは

　住宅は竣工したときから新たなスタートがはじまる。表札をかけ，庭木を植え，床の間があれば軸を掛ける。住む人の建物への働きかけが建物に息を吹き込み，「家」を「住宅」に変えるのである。

　一方，年月が経てば，建物は汚れたり，壊れたり，不便なところも生じてくる。いつまでも快適に住み続けるためには，つねに掃除したり，修理をしたりという適切なメンテナンスが必要である。

　ここでは，維持管理を，快適に住み続けるための建物に対する働きかけと広義に定義し，具体的には，建物の改造，修繕，増築など，工事によるもののほか，機器や部品の交換，清掃，植栽の手入れなども含むものとする。

　かつては出入りの棟梁や植木屋などがいて，新築の場合だけでなく，小規模な修理や改造などについても相談にのってくれたが，近年は，そういった業者との地縁的なつながりが少なくなり，工務店も小規模な補修や改造を随時，受け入れていては，営業的にやっていけなくなってしまった。修繕や改造を専門に引き受けるところも出てきたが，ある程度まとめて発注しないと割高になるし，時間的にもすぐ取り掛かってもらえるわけではない。

　結局，住み手自身が維持管理に関する知識を持ち，多少の補修は自分でするくらいの気持ちを持つことが必要である。

13-2 住宅の耐用年限

　住宅が竣工してから撤去されるまでの期間を建物の寿命という。耐用年限とは住宅として使用可能な期間である。建物が構造的に劣化して使えなくなるまでの年数を物理的耐用年限といい，見かけや性能が古くなり時代のレベルと合わなくなって使用できなくなるまでの年数を機能的耐用年限という。一般に機能的耐用年限のほうが物理的耐用年限よりも短い。

　建物の物理的耐用年限は，鉄筋コンクリート造100年，木造50年などといわれるが，建造後1200年の法隆寺が今も存在するように，適切に修理を続けていけば，耐用年限を延長することができる。だが，ある年限を過ぎると，建物の物理的，機能的価値を保持するための修繕費と維持管理費が高くなる。

　新築に要する建設費と維持管理費の累積値をライフサイクルコスト（LCCと略称）といい，1年当たりのライフサイクルコストが最小になる時期を建物の最適寿命とする考え方がある。しかし，少なくとも戸建住宅の場合，建替えを考えるとき決めることは，新築すれば費用はいくらかということと，将来の家計の見通しである。最近の建設費を調査したり，それに維持費を加えた，イニシャルコストとランニングコストを検討することも必要であろう。

　だが，LCCが最小になるように材料や機器を選択して設計するライフサイクルコスティングの考え方は，住宅の仕上げや防水の仕様や，設備機器などを選定するさいには重要である。

集合住宅の外装を決める場合を例にとってみよう。新築時のイニシャルコストを比べれば，外壁の塗装仕上げ（ペンキ塗りや吹付け）はタイル貼りよりは安いが，塗替えのさい外壁全体に足場をかける必要があるので費用もかかる。また約10年で再塗装しなければならない。一方，タイルは維持費がほとんどいらないし，耐用年数も長いから，LCCの考え方からすればタイルがよいが，はく離やはがれが発生するので施行が問題となる。

パリやウィーンなど，ヨーロッパの古い町では，何百年もたったような古い建物が今も大切に使われている。わが国では，火災に弱い木造の建物が多かったためか，新しいものほどよいという価値観があって，どんどん建て替えられた。

木造は耐久性がないように見えるが，防火性能が劣るだけで，太い梁や柱を使ったがっしりした木造建築は数百年の寿命がある。これは古い民家や歴史的建造物を見ればわかるだろう。在来構法による木造の建物は，壁構造のものよりフレキシビリティに富み，機能の変化に応じて改造しやすいから，長期にわたって住み続けるのに向いている。

図13.1は，江戸時代の民家を現代の住まい方に合わせて再生した住宅である。この家の主人によると，再生の理由は「先祖の残した住宅をなくしてしまうのはもったいなかったから」であった。自分たちが生まれ育った住宅は，その家族にとって，かけがえのない存在である。長年にわたって風雪に耐えてきた民家は風土とよく調和して美しい。その地方の文化的遺産といってもよいだろう。

今や地球規模で環境破壊が問題となっている。建物の使い捨てが，省エネルギー，省資源に反することはいうまでもない。使い捨てをやめ，できるだけ長く使うことは，大げさなようだが人類の義務でもある。これからは安く新しくではなく，古くても質のよい家に住み続けるよう，価値観を変えなければならない。

13-3　物的維持管理とは

（1）　日常的メンテナンスの内容

無人の家が急速に荒廃することは，過疎地などでよく見受けられる。住宅に人が住むには日常的なメンテナンスが必要で，それが結果的には荒廃の進行を遅らせることになる。

図13.1　伝統民家の例（設計：降旗廣信）

住宅の機能を保持するための日常的メンテナンスとしては，次のようなことがあげられる。
① 清掃，整理整頓，植栽の手入れなどの日常的な業務。
② 電球や水道パッキング，フィルターの交換など消耗品の補充。
③ 浄化槽やガス器具，温水器，冷暖房，受水槽などの定期点検と補修。
④ 畳の表替え，カーテンの交換，壁紙の貼替え，ペンキの塗替えなど。
⑤ 雨漏りや設備機器の修理など，初期性能を維持するための小規模修繕。
⑥ 屋根防水の全面改修や配管の取替えなどの大規模修繕。
⑦ 台所の改造など，機能や使い勝手をよくするための改善工事。
⑧ 増築や部分的な改修。

上記のような維持管理の仕事を，どの程度にするかについては，戸建住宅と集合住宅では少し違うところがある。というのは戸建住宅の場合，最小限ですませるか丁寧にするかは，その家の考え方や経済状況によって自由に決めることができる。しかし共同で維持管理する集合住宅の共用部分については，その費用を各戸が負担しなければならないので，維持管理の程度を明確にし，たとえば掃除は週に3回，定期点検は年に2回などと具体的に決めなければならない。

(2) 各部の寿命と修理のサイクル

建物は，いろいろな部材や部品からできており，それぞれ耐用年数が違っている。耐用年数に応じて修理や取替えを繰り返して，全体の機能を維持してゆかねばならない。

一般に新築から10年くらいは修理点検はほとんど不要だが，10年以上たつとトラブルが発生しはじめる。15年から20年もすると，雨漏りや外装の傷み，水道管の腐食による赤水など，さまざまな問題が一斉に出てくる。集合住宅に見られる定期修繕を経過した後の，いわゆる大規模修繕の時期である。

戸建住宅の場合，修理するまでの不便さを我慢できれば，不都合が生じたとき，その都度，補修するほうが経済的に有利なことが多い。ペンキの塗替えのように，一定の間隔でのリフレッシュなどは計画的に行うほうがよいが，設備機器などは耐用年限がきたからといって，故障もないのに交換や修理をする必要はない。

だが集合住宅の場合は，建物の規模が大きく共用部分と専有部分があり，居住者にもいろいろなタイプの人がいる。電球の交換など，軽微な支障のある場合を除いて，不都合が生じてから修繕するのでは，対応が間に合わないこともあるし，わずかな不利益でも文句をいう人もある。したがって計画的な補修点検を原則とし，耐用年限を超えたものは予防的に交換して支障を生じないようにしなければならない。

修理のサイクルを考えた維持管理のポイントは次のとおりである。
① 耐用年限の短い部品や材料は容易に交換できる設計になっていること。
② 不都合の生じやすい部分は容易に点検できるようになっていること。
③ 小規模な補修のための部品や材料が用意されていること。
④ 修繕や交換に必要なスペースがあること。
⑤ 大規模修繕の時期に合わせて，他の部分も修繕するようにスケジュールを調整する。

(3) 集合住宅の維持管理

集合住宅には，大きく分けて賃貸と分譲がある。維持管理業務の具体的な内容はどちらも同じだが，賃貸の場合は建物の所有者が修繕費を負担するのが建前である。管理主体は明確であり，比較的問題は少ない。

これに対して分譲の集合住宅は区分所有だから，多数の所有者が共同で維持管理しなければならない。集合住宅が都市サラリーマンの住宅

として一般化したのは昭和40年代（1965～75年）である。当時はRC造の建物に多額の維持管理費がかかるという意識もなかったので，十分な修繕積立金を持っている管理組合はほとんどなかった。

昭和50年代の半ば（1980年）から大規模修繕期を迎える建物が多くなったが，積立金がないうえに，修繕に対する居住者の意見を一致させることができないケースも出てきた。雨漏りや動かなくなったエレベーターが放置されたままになり，転居できる人は他に移ってしまい，スラム化する集合住宅さえあって，大きな社会問題となってきた。

維持管理への関心も徐々に高まってきつつあるが，いまだに人まかせの傾向があり，自分達の財産を良好な状態で維持するというメンテナンスになっていない。その理由としては次のようなことが考えられる。
① 住戸の狭小，あるいは独立住宅への志向が強く，定住意識が欠けている。
② 近隣とのつき合いが薄く，コミュニティが形成されていない。
③ 自分の建物という愛着が持てない。
④ 高齢化により所得が減少している。
⑤ 自分は面倒なことをしたくないという気持ちが強い（モラルの欠如）。

居住者が共同で建物を建設するコーポラティブ・ハウス方式の団地は，共同で建物をつくる過程でコミュニティが形成され，上記のような欠点は少ないとされているが，一般的な建設方法ではない。

集合住宅の居住者が自分勝手な住まい方をするのを抑えるには，規約やシステムをしっかり整えてガードすることがまず第一歩である。その結果，団地が荒廃する心配もなく，快適に住み続けることができれば，コミュニティ意識も育ってくるであろう。

ボランティアで働く管理組合の役員が維持管理の面倒をみる自主管理は，費用は安くなるが担当者の負担が大きい。基本的には居住者で構成された管理組合が行わなければならないが，現実には管理の実務を専門の会社に委託するケースが多い。だが今後は維持管理の総合マネージャーの職能を確立することが必要である。

13-4 住要求の変化に対応する方法

家族数の増減や子供の成長などによって，同じ家族でも住空間に対する要求は経年的に変化する。また，世の中の流行や生活水準も変化し，住んでいた住宅が相対的に陳腐化することもある。

このような住要求の変化に対応するためには，新築のときから変化の生じることを予想して，フレキシビリティのある住宅にしておくことが重要である。とくに集合住宅は増改築が難しいので，次に述べるような，変化に対応できる方法を考えておかねばならない。

① 同じ平面で部屋の仕様を変える

日本間は室内にいすやタンスなどを置かないのが本来の使い方である。特定の機能を設定していないので転用性は大きい。低いテーブルを置けば茶の間になり，布団を敷けば寝室であって，誰が寝てもよい。部屋の機能を明確にするより，どんな用途にも使えるようにしたほうが，フレキシブルである。

② 家具や間仕切壁を動かす

これは水まわりや階段などコアとなる部分を固定し，それ以外はできるだけ柱のない大空間にしておき，間仕切壁や家具を移動して変化に対応する方法である。オフィス建築では一般化している方法で，在来構法による木造ならば，間仕切壁の新設や移動も，さして難しい工事ではないからであろう。

だが近年，住戸の規模も大きくなり，広びろとした空間が求められるようになってきた。子供の数も少なく，区切られた部屋を必要とする

期間も短くなっており，できるだけ間仕切の少ないオープンな平面にすることが望ましい。

③ 増築する，改築する

変化に合わせて増築する方法で，最も有効に変化に対応できる方法である。

図13.2は，戦後の家族や生活の変化に合わせて増改築した例である。ツーバイフォー（2×4）は間仕切壁を取り外したりすることが難しいので，在来構法の木造に比べて改造はしにくいが，戸建住宅で敷地に余裕があれば増築はできるだろう。リニューアルを兼ねた用途の変更や改築は，建築後15～20年程度から多くなる。

ところが集合住宅では，原則として増築はできないし，できたとしても団地では，1棟が増築すると他の住棟の日照条件などに影響を及ぼす場合が多い。公団や公営住宅で増築する例もあるが，プランには無理な部分が残る。

このため集合住宅には，あらかじめ増築部分を予定した試みもある。スペースだけを用意しておくもの，構造的にストラクチャーまで造っておくものなどがあり，今後の多様な提案が期待される。民間マンションなどでは間仕切壁の

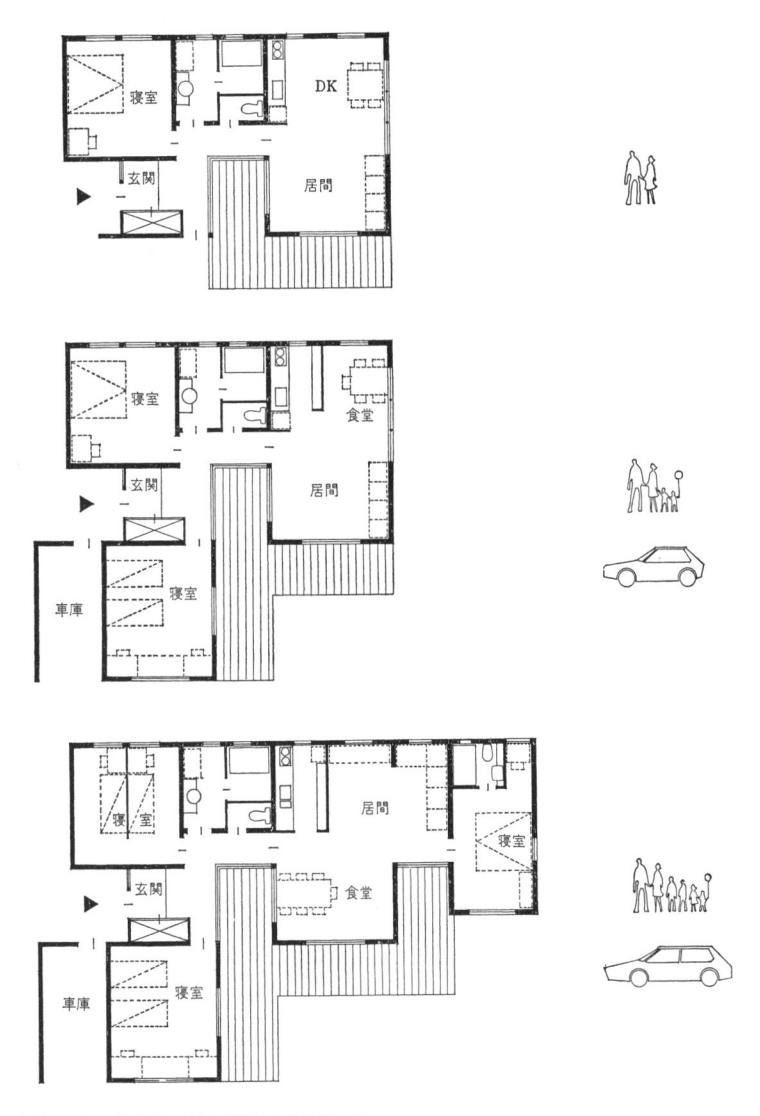

図13.2 成長する家（設計：曽根陽子）

変更で，部屋を分割・統合するリニューアルも多い．

④ 2戸の住戸を1戸にまとめる

集合住宅のように，フレームが決まっているため，増築ができない場合に，住戸の規模を大きくする手法である．公営住宅では，2Kや2DKなどの小規模な住宅を2戸合わせて1戸にし，それによって，改築しないで住戸面積を約2倍にしている．多くは，同じ階で隣接する住戸の境界壁の一部を取り壊して連絡したり，バルコニーに建具を入れ，縁側のようにしてつないでいる．階段を設けることが構造的に可能であれば，上下の住戸をつなぐこともできるであろう．

⑤ 改築する

部分的な改築は，同じ面積を新築するよりも単価は高くなることもある．部分的に改築する場合は，既存の部分が修繕の時期になっていなくても，既存部分の修繕を同時に行ったほうがよい．また一般に建替えは，既存の建物を解体，撤去する費用と，工事期間中に住む家の賃貸料がかかるので，更地に新築するよりも高くなることを知っておかねばならない．

⑥ 住み替える

ヤドカリのように身体に見合った容れ物を探して引っ越してしまう方法である．

```
        独身寮
          ↓
     ○○荘（木造賃貸アパート）
          ↓
     ○○団地○○号
          （公営・公団の賃貸住宅）
          ↓
     ○○マンション
          （RCの分譲または賃貸集合住宅）
          ↓
     ○○台（戸建住宅）
```

ここで示す「住宅スゴロク」は，都会に勤務するサラリーマンの典型的な住み替えのパターンである．

若いときは経済力がないので狭い家にしか住めないが，年齢とともに子供が大きくなり，それぞれ生活を独立させることで，次つぎに転居することはできる．また勤務地の移動や子供の教育環境などによっても転居するケースもある．

公団の賃貸住宅などでは，家族数の変化に応じて住み替えるシステムを一応は持っていた．同じ団地内で住み替えていくのは合理的な方法だからである．だが所得制限があったり，環境がよくて交通も便利なところには空室がないことなどから実質的には機能していない．

13-5 住宅建築の保存と再生

(1) 古民家の再生と活用

地域性や伝統を反映した古い家屋，つまりバナキュラーな住宅には，現在の建築技術やデザインでは及ばない価値を持つものがある．文化財価値が公的に評価されているかどうかにかかわらず，必要な手を加えて使用する方法がある．

住居から集会施設，資料館，展示館などの公共的な用途に転用されるのは，単に空間としてだけでなく，その文化的な価値を生かそうとして努力した結果である．近年，福祉施策が施設型から在宅型への転換を図っているのを反映して，高齢者憩いの家やグループホームとして再生され活用される例も出てきている．

(2) 近，現代住宅建築の作品価値の保存

文化財として評価されるような古民家だけでなく，近代から現代の建築家の住宅建築作品を修復・保存したり，移築するなどして，実体の

図 13.3 建築家・前川國男の自邸（東京・小金井公園内）

保存や記念館として活用することも行われるようになっている。民家博物館に移築して保存したものもあり，地元の公共的な公園などに現地保存されたものもある（図 13.3）。

〈著者略歴〉

岡田光正（おかだ　こうせい）
1952年　京都大学工学部建築学科卒業
2022年　大阪大学名誉教授（工学博士）を最後に逝去
著　書　建築計画学12「施設規模」丸善，1970
　　　　「建築計画決定法」朝倉書店，1972
　　　　「建築と都市の人間工学」鹿島出版会，1977
　　　　「火災安全学入門」学芸出版社，1985
　　　　「建築規模論」彰国社，1988
　　　　「建築計画1」鹿島出版会，1987
　　　　「建築計画2」鹿島出版会，1991
　　　　「空間デザインの原点—建築人間工学—」理工学社，1993
　　　　「群集安全工学」鹿島出版会，2011

藤本尚久（ふじもと　なおひさ）
1963年　九州大学工学部建築学科卒業
1969年　九州大学大学院建築学専攻博士課程修了
現　在　近畿大学，西日本工業大学などを経て，地域・建築プランニング＆
　　　　デザイン室を主宰（工学博士）
著　書　「図解：バリアフリーの建築設計」彰国社，1981（共著）
　　　　「地域施設の計画—21世紀に向けた生活環境の創造」日本建築学会編，
　　　　丸善，1995（共著）「現代住居のパラダイム」日本生活学会編（執筆担当），ドメス出
　　　　版，1997，「図説　民俗建築大事典」日本民俗建築学会編（執筆担当），柏書房，2001，
　　　　「写真でみる　民家大事典」日本民俗建築学会編（執筆担当），柏書房，2005，「福祉
　　　　空間学入門」（編共著），鹿島出版会，2006，「日本の生活環境文化大事典」日本民俗
　　　　建築学会編（執筆担当），柏書房，2010

曽根陽子（そね　ようこ）
1964年　日本女子大学家政学部住居学科卒業
1971年　大阪大学大学院建築工学専攻修士課程修了
1996年　日本大学生産工学部教授
2011年　同大学教授退任
著　書　「目を養い手を練れ，宮脇壇建築設計塾」
　　　　宮脇塾講師室編著（執筆分担），彰国社，2003
　　　　「マネージメント時代の建築企画」
　　　　日本建築学会編（執筆分担），技報堂，2004

住宅の計画学入門——すまい設計の基本を知る——

2006年 9 月10日　第 1 刷発行
2022年10月30日　第 8 刷発行

著　者　　岡田　藤本　光本根　正久子
　　　　　藤曽　　　尚陽　　充

発行者　　新妻　　　　　充

発行所　〒104-0028 東京都中央区　　鹿島出版会
　　　　八重洲2-5-14
　　　　電話 03-6202-5200　振替 00160-2-180883

印刷・製本　　創栄図書印刷

©Kousei OKADA, Naohisa FUJIMOTO, Yoko SONE
2006, Printed in Japan
ISBN 978-4-306-03338-2 C3052

落丁・乱丁本はお取り替えいたします。
本書の無断複製（コピー）は著作権法上での例外を除き禁じられています。また、代行業者等に依頼してスキャンやデジタル化することは、たとえ個人や家庭内の利用を目的とする場合でも著作権法違反です。

本書の内容に関するご意見・ご感想は下記までお寄せ下さい。
URL: https://www.kajima-publishing.co.jp/
e-mail: info@kajima-publishing.co.jp